2015年经济专业技术

人力资源管理

专业知识与实务 中级

历年真题分章解析与考题预测

全国经济专业技术资格考试研究院 ◎ 编　著

清华大学出版社

北　京

内 容 简 介

本书以人力资源和社会保障部人事考试中心编写的《人力资源管理专业知识与实务(中级)》为依据,在多年研究考试命题特点及解题方法的基础上编写而成。针对每一章,都分为"重要考点分析""近三年题型及分值总结""思维导图""知识点测试""考题预测及强化训练"几部分,帮助考生在考前加深记忆,顺利通过考试。

本书结构清晰,知识点全面,语言通俗易懂,是考生参加经济师考试的必备复习材料,也是相关专业技术人员提高业务知识水平、查找相关专业知识信息的有效资料。

图书在版编目(CIP)数据

人力资源管理专业知识与实务(中级)历年真题分章解析与考题预测/全国经济专业技术资格考试研究院 编著. —北京:清华大学出版社,2015

(2015 年经济专业技术资格考试辅导教材)

ISBN 978-7-302-39580-5

Ⅰ. ①人… Ⅱ. ①全… Ⅲ. ①人力资源管理—资格考试—题解 Ⅳ. ①F241-44

中国版本图书馆 CIP 数据核字(2015)第 049842 号

责任编辑:张 颖 高晓晴
封面设计:马筱琨
版式设计:方加青
责任校对:曹 阳
责任印制:李红英

出版发行:清华大学出版社
   网 址:http://www.tup.com.cn,http://www.wqbook.com
   地 址:北京清华大学学研大厦 A 座   邮 编:100084
   社 总 机:010-62770175   邮 购:010-62786544
   投稿与读者服务:010-62776969,c-service@tup.tsinghua.edu.cn
   质 量 反 馈:010-62772015,zhiliang@tup.tsinghua.edu.cn
印 刷 者:北京富博印刷有限公司
装 订 者:北京市密云县京文制本装订厂
经 销:全国新华书店
开 本:185mm×260mm   印 张:14   字 数:474 千字
   (附光盘 1 张)
版 次:2015 年 5 月第 1 版   印 次:2015 年 5 月第1次印刷
印 数:1~3500
定 价:35.00 元

产品编号:062342-01

丛书编委会

主　　编：索晓辉

编 委 会：晁　楠　　吴金艳　　雷　凤　　张　燕

　　　　　方文彬　　李　蓉　　林金松　　刘春云

　　　　　张增强　　刘晓翠　　路利娜　　邵永为

　　　　　邢铭强　　张剑锋　　赵桂芹　　张　昆

　　　　　孟春燕　　杜友丽

前　言

经济社会的发展对各行各业的人才提出了新的要求，为了顺应这一发展趋势，经济行业对经济师的要求正逐步提高，审核制度也日益完善。

为了满足广大考生的迫切需要，我们严格依据人力资源和社会保障部人事考试中心组织编写的《全国经济专业技术资格考试用书》(内含大纲)，结合我们多年来对命题规律的准确把握，精心编写了这套"2015年经济专业技术资格考试辅导教材"。

本着助考生一臂之力的初衷，并依据"读书、做题、分析、模考"分段学习法的一贯思路，本书在编写过程中力图体现如下几个特点。

紧扣大纲，突出重点

本书严格按照人力资源和社会保障部最新考试大纲编写，充分体现了教材的最新变化与要求。所选习题的题型、内容也均以此为依据。在为考生梳理基础知识的同时，结合历年考题深度讲解考点、难点，使考生能够"把握重点，迅速突破"。

同步演练，科学备考

本书按照分段学习法的一贯思路，相应设置了"重要考点分析""近三年题型及分值总结""思维导图""知识点测试"和"考题预测及强化训练"几个栏目，以全程辅导的形式帮助考生按照正确的方法复习备考。

命题规范，贴近实战

众所周知，历年真题是最好的练习题，本书在例题的选取上，以历年真题为主，让考生充分了解考试重点、难点，有的放矢，提高对考题的命中率。同时还配备了高保真模拟题，让考生以最接近真题的模拟自测题检验学习效果，提高自己的实战能力和应变能力。

解析详尽，便于自学

考虑到大部分考生是在职人士，主要依靠业余时间进行自学。本书对每道习题都进行了详尽、严谨的解析，有问有答，帮助考生快速掌握解题技巧，方便考生自学。如果考生在学习的过程中遇到问题，可加入本书的专用客服QQ群：339265757，将会有专业的老师为您答疑解惑。

思维导图，加深记忆

本系列习题集配有思维导图，在每章的开始帮助考生梳理重点，然后进行有针对性的训练，使复习效率更高。

模拟光盘，身临其境

为了帮助考生加深记忆，提高学习效率，本书专门提供了模拟考试系统光盘，针对各个章节进行练习。此外，光盘中还提供了5套模拟试卷，其中的考题不仅类型全面，而且有错题记录功能，方便后续的复习。

总而言之，通过凸显重点、辨析真题、同步自测、深度解析，希望能够使考生朋友们对考点烂熟于心，对考试游刃有余，对成绩胸有成竹。

本书由索晓辉组织编写，同时参与编写的还有晁楠、吴金艳、雷凤、张燕、方文彬、李蓉、林金松、刘春云、张增强、刘晓翠、路利娜、邵永为、邢铭强、张剑锋、赵桂芹、张昆、孟春燕、杜友丽，在此一并表示感谢。

最后，预祝广大考生顺利通过经济专业技术资格考试，在新的人生道路上续写辉煌。

目 录

第一部分

组织行为学

第一章　组织激励

本章主要考查需求与激励的相关基本理论。考试的难点是掌握需要与激励的概念，重点掌握激励理论、激励的基本形式及常用的激励方式，以及在实际管理中运用激励措施的能力。

从近几年考题情况来看，需要与激励的概念、主要的激励理论、激励的基本形式及常用的激励方式是考查的重点，在实际管理中运用激励措施的能力也是重要的考试方向。考查形式以单项选择题和多项选择题为主，平均分值是 8 分。

本章重要考点分析

本章涉及12个重要考点，几乎每个考点在历年考试中都有出现，其中，需要与激励的概念、主要的激励理论、激励的基本形式及常用的激励方式以及在实际管理中运用激励措施的能力是考查的重点，需要考生掌握，如图1-1所示。

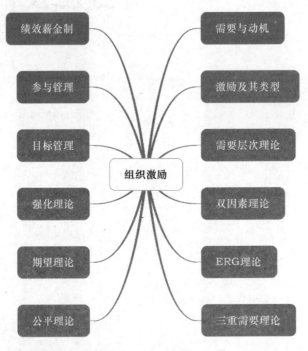

图1-1　组织激励考点

本章近三年题型及分值总结

由于本章知识点多以概念、定义、性质等为主，因此近三年出现的题型以单项选择题和多项选择题为主，其中2012年出现了1道案例分析题，如表1-1所示。

表1-1 组织激励题型及分值

年 份	单项选择题	多项选择题	案例分析题
2014年	5题	1题	0题
2013年	4题	2题	0题
2012年	4题	1题	1题

第一节 需要、动机与激励

需要是指当缺乏或期待某种结果时而产生的心理状态，包括对食物、水、空气等的物质需要，及对归属、爱等的社会需要。

动机是指人们从事某种活动，为某一目标付出努力的意愿，这种意愿取决于目标能否以及在多大程度上满足人的需要。

动机分为内源性动机(又称内在动机)和外源性动机(又称外在动机)两种。

思维导图

该节涉及多个知识点和概念，如图1-2所示。图中星号表示需要重点掌握的内容。

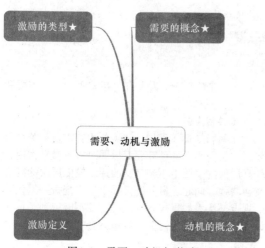

图1-2 需要、动机与激励

知识点测试

【2012年单选题】在激发个体努力工作的动机因素中，不属于外源性动机的是( )。

A. 社会地位　　　　B. 奖金报酬

C. 避免惩罚　　　　D. 实现潜能

【答案】D

【解析】外源性动机是指人为了获得物质或社会报酬，或为了避免惩罚而完成某种行为。工作所带来的报偿，如工资、奖金、表扬、社会地位都属于此类动机。

【2011年单选题】下述与动机有关的因素中，属于内源性动机范畴的是( )。

A. 提升个人潜力　　B. 获得表扬

C. 得到更多的收入　D. 获取更高的社会地位

【答案】A

【解析】内源性动机看重的是工作本身，诸如寻求挑战性的工作，获得为工作和组织多作贡献的机会以及充分实现个人潜力的机会。选项BCD属于外源性动机。

【2010年单选题】以下关于内外源动机的说法错误的是( )。

A. 出于内源动机的员工看重的是工作本身

B. 出于内源动机的员工追求社会地位

C. 出于外源动机的员工更看重工作所带来的报偿

D. 出于外源动机的员工追求工资、奖金等

【答案】B

【解析】出于外源动机的员工更看重工作所带来的报偿，诸如工资、奖金、表扬、社会地位等，B选项错误。

第二节 激励理论

这里介绍的激励理论包括需要层次理论、双因素理论、ERG理论、三重需要理论、公平理论、期望理论、强化理论等内容。

需要层次理论由马斯洛提出，该理论将人的需要由低到高分为五种类型：生理需要、安全需要、归属和爱的需要、尊重的需要及自我实现的需要。该理论在企业界颇受管理者们的欢迎，因为其合乎人们的直觉经验，但是实践中这五种

层次的需要并不严格呈阶梯关系，因此，从某种程度上说，马斯洛的需要层次理论较为呆板和不灵活，不完全适用于复杂多变的实际环境。

双因素理论由美国心理学家赫兹伯格提出。赫兹伯格认为，满意与不满意并不是非此即彼、二择一的关系，满意的反面是没有满意，不满意的反面是没有不满意。

奥尔德佛对马斯洛的需要层次理论进行了修订，提出了ERG理论，认为人有三种核心需要：生存需要、关系需要和成长需要。

三重需要理论由麦克里兰提出。该理论认为人有三种重要的需要：成就需要、权力需要和亲和需要。

另外，本节还介绍了公平理论、期望理论和强化理论。

 思维导图

该节涉及多个知识点和概念，如图1-3所示。

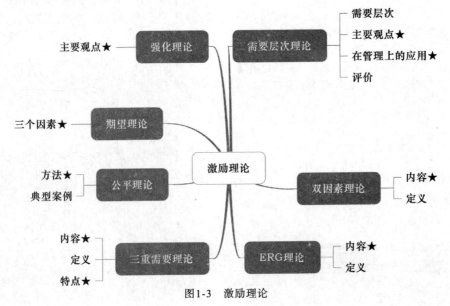

图1-3　激励理论

知识点测试

【2014年单选题】根据马斯洛需求层次理论，良好的同事关系属于(　　)。

A. 安全需要　　　　B. 归属和爱的需要
C. 尊重的需要　　　D. 自我实现的需要

【答案】B

【解析】马斯洛认为人的需要由低到高分为五种，即生理需要、安全需要、归属和爱的需要、尊重的需要、自我实现的需要。其中，归属和爱的需要包括情感、归属、被接纳、友谊等需要，例如获得友好和睦的同事。所以本题选B。

【2014年单选题】根据ERG理论，下列说法错误的是(　　)。

A. 各种需要可以同时具有激励作用
B. 如果较高层次的需要得不到满足的话，较低层次的需要就会增强
C. 如果高层次的需要满足不了的话，人们对低层次的需要会减弱

D. ERG理论认为人有生存需要、关系需要和成长需要

【答案】C

【解析】奥尔德佛认为人有生存需要、关系需要和成长需要，各种需要可以同时具有激励作用，较高层次的需要得不到满足的话，较低层次的需要就会增强。同时，奥尔德佛提出了"挫折—退化"的观点，认为如果较高层次的需要不能得到满足的话，对满足低层次需要的欲望就会加强。所以选项C错误。

【2014年单选题】人们之所以采取某种行为，如努力工作，是因为他觉得这种行为可以在一定概率上达到某种结果，并且这种结果可以带来他认为重要的报酬，这是(　　)。

A. 期望理论　　　　B. 公平理论
C. 强化理论　　　　D. 双因素理论

【答案】A

【解析】弗罗姆的期望理论认为，人们之所以采取某种行动，如努力工作，是因为他觉得这种

行为可以在一定概率上达到某种结果，并且这种结果可以带来他认为重要的报酬。具体来说，该理论认为动机是三种因素的产物：一个人需要多少报酬(效价)，个人对努力产生成功绩效的概率估计(期望)，以及个人对绩效与获得报酬之间关系的估计(工具性)。这个关系可以用公式表达为：效价×期望×工具性=动机。所以A选项正确。

【2014年多选题】关于公平理论的说法，正确的是(　　)。

A. 人们不仅关心自己的绝对报酬，而且关心自己和他人工作报酬上的相对关系

B. 员工倾向于将自己的产出投入比与他人的产出投入比相比较

C. 员工所做的比较都是纵向的，即与除组织以外的其他人比较

D. 辞职是感到不公平的员工恢复平衡的方式之一

E. 对于有不公平感的员工应予以及时引导或调整报酬

【答案】ABDE

【解析】亚当斯的公平理论指出，人们不仅关心自己的绝对报酬，而且关心自己和他人工作报酬上的相对关系，A选项正确；员工倾向于将自己的产出投入比与他人的产出投入比相比较，来进行公平判断，B选项正确；员工进行公平比较时既可能是纵向的也可能是横向的，C选项错误；感到不公平的员工可以采用辞职的方式来恢复平衡，D选项正确；在管理的应用上，对于有不公平感的员工应予以及时引导或调整报酬，E选项正确。

【2012年单选题】在马斯洛的需要层次理论中，五种需要类型由低到高的排列顺序是(　　)。

A. 生理→安全→自我实现→尊重→归属和爱

B. 生理→安全→归属和爱→尊重→自我实现

C. 安全→生理→尊重→归属和爱→自我实现

D. 生理→安全→尊重→自我实现→归属和爱

【答案】B

【解析】在马斯洛的需要层次理论中，需要类型由低到高的排列顺序为生理需要、安全需要、归属和爱的需要、尊重的需要及自我实现的需要。

【2011年单选题】与马斯洛的需要层次理论不符的陈述是(　　)。

A. 人的需要从低到高依次为：生理需要、安全需要、归属需要、尊重需要及自我实现需要

B. 只有低一层次的需要得到相当程度的满足之后，个体才会追求高一层次的需要

C. 人在不同时期表现出来的各种需要的强烈程度相同

D. 自我实现是人类的高级需要

【答案】C

【解析】马斯洛的需要层次理论认为人均有这五种需要，只是在不同时期表现出来的各种需要的强烈程度不同而已。

【2012年单选题】根据赫兹伯格的双因素理论，激励因素的缺失会导致员工(　　)。

A. 满意　　　　　　　B. 没有满意

C. 不满　　　　　　　D. 没有不满

【答案】D

【解析】根据赫兹伯格的双因素理论，激励因素的缺失不会招致员工的不满。

【2011年多选题】关于双因素理论，下列说法正确的是(　　)。

A. 保健因素不可以起到激励员工的作用

B. 激励因素包括成就感、责任和晋升、工作本身等

C. 保健因素包括人际关系、工资、别人的认同、组织政策等

D. 工作丰富化的管理措施是双因素理论在管理实践上的具体应用

E. 该理论又称作激励—保健因素理论，认为激励因素和保健因素影响着员工的工作态度

【答案】ABDE

【解析】本题考查双因素理论。选项C中的"别人的认同"属于激励因素，所以选项C不选。本题正确答案为ABDE选项。

【2012年单选题】关于奥尔德佛提出的ERG理论的说法，错误的是(　　)。

A. "关系需要"对应马斯洛需要理论中的部分"安全需要"、全部"归属和爱"的需要以及部分"尊重需要"

B. 各种需要可以同时具有激励作用

C. 如果较高层次的需要不能得到满足，那么满足低层次需要的欲望一定会减弱

D. 不同文化下各种需要的顺序可能会发生改变

【答案】C

【解析】如果较高层次的需要不能得到满足，那么满足低层次需要的欲望一定会加强。

【2010年单选题】以下关于三重需要的说法错误的是(　　)。

A. 成就需要高的人有较强的责任感

B. 权力需要高的人十分重视争取地位和影响力

C. 亲和需要强的人追求友谊和合作

D. 成就需要高的人效率低

【答案】D

【解析】成就需要高的人喜欢能够得到及时的反馈，D选项错误。

【2012年多选题】根据麦克里兰提出的三重需要理论，人的核心需要包括( )。

　　A. 生存需要　　　　B. 权力需要

　　C. 亲和需要　　　　D. 成长需要

　　E. 成就需要

【答案】BCE

【解析】麦克里兰提出的三重需要理论，认为人有三种需要，即成就需要、权力需要和亲和需要。本题正确答案为BCE选项。

【2011年单选题】下列关于三重需要理论中亲和需要的陈述错误的是( )。

　　A. 亲和需要指寻求与别人建立友善且亲近的人际关系

　　B. 亲和需要较强的人往往在组织中充当管理他人的角色

　　C. 亲和需要较强的人在组织中容易形成良好的人际关系

　　D. 在管理上过分强调维持良好的关系会干扰正常的工作程序

【答案】B

【解析】三重需要理论中的亲和需要的特点为重视被别人接受和喜欢，他们追求友谊和合作，易被别人影响，因而往往在组织中充当被管理的角色。

【2010年单选题】小张在A公司工作一年，后跳槽去了B公司，他觉得B公司的待遇不如以前的公司好，请问这是( )。

　　A. 组织内他比　　　　B. 组织外他比

　　C. 组织内自我比较　　D. 组织外自我比较

【答案】D

【解析】组织内他比是指员工将自己的工作和报酬与本组织中的其他人进行比较，A选项不选。组织外他比是指员工将自己的工作和报酬与其他组织的员工进行比较，B选项不选。组织内自我比较是指员工在同一组织中把自己现在的工作和待遇与过去的相比较，C选项不选。

【2012年单选题】关于公平理论的说法，错误的是( )。

　　A. 员工比较的是对自己和他人投入、产出的知觉

B. 教育水平较高的员工在作比较时依据的信息比较片面

C. 感到报酬不足的员工可能会减少自己的工作投入

D. 在管理中应尽量使不同员工的投入、产出比大致相同

【答案】B

【解析】一般说来，薪资水准、教育水平较高的员工，视野较为开阔，依据的信息比较全面，常常以他人为比较对象进行横向比较。

【2012年单选题】在期望理论中，个人对绩效与获得报酬之间关系的估计称为( )。

　　A. 工具　　　　　　B. 效价

　　C. 期望　　　　　　D. 动机

【答案】A

【解析】个人对绩效与获得报酬之间关系的估计称为工具。

【2012年单选题】在众多激励理论中，不考虑人的内在心态，而是注重行为及其结果的理论是( )。

　　A. 目标设置理论　　B. 强化理论

　　C. 能力与机遇理论　D. 认知评价理论

【答案】B

【解析】强化理论认为行为的结果对行为本身有强化作用，是行为的主要驱动因素。强化理论并不考虑人的内在心态，而是注重行为及其结果，认为人是在学习、了解行为与结果之间的关系，是一种行为主义的观点。

第三节　激励理论在实践中的应用

　　这一节主要包括目标管理、参与管理和绩效薪金制的相关内容。

　　目标管理的理论基础是激励理论中的目标设置理论，实施目标管理时可以自上而下来设定目标，但同时也包括自下而上地设定过程，这两个过程应当是相互结合的。

　　参与管理是指让下属人员实际分享上级的决策权。参与管理涉及实施原因和实施条件，且参与管理将产生一定的作用。

　　绩效薪金制是指将绩效与报酬相结合的激励措施，通常采用的方式有计件工资、工作奖金、利润分成、按利分红等。

思维导图

该节涉及多个知识点和概念，如图1-4所示。

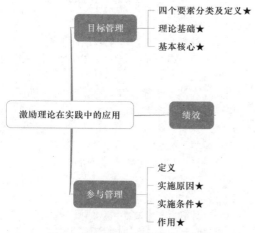

图1-4 激励理论在实践中的应用

 知识点测试

【2012年单选题】下列情境中，不适宜推行参与管理的是( )。

A. 完成任务的时间比较紧迫

B. 员工具备相应的智力、知识技术和沟通技巧

C. 参与不会使员工和管理者的地位和权力受到威胁

D. 组织文化支持员工的参与管理

【答案】A

【解析】推行参与管理要有成效必须符合的一个条件是：在行动前，要有充裕的时间来进行参与。选项A完成任务的时间比较紧迫，所以不适宜推行参与管理。

【2010年单选题】以下关于目标管理的说法错误的是( )。

A. 实施目标管理时可以自下而上来设定目标

B. 目标管理的理论基础是激励理论中的目标设置理论

C. 目标管理的基本核心是强调通过群体共同参与制订具体的、可行的而且能够客观衡量的目标

D. 每一名员工都有明确可行的、与部门和组织目标紧密联系的目标

【答案】A

【解析】实施目标管理时可以自上而下来设定目标，A选项错误。

考题预测及强化训练

一、单项选择题

1. 下列关于需要的概念表述，正确的是( )。

A. 人们从事某种活动，为某一目标付出努力的意愿

B. 对食物、水、空气等物质的需要

C. 对归属、爱等的社会需要

D. 当缺乏或期待某种结果而产生的心理状态，包括对物质的需要和对社会的需要

2. 在激发个体努力工作的动机因素中，不属于外源性动机的是( )。

A. 社会地位　　　　B. 奖金报酬

C. 避免惩罚　　　　D. 实现潜能

3. 马斯洛将人的需要由低到高划分为五个层次，属于第三个需要层次的是( )。

A. 生理需要　　　　B. 尊重的需要

C. 归属和爱的需要　D. 安全需要

4. 在马斯洛的需要层次理论中，发挥个人潜能的需要属于( )。

A. 生理需要　　　　B. 尊重的需要

C. 归属和爱的需要　D. 自我实现的需要

5. 根据赫兹伯格的双因素理论，激励因素的缺失会导致员工( )。

A. 满意　　　　　　B. 没有满意

C. 不满　　　　　　D. 没有不满

6. 以下关于内外源动机说法错误的是( )。

A. 出于内源性动机的员工看重的是工作本身

B. 出于内源性动机的员工追求社会地位

C. 出于外源性动机的员工更看重工作所带来的报偿

D. 出于外源性动机的员工追求工资、奖金等

7. 下列不属于成就需要高的人的突出特点的是( )。

A. 选择适度的风险

B. 喜欢能够得到及时的反馈

C. 有较强的责任感

D. 乐于帮助下属完成工作

8. 以下对双因素理论的理解存在错误的是( )。

A. 具备保健因素只能使员工产生不满情绪，但不能起到激励的作用

B. 具备激励因素可以令员工产生满意情绪，但不具备这些因素也不会招致员工的不满

C. 需要层次理论针对的是人类的需要和动机，而双因素理论则针对的是满足这些需要的目标或诱因

D. 要激励员工，就必须重视员工的成就感、认同感、责任感等

9. 下列不属于麦克里兰的三重需要理论中的需要的是(　　)。

　A. 成就需要　　　　　　B. 权力需要

　C. 亲和需要　　　　　　D. 成长需要

10. 下面对于参与管理的描述中不正确的是(　　)。

　A. 当工作十分复杂时，管理人员无法了解员工所有的情况和各个工作细节，若允许员工们参与决策，可以让了解更多情况的人有所贡献

　B. 现代的工作任务相互依赖程度很高，有必要倾听其他部门的意见，而且彼此协商之后产生的决定，各方都能致力推行

　C. 参与决策可以使参与者对作出的决定有认同感，有利于决策的执行

　D. 当任务时间比较紧迫时，参与管理可以节约工作时间

11. 下列关于动机的表述正确的是(　　)。

　A. 外源性动机是指人在做某种行为时是因为行为本身

　B. 出于内源性动机的员工更看重工作所带来的报偿

　C. 外源性动机是指人为了获得物质或社会报酬，或为了避免惩罚而完成某种行为

　D. 出于外源性动机的员工看重的是工作本身

12. 与马斯洛的需要层次理论不符的陈述是(　　)。

　A. 人的需要从低到高依次为：生理需要、安全需要、归属和爱的需要、尊重需要及自我实现需要

　B. 人在不同时期表现出来的各种需要的强烈程度不同

　C. 只有低一层次的需要得到相当程度的满足之后，个体才会追求高一层次的需要

　D. 自我实现是人类的基本需要

13. 下列不属于绩效薪金制的方式的是(　　)。

　A. 计件工资　　　　　B. 工作奖金

　C. 利润分成　　　　　D. 提成

14. 关于奥尔德佛提出的ERG理论的说法，错误的是(　　)。

　A. 各种需要可以同时具有激励作用

　B. 不同文化下各种需要的顺序可能会发生改变

　C. 如果较高层次的需要不能得到满足，那么满

足低层次需要的欲望一定会减弱

　D. "生存需要"对应马斯洛需要理论中的部分"安全需要"、全部"归属和爱"的需要以及部分"尊重需要"

15. 关于ERG理论，下列说法正确的是(　　)。

　A. 各种需要可以同时具有激励作用

　B. 该理论只是简单地把马斯洛的需要层次简化为三大类

　C. 如果高层次了需要得不到满足，对低层次需要的欲望也会降低

　D. 该理论提出了三种核心需要：生存需要、亲和需要、成长需要

16. 弗罗姆认为动机是三种因素的产物，其中不包括(　　)。

　A. 个人对绩效与获得报酬之间关系的估计

　B. 个人对努力产生成功绩效的概率估计

　C. 外部因素的影响程度

　D. 一个人需要多少报酬

17. 员工对一旦完成任务就可以获得报酬的信念，称为(　　)。

　A. 效价　　　　　　　B. 动机

　C. 期望　　　　　　　D. 工具

18. 下列激励理论中，(　　)认为行为的结果对行为本身的强化作用，是行为的主要驱动因素。

　A. 强化理论　　　　　B. 期望理论

　C. 公平理论　　　　　D. ERG理论

19. 质量监督小组是一种常见的(　　)模式。

　A. 绩效薪金　　　　　B. 行为矫正

　C. 参与管理　　　　　D. 目标管理

20. 下列是由马斯洛的需要层次理论所得出的结论的是(　　)。

　A. 五种需要层级越来越高

　B. 未被满足的需要不是行为的激励源

　C. 五种层次的需要还可大致分为三大类

　D. 任何人都具有五种不同层次的需要，而且每个层次需要的强度相等

21. 下列关于对麦克里兰的三重需要理论的陈述，正确的是(　　)。

　A. 在大的公司中，成就需要强的人一定能成为优秀的经理

　B. 高权力需要是高管理效能的一个条件，甚至是必要条件

　C. 亲和需要强的人在组织中容易与他人形成良好的人际关系，因而往往在组织中担当管理者的角色

D. 权力需要强的人具有较强的责任感，在创造性活动中更容易获得成功

22. 关于麦克里兰的三重需要理论的陈述，错误的是( )。
    A. 权力需要较高的人喜欢支配、影响别人
    B. 成就需要高的个体一定会成为优秀的经理
    C. 亲和需要较强的人往往重视被别人接受、喜欢，追求友谊、合作
    D. 高成就需要的人具有较强的责任感

23. 关于赫兹伯格双因素理论的陈述，正确的是( )。
    A. 满意的反面是不满意
    B. 激励因素指的是组织政策、监督方式、人际关系、工资等
    C. 激励因素具备了就可以令员工满意，不具备就会招致员工不满
    D. 双因素理论与马斯洛需要层次理论的区别在于，双因素理论针对的是满足人类需要的目标或诱因

24. 马斯洛需要层次理论中从高到低依次是( )。
    A. 生理需要→安全需要→尊严的需要→归属和爱的需要→自我实现的需要
    B. 归属和爱的需要→安全需要→生理需要→尊严的需要→自我实现的需要
    C. 自我实现的需要→尊严的需要→归属和爱的需要→安全需要→生理需要
    D. 安全需要→自我实现的需要→生理需要→归属和爱的需要→尊严的需要

25. 下列关于马斯洛的需要层次理论，发挥个人潜力，实现个人理想的是( )。
    A. 生理需要　　　　　B. 安全需要
    C. 尊重的需要　　　　D. 自我实现的需要

26. 关于双因素理论的说法错误的是( )。
    A. 满意的反面是没有满意
    B. 保健因素也可起到激励作用
    C. 激励因素是指成就感、别人的认可、工作本身等因素
    D. 保健因素是指组织政策、监督方式、人际关系等因素

27. 期望理论中提及的三种因素不包括( )。
    A. 效价　　　　　　　B. 期望
    C. 工具　　　　　　　D. 需要

28. 奥尔德佛提出的理论，认为人的核心需要不包括( )。
    A. 生存需要　　　　　B. 关系需要
    C. 成长需要　　　　　D. 权力需要

29. 下列( )是ERG理论提出的核心需要。
    A. 亲和需要　　　　　B. 成长需要
    C. 权力需要　　　　　D. 人际需要

30. 目标管理的主要理论基础是激励理论中的( )。
    A. 期望理论　　　　　B. 目标设置理论
    C. 双因素理论　　　　D. 公平理论

31. 将组织目标细化为分公司目标、部门目标和个人目标，这个过程被称为( )。
    A. 目标管理　　　　　B. 平衡计分卡
    C. 流程管理　　　　　D. 过程管理

32. 斯肯伦计划融合了参与管理和( )两个概念。
    A. 目标管理　　　　　B. 过程管理
    C. 绩效薪金制　　　　D. 以上都错

33. 下列关于目标管理的要素，其中错误的是( )。
    A. 参与决策　　　　　B. 目标具体化
    C. 高额奖励　　　　　D. 限期完成

二、多项选择题

1. 以下属于动机要素的是( )。
   A. 选择做出什么样的行为
   B. 期待某种结果而产生的心理状态
   C. 行为的努力程度
   D. 坚持的水平
   E. 驱动人采取行动来寻求满足的一种压力状态

2. 马斯洛的需要层次理论认为人的需要包括( )。
   A. 成就需要
   B. 权力需要
   C. 归属和爱的需要
   D. 生理需要和安全需要
   E. 尊重的需要和自我实现的需要

3. 马斯洛的需要层次理论中，属于基本需要的有( )。
   A. 生理需要　　　　　B. 安全需要
   C. 归属和爱的需要　　D. 尊重的需要
   E. 自我实现的需要

4. 小王由A公司进入B公司半年以后，发现自己的待遇比刚进入B公司时有所提高。根据公平理论，这种比较属于( )。
   A. 横向比较　　　　　B. 纵向比较
   C. 组织内自我比较　　D. 组织外自我比较
   E. 组织外他比

5. 要使参与管理有效必须符合的条件有( )。
   A. 完成任务的时间比较紧迫
   B. 员工具备相应的智力、知识技术和沟通技巧
   C. 参与不会使员工和管理者的地位和权利受到威胁

D. 组织文化支持员工的参与管理

E. 员工参与的问题必须与其自身利益相关

6. 下列关于斯坎伦计划的表述正确的有(　　)。

  A. 组织应结合为一体，不可分崩离析

  B. 融合了目标管理和绩效薪金制两种概念

  C. 员工是有能力而且愿意贡献出他们的想法和建议的

  D. 效率提高后所增加的获利，应与员工共同分享

  E. 设置一个委员会，制订一套分享成本降低所带来利益的计算方法

7. 感觉到不公平的员工可用来恢复公平的方法有(　　)。

  A. 改变自己的投入或产出

  B. 改变对照者的投入或产出

  C. 改变参照对象

  D. 改变对投入或产出的知觉

  E. 换岗

8. 下列关于目标管理的表述正确的有(　　)。

  A. 目标管理是一种在企业中应用非常广泛的技术

  B. 实施目标管理只能自上而下来设定目标

  C. 目标管理使得每一名员工都有明确可行的、与部门和组织目标紧密联系的目标

  D. 目标管理的基本核心是强调通过群体共同参与制订具体的、可行的而且能够客观衡量的目标

  E. 实施目标管理可以将组织的目标层具体化、明确化，分解为各个相应层次的目标

9. 参与管理需要一定的实施条件，主要包括(　　)。

  A. 在行动前，要有充裕的时间来进行参与

  B. 员工参与的问题必须与其自身利益相关

  C. 员工必须具有参与的能力，如智力、知识技术、沟通技巧等

  D. 参与管理应该与员工的工资和奖金挂钩，当参与意见有错误时应该扣除奖金

  E. 组织文化必须支持员工参与

10. 激励的类型是指对不同激励方式的分类，从激励内容的角度可以将激励分为(　　)。

  A. 物质激励   B. 精神激励

  C. 正向激励   D. 负向激励

  E. 自我激励

11. 关于内源性与外源性动机的陈述，正确的是(　　)。

  A. 为了提薪而努力工作是外源性动机作用的表现

  B. 人们对活动本身感兴趣，为了活动而活动，这是内源性动机作用的表现

C. 外源性动机与内源性动机互补

D. 为了获得成就感是外源性动机作用的表现

E. 内源性动机也称为外部动机

12. 关于双因素理论说法正确的是(　　)。

  A. 双因素包括激励因素和保健因素

  B. 保健因素包括别人的认可、工作本身、晋升等因素

  C. 激励因素包括组织政策、监督方式等

  D. 满意的反面是没有满意

  E. 不满的反面是满意

13. 改变对投入或产出的知觉可以恢复公平，主要包括(　　)。

  A. 改变对自己的知觉，感到报酬过度的员工可以认为自己的工作量更大，工作难度更高，工作更快

  B. 改变对对照者的知觉，例如感到报酬不足的员工认为参照者比原先想象得要好一些

  C. 认为原先的对照者过于特殊，重新选择一个自己认为合适的对照者

  D. 换岗

  E. 辞职

14. 下列关于亲和需要的陈述，正确的是(　　)。

  A. 亲和需要指寻求与别人建立友善且亲近的人际关系的欲望

  B. 亲和需要较强的人往往在组织中充当管理他人的角色

  C. 亲和需要较强的人在组织中容易形成良好的人际关系

  D. 在管理上过分强调维持良好的关系会干扰正常的工作程序

  E. 这些人喜欢具有竞争性和能体现较高地位的场合和情景

15. 目标管理的要素包括(　　)。

  A. 目标具体化   B. 参与决策

  C. 限期完成   D. 绩效反馈

  E. 绩效考核

16. 在需要与动机理念中，动机的要素包括(　　)。

  A. 决定人方向的行为

  B. 决定人行为的方向

  C. 心理的努力程度

  D. 行为的努力程度

  E. 遇到阻碍时会付出多大努力来坚持自己的行为

17. 下述与动机有关的因素中，属于外源性动机范畴的是(　　)。

  A. 避免惩罚

B. 自我价值感强

C. 追求社会地位的实现

D. 受到领导表扬

E. 寻求挑战性的工作

18. 下列属于激励作用的内容有( )。

A. 设法使员工看到自我需要与组织目标之间的联系

B. 有效抑制员工个人需要以增进实现组织目标

C. 促使员工出色完成工作目标

D. 使员工自我需要与组织目标需要之间始终处于一种驱动状态

E. 不断调动员工潜在的积极性以提高其工作绩效

19. 下列各项属于双因素理论中保健因素的有( )。

A. 责任 　　　　　 B. 工资

C. 监督方式 　　　 D. 人际关系

E. 组织政策

20. 马斯洛的需要层次理论对管理的建议是( )。

A. 管理者需要考虑员工不同层次的需要

B. 组织需要为员工每一层次的需要设计相应的激励措施

C. 组织用于满足低层次需要的投入效益是递增的

D. 组织用于满足高层次需要的投入效益是递减的

E. 管理者需要考虑每个员工的特殊需要，从而相应的加以满足

21. 下列属于亚当斯公平理论中的纵向比较的是( )。

A. 员工在同一组织中把自己的工作和待遇与过去的相比较

B. 员工在本组织中将自己的工作和报酬与其他人相比较

C. 员工将自己在不同组织中的待遇进行比较

D. 员工将自己的工作和报酬与其他组织的员工进行比较

E. 一般而言，薪资水准、教育水平较低的员工，习惯采用自我的纵向比较

参考答案及解析

一、单项选择题

1.【答案】D

【解析】需要是指当缺乏或期待某种结果而产生的心理状态，包括对食物、水、空气等的物质需要，及对归属、爱等的社会需要。动机是指人们从事某种活动、为某一目标付出努力的意愿，这种意愿取决于目标能否以及在多大程度上满足人

的需要。因此答案A是对动机的解释，答案BC是解释需要的部分方面，正确全面的解释应该是D。

2.【答案】D

【解析】外源性动机是指人为了获得物质或社会报酬，或为了避免惩罚而完成某种行为，完成某种行为是为了行为的结果，而不是行为本身，是看重工作所带来的报偿，诸如工资、奖金、表扬、社会地位等。因此答案选D。

3.【答案】C

【解析】在马斯洛的需要层次理论中，第一层是生理需要，包括对食物、水、居住场所、睡眠等身体方面的需要；第二层是安全需要，主要针对身体安全和经济安全的需要，以避免身心受到伤害；第三层是归属和爱的需要，包括情感、归属、被接纳、友谊等需要；第四层是尊重的需要，包括内在的尊重，如自尊心、自主权、成就感需要，以及外在的尊重；第五层是自我实现的需要，包括个人成长、发挥个人潜能、实现个人理想的需要。因此答案选C。

4.【答案】D

【解析】在马斯洛的需要层次理论中，最高层是自我实现的需要，包括个人成长、发挥个人潜能、实现个人理想的需要。因此答案选D。

5.【答案】D

【解析】根据赫兹伯格的双因素理论，激励因素的缺失不会招致员工的不满。

6.【答案】B

【解析】出于外源性动机的员工更看重工作所带来的报偿，诸如工资、奖金、表扬、社会地位等，B选项错误。

7.【答案】D

【解析】三重需要理论由麦克里兰提出。该理论认为人有三种重要的需要：成就需要、权力需要和亲和需要。成就需要是指个体追求优越感的驱动力，或者是参照某种标准去追求成就感，寻求成功的欲望，特点是选择适度的风险、有较强的责任感、希望能够得到及时的反馈。因此答案选D。

8.【答案】A

【解析】具备保健因素只能使员工不产生不满情绪，但不能起到激励的作用，因此答案选A。

9.【答案】D

【解析】三重需要理论提出的三重核心需要为：成就需要、权力需要和亲和需要。成长需要不属

于麦克里兰的三重需要理论中的需要，因此答案选D。

10.【答案】D

【解析】推行参与管理要有成效必须符合的一个条件是：在行动前，要有充裕的时间来进行参与，如果完成任务的时间比较紧迫，则不适宜推行参与管理。答案选D。

11.【答案】C

【解析】外源性动机是指人为了获得物质或社会报酬，或为了避免惩罚而完成某种行为，C选项正确。

12.【答案】D

【解析】在马斯洛的需要层次理论中，人的需要从低到高依次为：生理需要、安全需要、归属需要、尊重需要及自我实现需要。人在不同时期表现出来的各种需要的强烈程度不同。只有低一层次的需要得到相当程度的满足之后，个体才会追求高一层次的需要。自我实现是人类的最高需要，因此答案选择D。

13.【答案】D

【解析】绩效薪金制指将绩效与报酬相结合的激励措施，通常采用的方式有计件工资、工作奖金、利润分成、按利分红等。绩效可以是个人绩效、部门绩效和组织绩效。因此D项不属于绩效薪金方式。

14.【答案】C

【解析】奥尔德佛提出的ERG理论指出，各种需要可以同时具有激励作用，不同文化下各种需要的顺序可能会发生改变；"关系需要"对应马斯洛需要理论中的部分"安全需要"、全部"归属和爱"的需要以及部分"尊重需要"。而如果较高层次的需要不能得到满足，那么满足低层次需要的欲望会加强，因此答案选C。

15.【答案】A

【解析】关于ERG理论，各种需要可以同时具有激励作用；该理论并不只是简单地把马斯洛的需要层次简化为三大类；如果高层次的需要得不到满足，对低层次需要的欲望也会加强；ERG理论认为人有三种核心需要：生存需要、关系需要、成长需要。因此答案选A。

16.【答案】C

【解析】弗罗姆的期望理论认为，人们之所以采取某种行动，如努力工作，是因为他觉得这种行

为可以在一定概率上达到某种结果，并且这种结果可以带来他认为重要的报酬。期望理论认为动机是三种因素的产物：个人需要多少报酬（效价），指个体对所获报酬的偏好程度，它是对个体得到报酬的愿望的数量表示；个人对努力产生成功绩效的概率估计（期望），指员工对努力工作能够完成任务的信念强度；个人对绩效与获得报酬之间关系的估计（工具），指员工对一旦完成任务就可以获得报酬的信念。因此答案选择C。

17.【答案】D

【解析】期望理论认为动机是三种因素的产物：个人需要多少报酬（效价），指个体对所获报酬的偏好程度，它是对个体得到报酬的愿望的数量表示；个人对努力产生成功绩效的概率估计（期望），指员工对努力工作能够完成任务的信念强度；个人对绩效与获得报酬之间关系的估计（工具），指员工对一旦完成任务就可以获得报酬的信念。因此答案选D。

18.【答案】A

【解析】强化理论认为行为的结果对行为本身有强化作用，是行为的主要驱动因素。该理论并不考虑人的内在心态，而是注重行为及其结果，认为人是在学习、了解行为与结果之间的关系。因此答案选A。

19.【答案】C

【解析】质量监督小组是一种常见的参与管理模式。答案选C。

20.【答案】A

【解析】五种需要层级越来越高是由马斯洛的需要层次理论所得出的结论。答案选A。

21.【答案】B

【解析】题干中关于麦克里兰三重需要理论的陈述中正确的是B选项。

22.【答案】B

【解析】在麦克里兰的三重需要理论中，权力需要较高的人喜欢支配、影响别人；亲和需要较强的人往往重视被别人接受、喜欢，追求友谊、合作；高成就需要的人具有较强的责任感，而成就需要高的个体不一定会成为优秀的经理，因此错误的描述是B选项。

23.【答案】D

【解析】赫兹伯格双因素理论与马斯洛需要层次理论的区别在于，双因素理论针对的是满足人类需要的目标或诱因，因此答案选D。

24.【答案】C

【解析】马斯洛认为人类需要的强度并不都是相等的，他将人的需要分为五种类型，由高到低依次是：自我实现的需要、尊重的需要、归属和爱的需要、安全需要、生理需要。

25.【答案】D

【解析】在马斯洛的需要层次理论中，自我实现的需要指个人成长、发挥个人潜能、实现个人理想的需要。

26.【答案】B

【解析】双因素理论认为，满意的反面是没有满意，不满意的反面是没有不满意。激励因素是指成就感、别人的认可、工作本身、责任和晋升等因素。保健因素是指组织政策、监督方式、人际关系、工作环境和工资等因素。具备了保健因素只能使员工不产生不满情绪，但不能起到激励的作用。

27.【答案】D

【解析】期望理论认为动机是效价、期望、工具三种因素的产物。

28.【答案】D

【解析】奥尔德佛对马斯洛的需要层次理论进行了修订，认为人有三种核心需要，即生存需要、关系需要、成长需要。

29.【答案】B

【解析】ERG理论认为人有三种核心需要，即生存需要、关系需要和成长需要。

30.【答案】B

【解析】目标管理的理论基础是激励理论中的目标设置理论。其基本核心是强调通过群体共同参与制订具体的、可行的而且能够客观衡量的目标。

31.【答案】A

【解析】目标管理的基本核心是强调通过群体共同参与制订具体的、可行的而且能够客观衡量的目标。将组织的目标层层具体化、明确化，分解为各个相应层次（分公司、部门、个体）的目标的过程是实施目标管理时自上而下设计目标的过程。

32.【答案】C

【解析】斯肯伦计划由美国麻省理工学院教授约瑟夫·斯肯伦提出，它融合了参与管理和绩效薪金制两种概念，被称作是"劳资合作、节约劳动支出、集体奖励"的管理制度。

33.【答案】C

【解析】目标管理有四个要素，即目标具体化、参与决策、限期完成和绩效反馈。

二、多项选择题

1.【答案】ACD

【解析】选项中属于动机要素的是选择做出什么样的行为，行为的努力程度，坚持的水平，因此答案选择ACD。

2.【答案】CDE

【解析】在马斯洛的需要层次理论中，第一层是生理需要，包括对食物、水、居住场所、睡眠等身体方面的需要；第二层是安全需要，主要针对身体安全和经济安全的需要，以避免身心受到伤害；第三层是归属和爱的需要，包括情感、归属、被接纳、友谊等需要；第四层是尊重的需要，包括内在的尊重，如自尊心、自主权、成就感需要，以及外在的尊重；第五层是自我实现的需要，包括个人成长、发挥个人潜能、实现个人理想的需要。因此答案选择CDE。

3.【答案】ABC

【解析】马斯洛的需要层次理论包括：生理需要、安全需要、归属和爱的需要、尊重的需要、自我实现的需要。以上五种层次的需要还可大致分为两大类：前三个层次为基本需要，后两个层次为高级需要，因为前三者的满足主要靠外部条件或因素，而后两者的满足主要靠内在因素。因此答案选择ABC。

4.【答案】BC

【解析】根据公平理论，小王由A公司进入B公司半年，属于纵向比较，发现自己的待遇比刚进入B公司时有所提高，是组织内自我比较，因此答案为BC。

5.【答案】BCDE

【解析】要使参与管理有效必须符合的条件有：在行动前要有充裕的时间来进行参与；员工具备相应的智力、知识技术和沟通技巧；参与不会使员工和管理者的地位和权利受到威胁；组织文化支持员工的参与管理；员工参与的问题必须与其自身利益相关。因此答案选择BCDE。

6.【答案】ACDE

【解析】在关于斯肯伦计划的表述中，组织应结合为一体，不可分崩离析；员工是有能力而且愿意贡献出他们的想法和建议；效率提高后所增加的获利，应与员工共同分享；设置一个委员会，制订一套分享成本降低所带来利益的计算方法是正确的，因此答案选择ACDE。

7.【答案】ABCD

【解析】感觉到不公平的员工可用来恢复公平的方法有：改变自己的投入或产出、改变对照者的投入或产出、改变参照对象、改变对投入或产出的知觉、辞职。换岗并不能对感觉到不公平的员工恢复公平。因此答案选ABCD。

8.【答案】ACDE

【解析】在关于目标管理的表述中，目标管理是一种在企业中应用非常广泛的技术；目标管理使得每一名员工都有明确可行的、与部门和组织目标紧密联系的目标；目标管理的基本核心是强调通过群体共同参与制订具体的、可行的而且能够客观衡量的目标；实施目标管理可以将组织的目标层层具体化、明确化，分解为各个相应层次的目标，都是正确的。而实施目标管理不只是可以自上而下来设定目标，因此除了B选项以外，其他描述都是正确的。

9.【答案】ABCE

【解析】题干中的ABCE都是正确的，选项D错误，参与不应使员工和管理者的地位和权利受到威胁，因此排除。

10.【答案】AB

【解析】从激励内容的角度可以将激励分为物质激励和精神激励，答案选AB。

11.【答案】ABC

【解析】内源性动机是指人做出某种行为是缘于行为本身，因为这种行为可以带来成就感，或者个体认为这种行为是有价值的；看重的是工作本身，诸如寻求挑战性的工作，获得为工作和组织多做贡献的机会以及充分实现个人潜力的机会，内源性动机也称为内在动机。外源性动机是指人为了获得物质或社会报酬，或为了避免惩罚而完成某种行为，完成某种行为是为了行为的结果，而不是行为本身，是看重工作所带来的报偿，诸如工资、奖金、表扬、社会地位等，外源性动机也称为外在动机。外源性动机与内源性动机互补。因此答案选ABC。

12.【答案】AD

【解析】双因素理论又称激励—保健因素理论，该理论认为满意的反面是没有满意，不满意的反面是没有不满意。激励因素是指成就感、别人的认可、工作本身、责任和晋升等因素。具备这些因素可以令员工满意，但不具备这些因素也不会招致员工的不满。保健因素是指组织政策、监督方式、人际关系、工作环境和工资等因素。具备这些因素只能使员工不产生不满情绪，但不能起到激励的作用。

13.【答案】AB

【解析】改变对投入或产出的知觉可以恢复公平，可以改变对自己的知觉，感到报酬过度的员工可以认为自己的工作量更大，工作难度更高，工作更快；或者改变对对照者的知觉，例如感到报酬不足的员工认为参照者比原先想象得要好一些；选项C比较有迷惑性，但是选项C是改变参照对象的做法；选项D不是恢复公平的有效方法；选项E辞职是恢复公平的方法，但不属于改变对投入或产出的知觉，因此答案选AB。

14.【答案】ACD

【解析】亲和需要是指寻求与别人建立友善且亲近的人际关系的欲望。亲和需要强的人往往重视被别人接受和喜欢，他们追求友谊和合作，这样的人在组织中容易与他人形成良好的人际关系，易被别人影响，因而往往在组织中充当被管理的角色。许多出色的经理的亲和需要相对较弱，因为亲和需要强的管理者虽然可以建立合作的工作环境，能与员工真诚愉快地工作，但是在管理上过分强调良好关系的维持通常会干扰正常的工作程序。

15.【答案】ABCD

【解析】目标管理有四个要素，分别是目标具体化、参与决策、限期完成和绩效反馈。本题正确答案为ABCD。

16.【答案】BDE

【解析】在需要与动机理念中，动机有三个要素：决定人行为的方向，指选择做出什么样的行为；努力的水平，指行为的努力程度；坚持的水平，指遇到阻碍时付出多大努力。

17.【答案】ACD

【解析】本题考查外源性动机。外源性动机是指人为了获得物质或社会报酬，或为了避免惩罚而完成某种行为。出于外源性动机的员工更看重工作所带来的报偿，如工资、奖金、表扬、社会地位等。选项BE属于内源性动机范畴。

18.【答案】ACDE

【解析】本题考查激励的作用。激励就是通过满足员工的需要而使其努力工作，从而实现组织目标的过程，就是要设法使员工看到自己的需要与组织目标之间的联系，使他们处于一种驱动状态，他们在这种状态的驱策下所付出的努力不仅满足其个人需要，同时也通过达成一定的工作绩效而实现组织目标。所以，选项B错误。

19.【答案】BCDE

【解析】双因素理论又称"激励—保健因素理论"。激励因素是指成就感、别人的认可、工作本身、责任和晋升等因素。具备这些因素可以令员工满意，但不具备这些因素也不会招致员工的不满。保健因素是指组织政策、监督方式、人际关系、工作环境和工资等因素。具备这些因素只能使员工不产生不满情绪，但不能起到激励的作用。本题正确答案为BCDE。

20.【答案】ABE

【解析】本题考查马斯洛需要层次理论在管理上的应用。需要层次理论指出，管理者需要考虑员工不同层次的需要，并为每一层次的需要设计相应的激励措施；管理者需要考虑每个员工的特殊需要，因为不同人的需要是不同的；组织用于满足低层次需要的投入效益是递减的。

21.【答案】ACE

【解析】本题考查公平理论。公平理论中的纵向比较包括组织内自我比较，即员工在同一组织中把自己现在的工作和待遇与过去的相比较，也包括组织外自我比较，即员工将自己在不同组织中的工作和待遇进行比较。选项BD属于公平理论中的横向比较。本题正确答案选ACE。

第二章　领导行为

　　本章主要考查领导行为的相关基本理论。要求掌握领导理论、领导风格和技能以及相关的领导决策模型和风格。考查的重点是掌握与领导行为有关的一些概念和知识，包括领导行为理论的历史沿革、不同时代的领导理论的特色。难点在于理解掌握领导者的领导风格和领导技能，以及作为组织核心的领导者如何决策的问题。

　　从近几年考题情况来看，与领导行为有关的一些概念、不同时代的领导理论的特色以及领导者的领导风格和领导技能是考查的重点，考查形式以单项选择题和多项选择题为主，平均分值是10分。

本章重要考点分析

　　本章涉及14个重要考点，其中领导行为的概念、不同领导行为理论、领导风格与技能以及领导决策的不同类型是考查的重点，需要考生掌握，如图2-1所示。

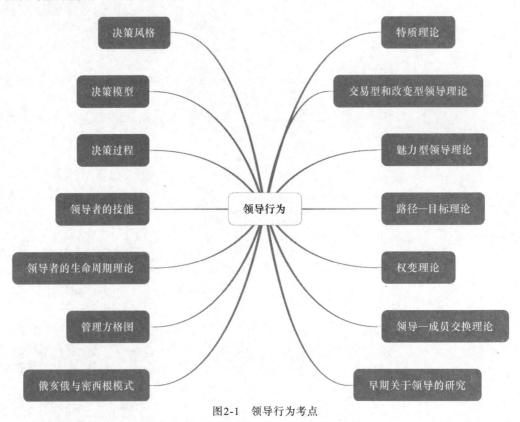

图2-1　领导行为考点

本章近三年题型及分值总结

本章内容在近三年的考试中出现的题型以单项选择题和多项选择题为主，在2013年和2014年出现了案例分析题，如表2-1所示。

表2-1　领导行为题型及分值

年　份	单项选择题	多项选择题	案例分析题
2014年	3题	2题	1题
2013年	4题	1题	4题
2012年	5题	2题	0题

第一节　领导理论

领导指的是一种影响群体、影响他人以达成组织目标的能力。领导有两个基本的特点：首先，领导必须具有影响力；其次，领导还必须具有指导和激励的能力。领导的影响力主要来源于组织的正式任命。同时也来源于其他方面，比如具有与工作相关的专门技能或才能，也可以成为影响力的来源。

传统的特质理论认为，领导者具有某些固有的特质，并且这些特质是与生俱来的。

伯恩斯把领导分为两种类型：交易型和改变型。

魅力型领导理论由罗伯特·豪斯提出。魅力型领导者是指具有自信并且信任下属，对下属有高度的期望，有理想化的愿景，以及使用个性化风格的领导者。魅力型领导者的追随者认同他们的领导者及其任务，表现出对领导者的高度忠诚和信心，效

法其价值观和行为，并且从自身与领导者的关系中获得自尊。魅力型领导者将促使追随者产生出高于期望的绩效以及强烈的归属感。

路径—目标理论是由罗伯特·豪斯提出的，该理论认为，领导者的主要任务是帮助下属达到他们的目标，并为下属提供必要的支持和指导以确保下属的目标与群体或组织的目标相互配合。

费德勒的权变理论认为，团队绩效的高低取决于领导者与情景因素之间是否搭配。该理论将领导方式区分为工作取向和关系取向两类。

领导—成员交换理论(简称LMX理论)认为，领导者对待同一团体内部的不同下属往往根据其与自己关系的远近亲疏采取不同的态度和行为。

 思维导图

该节涉及多个知识点和概念，如图2-2所示。

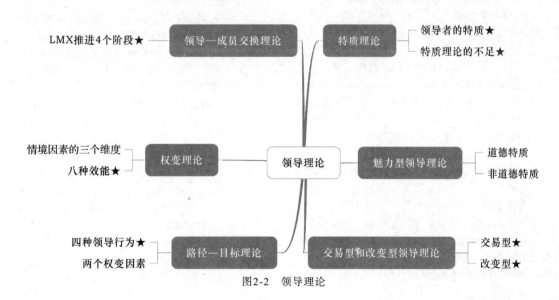

图2-2　领导理论

知识点测试

【2014年单选题】伯恩斯认为领导关注任务的完成和员工的顺从，更多依靠组织的激励和惩罚来影响员工的绩效，是他的(　　)理论。

A. 交易型领导理论　　B. 改变型领导理论

C. 魅力型领导理论　　D. 权变理论

【答案】A

【解析】伯恩斯把领导分为两种类型：交易型和改变型。其中，交易型领导强调个人在组织中的与位置相关的权威和合法性，交易型领导强调任务的明晰度、工作的标准和产出，他们关注任务的完成和员工的顺从，更多依靠组织的激励和惩罚来影响员工的绩效。

【2014年单选题】罗伯特·豪斯的路径—目标理论认为：主动追求并采纳下属的意见，属于(　　)的领导行为。

A. 指导式　　　　　　B. 支持型

C. 参与式　　　　　　D. 成就取向式

【答案】C

【解析】路径—目标理论是由罗伯特·豪斯提出的，路径—目标理论认为领导者的主要任务是帮助下属达到他们的目标，并提供必要的支持和指导以确保下属的目标与群体或组织的目标相互配合。路径—目标理论认为领导者的行为如果想要被下属接受，就必须能够为员工提供满足感，这种满足感既有关于现在的，也有关于未来的。豪斯确定了指导式、支持型、参与式、成就取向式四种领导行为，其中参与式领导主动征求并采纳下属的意见。

【2011年单选题】关于魅力型领导理论的陈述，错误的是(　　)。

A. 魅力型领导是指自信并且信任下属，对下属有高的期望，有理想化的愿景，使用个性化风格的领导者

B. 魅力型领导会对追随者产生影响，促使追随者获得高于期望的绩效以及强烈的归属感

C. 在追随者自我意识和自我管理水平较低的情况下，魅力型领导更加有效

D. 魅力本身是一个归因现象，会随情境发生变化

【答案】C

【解析】本题考查魅力型领导理论。当追随者显示出更高水平的自我意识和自我管理时，魅力型领导者的效果将会得到进一步强化，特别是在观察魅力型领导者们的行为和活动的时候。

【2012年单选题】将领导行为划分为指导式、支持型、参与式和成就取向式的领导理论是(　　)。

A. 特质理论

B. 权变理论

C. 路径—目标理论

D. 领导—成员交换理论

【答案】C

【解析】罗伯特·豪斯提出的路径—目标理论将领导行为划分为四种类型，分别是指导式领导、支持型领导、参与式领导和成就取向式领导。

【2010年单选题】以下关于领导—成员交换理论的正确说法为(　　)。

A. 团体中领导者与下属在确立关系和角色的早期，就把下属分出"圈里人"和"圈外人"的类别

B. 领导者对"圈外人"比"圈里人"投入更多的时间、感情以及更少的正式领导权威

C. "圈外人"比"圈里人"对于其所在的部门贡献更多

D. "圈外人"比"圈里人"承担更高的工作责任感

【答案】A

【解析】领导者对"圈里人"比"圈外人"投入更多的时间、感情以及更少的正式领导权威，B选项错误。"圈里人"比"圈外人"对于其所在的部门贡献更多，C选项错误。"圈里人"比"圈外人"承担更高的工作责任感，D选项错误。

【2011年多选题】下列关于领导—成员交换理论的陈述，正确的是(　　)。

A. 对同一个领导而言，"圈里人"的下属能够感觉到领导者对他们的关心

B. 领导者与下属在确立关系和角色的早期，就把下属分出"圈里人"和"圈外人"的类别

C. "圈里人"比"圈外人"承担更高的工作责任感，对所在部门贡献更多，绩效评估也更高

D. 领导者对"圈外人"比对"圈里人"往往投入更多的时间和正式领导权威

E. 从社会认知的角度看，领导者应着手改变下属的自我概念，而下属的行为反应也会改变领导者的自我图式

【答案】ABCE

【解析】领导者对"圈里人"比"圈外人"投入更多的时间、感情和很少的正式领导权威。所以

选项D错误。本题正确答案为ABCE选项。

【2012年单选题】关于领导—成员交换理论的陈述，正确的是(　　)。

A. 领导对团体成员同样对待

B. 领导往往对"圈外人"投入更多的时间和更少的正式领导权威

C. 领导者和下属两者都作为个体，通过团体进行反馈

D. 领导者的自我图式是稳定不变的，不受下属行为反应的影响

【答案】C

【解析】领导—成员交换理论认为领导者对待同一团体内部的不同下属往往根据其与自己关系的远近亲疏采取不同的态度和行为，团体中领导者与下属在确立关系和角色的早期，就把下属分出"圈里人"和"圈外人"的类别。领导者倾向于对"圈里人"投入更多的时间、感情以及更少的正式领导权威。领导者和下属两者都作为个体，通过团体进行反馈。

第二节　领导风格与技能

领导风格是指领导者在实际领导中表现出的习惯化行为特点。领导风格既可能是正性的，也可能是负性的；另外本章还介绍了俄亥俄与密西根模式。美国心理学家布莱克和默顿提出了管理方格理论，保罗·赫塞和布兰查德提出了生命周期理论，认为影响领导者风格选择的一个重要因素是下属的工作成熟度和心理成熟度。他们认为，成熟度是指个体对自己的行为负责任的能力与意愿，包括工作成熟度和心理成熟度两个方面。

成功的领导依赖于合适的行为、技能和行动，领导者的三种主要技能是技术技能、人际技能和概念技能。

 思维导图

该节涉及多个知识点和概念，如图2-3所示。

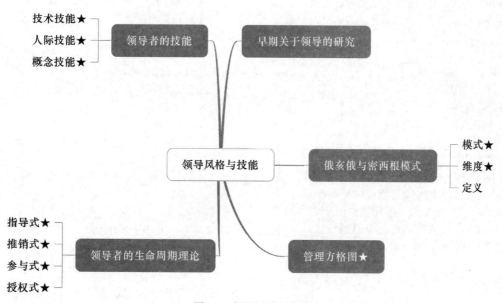

图2-3　领导风格与技能

 知识点测试

【2014年单选题】保罗·赫塞的领导者生命周期理论认为：个人对自己的行为负责任的能力和意愿是指(　　)。

A. 心理成熟度

B. 能力成熟度

C. 技能成熟度

D. 思维成熟度

【答案】A

【解析】作为管理方格理论的扩展，保罗·赫塞和布兰查德发展出的生命周期理论认为，影响领导者风格选择的一个重要因素是下属的成熟程度。在他们看来，成熟度是指个体对自己的行为负责任

的能力与意愿，包括两个方面：(1)工作成熟度，指一个人的知识和技能水平，工作成熟度越高，执行任务的能力越强，越不需要他人的指挥；反之，则需要对其工作进行指导，(2)心理成熟度，指从事工作的意愿或动机，心理成熟度越高，自觉性越高，越不需要外力推动；反之，则要规定员工的工作任务和角色职责。

【2014年单选题】俄亥俄大学研究得出领导行为的维度包括( )。

A. 关心环境

B. 关心人

C. 工作管理

D. 工作设计

E. 目标设计

【答案】BC

【解析】俄亥俄大学在20世纪40年代开始了一系列关于领导的行为研究。他们使用领导行为描述问卷来分析各种团体和情景中的领导。他们的研究事先并不强调领导行为是否有效，即"好领导"与"坏领导"，而是寻找领导行为的独特方面。通过对问卷答案做因素分析，数据浓缩聚焦到两个维度上：关心人和工作管理。

【2010年单选题】( )是指按照模型、框架和广泛联系关系进行思考的能力。

A. 技术技能

B. 人际技能

C. 概念技能

D. 技能发展

【答案】C

【解析】技术技能是一个人对于某种类型的程序或技术所掌握的知识和能力，A选项不选。人际技能是有效地与他人共事和建立团队合作的能力，B选项不选。技能发展主要有两种途径：一种是通过学习获得知识和方法；另一种是辅导，D选项不选。

【2010年单选题】以下关于管理方格说法错误的是( )。

A. "无为而治"是指管理者既不关心任务，也不关心人

B. "乡村俱乐部"领导风格对任务关怀多，对人关怀少

C. "任务"领导风格对任务极端关注

D. 最理想的领导风格是既关心任务，又关心人

【答案】B

【解析】"乡村俱乐部"领导风格对人极端关注，B选项错误。

【2011年单选题】在管理方格理论中，位于坐标(1，9)位置的领导风格称为( )。

A. "乡村俱乐部"领导风格

B. "无为而治"领导风格

C. "任务"领导风格

D. "中庸式"领导风格

【答案】A

【解析】在管理方格理论中，位于坐标(1，9)位置的领导风格被称为"乡村俱乐部"领导风格，所以正确答案为A选项。

【2012年单选题】根据领导的生命周期理论，当下属具有低能力—高意愿的特点时，适宜的领导风格是( )。

A. 指导式

B. 推销式

C. 参与式

D. 授权式

【答案】B

【解析】当被领导者的成熟度为低能力—高意愿时，适宜的领导风格是推销式。

【2011年单选题】领导者的技能中，( )处理的是观点、思想。

A. 概念技能

B. 管理技能

C. 人际技能

D. 技术技能

【答案】A

【解析】概念技能处理的是观点、思想，人际技能关心的是人，技术技能涉及的是事，所以正确答案为A选项。

第三节 领导决策

领导决策主要包括赫伯特·西蒙的决策过程和明茨伯格的决策阶段，领导行为决策的模型包括经济理性模型、有限理性模型和社会模型；另外根据价值取向与模糊耐受性两个维度，可以得到四种不同的决策风格。

 思维导图

该节涉及多个知识点和概念，如图2-4所示。

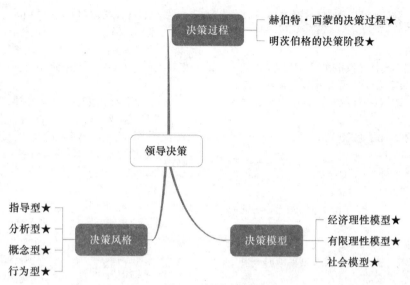

图2-4 领导决策

 知识点测试

【2014年单选题】决策者具有较高的模糊耐受性以及很强的任务和技术取向，属于( )。

A. 指导型　　　　　　B. 分析型
C. 概念型　　　　　　D. 行为型

【答案】B

【解析】根据价值取向与模糊耐受性两个维度的组合，决策风格可以分为：指导型、分析型、概念型、行为型。分析型决策者具有较高的模糊耐受性以及很强的任务和技术取向，喜欢对情境进行分析，倾向于过度分析事物。他们比指导型决策者评估更多的信息和备选方案，使用更多的时间进行决策，对新的、不确定的情境的反应比较好。他们也倾向于使用独裁的领导风格。

【2014年多选题】明茨伯格及其同事所提出的决策过程包括( )。

A. 发展阶段　　　　　B. 确认阶段
C. 整合阶段　　　　　D. 选择阶段
E. 设计阶段

【答案】ABD

【解析】明茨伯格及其同伴所提出的决策阶段包括：(1)确认阶段。认知到问题或机会的产生，进行诊断。有研究表明，与人们的常识相反，对于紧急的、严重的问题，人们在决策过程中往往并没有经过非常系统的、全面的诊断，而一般的问题却享受到了这样的待遇。(2)发展阶段。个体搜寻现有的标准程序或者解决方案，或者设计全新的、量身定做的解决方案的过程。有研究表明，设计过程是一个探索和试误的过程，在这个过程中，决策者对于理想的解决方案只有一个模糊的轮廓。(3)选择阶段。确定最终的方案。一般有三种选择方法，即在决策者经验或者知觉的基础上进行判断，在逻辑和系统的基础上对备选方案进行分析，决策成员之间相互权衡。

【2012年单选题】西蒙将决策分为三个阶段，其中第一个阶段是( )。

A. 设计活动阶段　　　B. 选择活动阶段
C. 智力活动阶段　　　D. 确认活动阶段

【答案】C

【解析】西蒙认为，决策过程可以分为三个阶段，即智力活动阶段、设计活动阶段和选择活动阶段。

【2012年多选题】按照经济理性决策模型，决策者的特征包括( )。

A. 从途径—目标上分析，决策完全理性
B. 决策者遵循的是满意原则，在选择时不必知道所有的可能方案
C. 决策者可以知道所有备选方案
D. 决策者可以采用经验启发式原则或一些习惯来进行决策
E. 决策者在选择备选方案时，试图寻找令人满意的结果

【答案】AC

【解析】选项BDE是有限理性模型。本题正确答案为AC选项。

考题预测及强化训练

一、单项选择题

1. 费德勒在研究不同领导风格在不同情境下的效能时指出，当情境维度呈现上下级关系好、工作结构高、职权较小的情况时，其产生的领导效能是(   )。
   A. 工作取向高，而关系取向低
   B. 工作取向与关系取向均低
   C. 工作取向低，而关系取向高
   D. 工作取向与关系取向均高

2. 关于领导—成员交换理论的陈述，正确的是(   )。
   A. 领导对团体成员同样对待
   B. 领导往往对"圈外人"投入更多的时间和更少的正式领导权威
   C. 领导者和下属两者都作为个体，通过团体进行反馈
   D. 领导者的自我图式是稳定不变的，不受下属行为反应的影响

3. 将领导行为划分为"关心人"和"工作管理"两个维度的是(   )。
   A. 密西根模式
   B. 领导—成员交换理论
   C. 俄亥俄模式
   D. 权变模型

4. 在俄亥俄模式中，工作管理和关心人得分高的领导比其他类型的领导更能促使员工有(   )。
   A. 高的绩效和高的工作满意度
   B. 高的绩效和低的工作满意度
   C. 低的绩效和低的工作满意度
   D. 低的绩效和高的工作满意度

5. 在管理方格图中，把投入最少量的努力使必要的工作完成和维持适合的组织成员关系的领导风格称为(   )。
   A. "无为而治"领导风格
   B. "中庸式"领导风格
   C. "任务"领导风格
   D. "乡村俱乐部"领导风格

6. 管理方格理论把领导者的基本风格划分为五种，其中只对人极端关注的领导风格被称为(   )领导风格。
   A. 无为而治式   B. 任务式
   C. 中庸式   D. 乡村俱乐部式

7. 对于赫塞和布兰查德所指的"低工作—低关系"式的领导风格，宜采用(   )。
   A. 指导式领导   B. 推销式领导
   C. 参与式领导   D. 授权式领导

8. 西蒙将决策分为三个阶段，其中第一个阶段是(   )。
   A. 设计活动阶段   B. 选择活动阶段
   C. 智力活动阶段   D. 确认活动阶段

9. 决策者具有较高的模糊耐受性，并且倾向于对人和社会的关注，这种决策风格是(   )。
   A. 概念型   B. 分析型
   C. 指导型   D. 行为型

10. 根据社会模型，管理者一旦做出了错误的决策，他可能存在信息加工错误。产生这种现象的原因可能是(   )。
    A. 项目的特点   B. 心理决定因素
    C. 社会压力   D. 组织决定因素

11. 指导型的决策风格的领导者具有(   )。
    A. 低模糊耐受性、关注人和社会
    B. 低模糊耐受性、关注任务和技术本身
    C. 高模糊耐受性、关注任务和技术本身
    D. 高模糊耐受性、关注人和社会

12. 下列特征和方法属于交易型领导者的是(   )。
    A. 个性化关怀   B. 一致性的奖励
    C. 魅力   D. 激励

13. 关于魅力型领导理论的陈述，错误的是(   )。
    A. 魅力型领导是指自信并且信任下属，对下属有高的期望，有理想化的愿景，使用个性化风格的领导者
    B. 魅力型领导会对追随者产生影响，促使追随者获得高于期望的绩效以及强烈的归属感
    C. 在追随者自我意识和自我管理水平较低的情况下，魅力型领导更加有效
    D. 魅力本身是一个归因现象，会随情境发生变化

14. 路径—目标理论认为领导者的主要任务是(   )。
    A. 团队绩效取决于领导者与情景因素之间是否搭配
    B. 领导者天生具有某些与生俱来的固有特质
    C. 关注员工的顺从以及任务的完成，常采用奖惩手段来影响员工的绩效
    D. 帮助下属实现其目标，并提供必要支持和指导以确保其目标与群体或组织的目标相互配合

15. 根据目标—路径理论，努力建立舒适的工作环境，亲切友善，关心下属的要求，这种领导行为称之为(   )。

A. 指导式领导　　　　　B. 支持型领导
C. 参与式领导　　　　　D. 成就取向式领导

16. 根据目标—路径理论，如果下属的类型属于外控型，则其对(　　)更为满意。
A. 指导式领导　　　　　B. 支持型领导
C. 参与式领导　　　　　D. 成就导向式领导

17. 领导的影响力来源于(　　)。
A. 激励能力　　　　　　B. 指导能力
C. 组织的正式任命　　　D. 自愿追求确定目标

18. (　　)认为，团体中领导者与下属在确立关系和角色的早期，就把下属分为"圈里人"和"圈外人"。
A. 特质论　　　　　　　B. 领导—成员交换理论
C. 权变理论　　　　　　D. 路径—目标理论

19. 乔治·格雷恩及其同事提出(　　)。
A. 权变理论　　　　　　B. 领导—成员交换理论
C. 目标理论　　　　　　D. 路径—目标理论

20. 费德勒提出的情景性因素不包括(　　)。
A. 领导与下属关系　　　B. 工作结构
C. 职权　　　　　　　　D. 工作取向

21. 罗伯特·豪斯提出的路径—目标理论认为领导者的主要任务是(　　)。
A. 帮助下属达到他们的目标，并提供必要的指导和支持以确保下属的目标与群体或组织的目标相互配合
B. 团队绩效取决于领导者与情境因素间是否搭配
C. 领导者具有某些固有的特质，这些特质是与生俱来的
D. 领导者们为了达成绩效目标和持久变化，应该着手改变下属的自我概念

22. 巴斯提出魅力型领导(　　)的一个成分。
A. 使用权力为他人服务
B. 只是为个人利益或效果使用权力
C. 只是更广泛的改变型领导
D. 发展并且支持下属，与他人分享见识的领导

23. 费德勒的权变理论认为(　　)。
A. 领导者们为了达成绩效目标和持久变化，应该着手改变下属的自我概念
B. 团队绩效取决于领导者与情景因素间是否搭配
C. 领导方式分为工作取向和人际取向
D. 领导者主要关心生产，是属于工作取向型

24. 将领导行为划分为"员工取向"和"生产取向"两个维度的是(　　)。

A. 密西根模式　　　　　B. 领导—成员交换理论
C. 俄亥俄模式　　　　　D. 权变模型

25. 管理方格理论把领导风格看作是一个二维坐标格，其纵坐标和横坐标与密西根模式中的(　　)相对应。
A. 员工取向和生产取向
B. 关怀和创制
C. 独裁和民主
D. 民主和放任

26. (　　)强调任务的明晰度、工作的标准和产出，关注任务的完成以及员工的顺从。
A. 交易型领导理论　　　B. 改变型领导理论
C. 魅力型领导理论　　　D. 路径—目标理论

27. 通过更高的理想和组织价值观来激励追随者们指的是(　　)。
A. 交易型领导理论　　　B. 改变型领导理论
C. 魅力型领导理论　　　D. 路径—目标理论

28. 根据目标—路径理论，让员工明确别人对他的期望、成功绩效的标准和工作程序，属于(　　)。
A. 指导式领导　　　　　B. 支持型领导
C. 参与式领导　　　　　D. 成就取向式领导

29. 根据目标—路径理论，主动征求并采纳下属的意见指的是(　　)。
A. 指导式领导　　　　　B. 支持型领导
C. 参与式领导　　　　　D. 成就取向式领导

30. 根据目标—路径理论，设定挑战性目标、鼓励下属实现自己的最佳水平指的是(　　)。
A. 指导式领导　　　　　B. 支持型领导
C. 参与式领导　　　　　D. 成就取向式领导

31. 勒温关于领导行为的研究发现，(　　)的领导会导致最多的攻击性行为。
A. 独裁型　　　　　　　B. 民主型
C. 放任型　　　　　　　D. 指导型

32. 俄亥俄模式关于领导风格的研究得出的两个主要维度是(　　)。
A. 关心人和工作管理
B. 员工取向和生产取向
C. 独裁和民主
D. 民主和放任

33. 赫塞和布兰查德所指的"高工作—高关系"式的领导是(　　)。
A. 指导式领导　　　　　B. 推销式领导
C. 参与式领导　　　　　D. 授权式领导

34. 领导行为的重要部分之一是( )。
   A. 管理技能　　　　　B. 概念技能
   C. 人际技能　　　　　D. 技术技能

35. 人际技能关心的是( )。
   A. 事　　　　　　　　B. 观点
   C. 思想　　　　　　　D. 人

二、多项选择题

1. 费德勒的权变理论中领导方式可以区分为( )。
   A. 工作取向　　　　　B. 人际取向
   C. 领导与下属关系　　D. 工作结构
   E. 职权

2. 根据费德勒的观点，情景性因素包括( )。
   A. 领导与下属的关系　B. 工作结构
   C. 职权　　　　　　　D. 工作取向
   E. 人际取向

3. 在路径—目标理论中，豪斯将领导者分为( )。
   A. 指导式领导　　　　B. 支持型领导
   C. 参与式领导　　　　D. 成就取向式领导
   E. 创造型领导

4. 领导者技能包括( )。
   A. 技术技能　　　　　B. 推理技能
   C. 人际技能　　　　　D. 翻译技能
   E. 概念技能

5. 根据领导者的生命周期理论，领导的风格包括( )。
   A. 指导式　　　　　　B. 推销式
   C. 参与式　　　　　　D. 授权式
   E. 成就取向式

6. 费德勒认为，情景因素可以分为三个维度，指的是( )。
   A. 上下级关系　　　　B. 工作结构
   C. 职权　　　　　　　D. 工作环境
   E. 员工素质

7. 明茨伯格的决策阶段主要包括( )。
   A. 确认阶段　　　　　B. 发展阶段
   C. 选择阶段　　　　　D. 智力活动
   E. 设计活动

8. 领导行为决策的模型包括( )。
   A. 组织模型　　　　　B. 行为模型
   C. 社会模型　　　　　D. 有限理性模型
   E. 经济理性模型

9. 领导行为决策的模型中，社会模型的特点有( )。
   A. 决策者可以知道所有备选方案
   B. 对计算复杂性无限制，可以通过计算选择出最佳备选方案

C. 对于概率的计算不存在任何困难性
   D. 心理对人的决策行为会产生重要影响
   E. 人们会迫于团体压力作出非理性的选择

10. 特质理论存在的缺陷在于( )。
   A. 忽视了领导良好的调适能力
   B. 没有指明各种特质之间的相对重要性
   C. 忽视了下属的需要
   D. 忽视了情景因素
   E. 没有区分原因和结果

11. 关于豪斯的路径—目标理论，下列说法正确的有( )。
   A. 该理论采纳了密西根模型
   B. 该理论采纳了俄亥俄模型
   C. 该理论侧重于工作取向和人际关系取向
   D. 该理论同激励的期望理论相结合
   E. 该理论认为领导者行为要想被下属接受须先为员工提供满足感，既利于现在也利于未来

12. 有关路径—目标理论，下列属于下属控制范围之外的环境因素有( )。
   A. 工作团队　　　　　B. 工作结构
   C. 个人经验　　　　　D. 正式的权力系统
   E. 个人能力

13. 概念型决策风格的特点是( )。
   A. 决策者具有较高的模糊耐受性
   B. 决策者倾向于对人和社会的关注
   C. 决策者在解决问题的时候视角宽阔，喜欢考虑不同的选择以及将来的可能性
   D. 决策者具有较低的模糊耐受性
   E. 决策者倾向于关注任务和技术本身

14. 下列方法属于改变型领导者的有( )。
   A. 提升智慧，理性和谨慎地解决问题的能力
   B. 持续的高期望，鼓励努力，用简单的手段表达重要的意图
   C. 观察和寻找对于标准的背离、采取修正行动
   D. 提供任务的愿景，潜移默化自豪感，获得尊敬和信任
   E. 仅在标准没有满足时进行干涉

15. 指导型决策风格的特点是( )。
   A. 决策者具有较低的模糊耐受性水平
   B. 决策者倾向于关注任务和技术本身
   C. 决策者解决问题的时候一般是有效的、合乎逻辑的、程序化的和系统的
   D. 决策者在解决问题的时候视角宽阔，喜欢考虑不同的选择以及将来的可能性
   E. 决策者具有较高的模糊耐受性

16. 费德勒的权变理论认为，团队绩效的高低取决于领导者与情景因素之间是否搭配，当上下级关系好，工作结构高，职权大的时候将会产生（　　）。
    A. 比较高的工作取向
    B. 比较低的工作取向
    C. 比较高的关系取向
    D. 比较低的关系取向
    E. 一般的关系取向和工作取向

17. 根据费德勒的权变理论，当上下级关系好，工作结构低，职权小的时候将会产生（　　）。
    A. 比较高的工作取向
    B. 比较低的工作取向
    C. 比较高的关系取向
    D. 比较低的关系取向
    E. 一般的关系取向和工作取向

18. 格雷恩及其同事强调LMX的推进分为（　　）等几个阶段。
    A. 区分领导—下属的二元探索
    B. 对LMX关系中的特征及其组织含义(结果)的调查
    C. 对二元合作关系建构的描述
    D. 在团体和社会网络水平上区别二元关系的集合
    E. 鼓励下属实现自己的最佳水平

19. 根据管理方格理论，"无为而治"的领导风格（　　）。
    A. 对于人的关注度高　B. 对于任务的关注度高
    C. 对于人的关注度低　D. 对于任务的关注度低
    E. 对于人和任务的关注度都很高

20. 根据管理方格理论，"任务"领导风格（　　）。
    A. 对于人的关注度高　B. 对于任务的关注度高
    C. 对于人的关注度低　D. 对于任务的关注度低
    E. 对于人和任务的关注度都很高

21. 关于交易型领导，说法正确的有（　　）。
    A. 通过更高的理想和组织价值观来激励他的追随者
    B. 强调一个人在组织中的与位置相关的权威和合法性
    C. 强调任务的明晰度、工作的标准和产出
    D. 交易型领导能够为组织制订明确的愿景
    E. 交易型领导很关注任务的完成以及员工的顺从

22. 关于改变型领导，说法错误的有（　　）。
    A. 能够为组织制订明确的愿景
    B. 会使组织有效地运转并且健康地成长

C. 更多依靠组织的奖励和惩罚来影响员工的绩效
D. 强调的是一个人在组织中的与位置相关的权威和合法性
E. 通过更高的理想和组织价值观来激励他的追随者

23. 下列关于俄亥俄模式的描述，错误的有（　　）。
    A. 核心维度是关心人和工作管理
    B. 包括员工取向与工作取向两个维度
    C. 员工取向的领导者关注人际关系，主动了解并积极满足员工需要
    D. 高度工作取向的领导者关注员工工作，要求维持一定的绩效水平，强调工作的最后期限
    E. 高度人际取向的领导者帮助下属解决个人问题，公平对待下属的健康、地位和满意度

参考答案及解析

一、单项选择题

1. 【答案】A
   【解析】费德勒在研究不同领导风格在不同情境下的效能时指出，情境因素可以分为三个维度，通过这三个维度的互相组合，可以产生八种不同的情景和效能。情境维度呈现上下级关系好、工作结构高、职权较小的情况时，其产生的领导效能是工作取向高，而关系取向低。因此答案选A。

2. 【答案】C
   【解析】关于领导—成员交换理论的陈述，正确的是：领导者和下属两者都作为个体，通过团体进行反馈，而该理论认为，领导对团体成员并不同样对待，A错误；领导往往对"圈里人"投入更多时间和更少正式领导权威，因此B错误；而领导者的自我图式会受到下属行为反应的影响，D错误。因此答案选C。

3. 【答案】C
   【解析】俄亥俄模式将领导行为划分为"关心人"和"工作管理"两个维度。因此答案选C。

4. 【答案】A
   【解析】在俄亥俄模式中，工作管理和关心人得分高的领导比其他类型的领导更能促使员工有高的绩效和高的工作满意度。答案选A。

5. 【答案】A
   【解析】在管理方格图中，"无为而治"领导风格是指把投入最少量的努力使必要的工作完成和维持适合的组织成员关系的领导风格。

6.【答案】D

【解析】管理方格理论把领导者的基本风格划分为五种，其中只对人极端关注的领导风格被称为乡村俱乐部式领导风格。

7.【答案】D

【解析】保罗·赫塞和布兰查德提出了生命周期理论，生命周期理论分为四种领导风格，其中授权式(低工作—低关系)领导提供较少的指导或支持，让下级自主决定。对于赫塞和布兰查德所指的"低工作—低关系"式的领导风格，宜采用授权式领导。因此正确答案选D。

8.【答案】C

【解析】赫伯特·西蒙认为决策过程可以分为三个阶段：智力活动，这是最初的过程，包括对环境进行搜索，确定决策的情境；设计活动，这是第二个阶段，包括探索、发展和分析可能发生的行为系列；选择活动，最后一步，在上一步可能的行为系列中选择一个行为。因此答案选C。

9.【答案】A

【解析】决策者具有较高的模糊耐受性，并且倾向于对人和社会的关注，这种决策风格是概念型。答案选A。

10.【答案】B

【解析】根据社会模型，管理者一旦做出了错误的决策，他可能存在信息加工错误。产生这种现象的原因可能是心理决定因素。答案选B。

11.【答案】B

【解析】指导型决策风格的领导者具有低模糊耐受性、关注任务和技术本身的特点。

12.【答案】B

【解析】伯恩斯把领导分为两种类型：交易型和改变型。交易型领导强调的是个人在组织中的与位置相关的权威和合法性，交易型领导理论强调任务的明晰度、工作的标准和产出，他们很关注任务的完成以及员工的顺从，这些领导更多依靠组织的奖励和惩罚来影响员工的绩效。改变型领导是通过更高的理想和组织价值观来激励他的追随者们，改变型领导能够为组织制订明确的愿景，他们更多地通过自己的领导风格来影响员工(增强员工的动机)和团队(调解团队内部的冲突)的绩效。因此答案选B。

13.【答案】C

【解析】魅力型领导理论由罗伯特·豪斯提出。魅力型领导者是指具有自信并且信任下属，对下属有高度的期望，有理想化的愿景，以及使用个性化风格的领导者。魅力型领导者的追随者认同他们的领导者及其任务，表现出对领导者的高度忠诚和信心，效法其价值观和行为，并且从自身与领导者的关系中获得自尊。魅力型领导者将促使追随者产生出高于期望以及强烈的归属感。因此答案选C。

14.【答案】D

【解析】路径—目标理论是由罗伯特·豪斯提出的。该理论认为，领导者的主要任务是帮助下属达到他们的目标，并为他们提供必要的支持和指导以确保下属的目标与群体或组织的目标相互配合。答案选D。

15.【答案】B

【解析】路径—目标理论确定了四种领导行为：指导式领导，让员工明确别人对他的期望、成功绩效的标准和工作程序；支持型领导，努力建立舒适的工作环境——亲切友善，关心下属的要求；参与式领导，主动征求并采纳下属的意见；成就取向式领导，设定挑战性目标、鼓励下属发挥自己的最佳水平。答案选B。

16.【答案】A

【解析】路径—目标理论提出了两个权变因素作为领导的领导行为与结果之间的中间变量。一是下属控制范围之外的环境因素，如工作结构、正式的权力系统、工作团队等；二是下属的个人特征，如经验、能力、内外控制等。不同的领导行为适合于不同的环境因素和个人特征。如果下属的类型属于外控型，则其对指导式的领导更为满意。

17.【答案】C

【解析】领导的影响力主要来源于组织的正式任命。答案选C。

18.【答案】B

【解析】领导—成员交换理论，简称LMX理论。该理论认为领导者对待同一团体内部的不同下属往往根据其与自己关系的远近亲疏采取不同的态度和行为。团体中领导者与下属在确立关系和角色的早期，就把下属分出"圈里人"和"圈外人"的类别。领导者倾向于对"圈里人"比"圈外人"投入更多的时间、感情以及更少的正式领导权威。在工作中，"圈里人"比"圈外人"承担更高的工作责任感，对于其所在的部门贡献也更多，绩效评估也更高。领导者和下属两者都作为个体，通过团体进行反馈。因此答案选B。

19.【答案】B
【解析】领导—成员交换理论是乔治·格雷恩及其同事提出的。答案选B。

20.【答案】D
【解析】费德勒提出的情景性因素不包括工作取向。答案选D。

21.【答案】A
【解析】罗伯特·豪斯提出的路径—目标理论认为领导者的主要任务是帮助下属达到他们的目标，即为下属提供必要的指导和支持以确保下属的目标与群体或组织的目标相互配合。答案选A。

22.【答案】C
【解析】巴斯提出魅力型领导只是更广泛的改变型领导的一个成分。因此答案选C。

23.【答案】B
【解析】费德勒的权变理论认为团队绩效取决于领导者与情景因素间是否搭配。因此答案选B。

24.【答案】A
【解析】密西根模式将领导行为划分为"员工取向"和"生产取向"两个维度。答案选A。

25.【答案】A
【解析】管理方格理论把领导风格看作是一个二维坐标方格，其纵坐标和横坐标与密西根模式中的员工取向和生产取向相对应。答案选A。

26.【答案】A
【解析】交易型领导理论强调任务的明晰度、工作的标准和产出，关注任务的完成以及员工的顺从。

27.【答案】B
【解析】改变型领导理论往往通过更高的理想和组织价值观来激励追随者们。

28.【答案】A
【解析】根据目标—路径理论，指导式领导的特点是让员工明别人对他的期望、成功绩效的标准和工作程序，答案选A。

29.【答案】C
【解析】根据目标—路径理论，参与式领导的特点是主动征求并采纳下属的意见。答案选C。

30.【答案】D
【解析】设定挑战性目标、鼓励下属实现自己的最佳水平属于成就取向式领导。答案选D。

31.【答案】C
【解析】勒温在民主与专制模式理论研究中发现，放任型领导会产生最多的攻击性表现。民主型团体处在放任型和独裁型之间。

32.【答案】A
【解析】俄亥俄大学在20世纪40年代开始了一系列关于领导的行为研究。通过对问卷答案进行因素分析，数据浓缩聚焦到两个维度上：关心人和工作管理。

33.【答案】B
【解析】赫塞和布兰查德将工作取向和关系取向两个维度相结合，得到了四种领导风格。其中，推销式领导不仅表现出指导行为，而且富于支持行为，是高工作—高关系式的领导。

34.【答案】C
【解析】人际技能是有效地与他人共事和建立团队合作的能力。组织中任何层次的领导者都不能逃避有效人际技能的要求，这是领导行为的重要部分之一。

35.【答案】D
【解析】人际技能是有效地与他人共事和建立团队合作的能力，关心的是人。

二、多项选择题

1.【答案】AB
【解析】费德勒权变理论中的领导方式可以区分为工作取向和人际取向。

2.【答案】ABC
【解析】根据费德勒的观点，情景性因素包括领导与下属的关系、工作结构和职权。答案选择ABC。

3.【答案】ABCD
【解析】路径—目标理论确定了四种领导行为：指导式领导，让员工明别人对他的期望、成功绩效的标准和工作程序；支持型领导，努力建立舒适的工作环境——亲切友善，关心下属的要求；参与式领导，主动征求并采纳下属的意见；成就取向式领导，设定挑战性目标、鼓励下属发挥出自己的最佳水平。答案选ABCD。

4.【答案】ACE
【解析】成功的领导依赖于合适的行为、技能和行动，领导者的三种主要技能是技术技能、人际技能和概念技能。答案选ACE。

5.【答案】ABCD
【解析】生命周期理论的四种领导风格是指导式(高工作—低关系)；推销式(高工作—高关系)；参与式(低工作—高关系)；授权式(低工作—低关系)。答案选ABCD。

6.【答案】ABC

【解析】费德勒认为，情景因素可以分为三个维度，指的是上下级关系、工作结构、职权，答案选ABC。

7.【答案】ABC

【解析】明茨伯格的决策阶段主要包括确认阶段、发展阶段和选择阶段，答案选ABC。

8.【答案】CDE

【解析】领导行为决策的模型包括经济理性模型、有限理性模型和社会模型。

9.【答案】DE

【解析】领导行为决策的模型中，社会模型的特点是心理对人的决策行为会产生重要影响，人们会迫于团体压力作出非理性的选择。

10.【答案】BCDE

【解析】特质理论的不足表现在：忽视了下属的需要，没有指明各种特质之间的相对重要性；忽视了情景因素，特质理论没有考虑到工作的结构性、领导权力的大小等情景因素的影响；没有区分原因和结果，特质与绩效之间的相关研究并不能解释是因为具有某些特质才导致成功还是因为成功才建立了这些特质。本题正确答案为BCDE选项。

11.【答案】BCDE

【解析】路径—目标理论由罗伯特·豪斯提出。该理论采纳了俄亥俄模型，选项A错误，选项B正确。该理论侧重于工作取向和人际关系取向，选项C正确。该理论同激励的期望理论相结合，选项D正确。该理论认为领导者行为要想被下属接受须先为员工提供满足感，既利于现在也利于未来，选项E正确。因此正确答案选择BCDE。

12.【答案】ABD

【解析】路径—目标理论提出了两个权变因素作为领导的领导行为与结果之间的中间变量。一是下属控制范围之外的环境因素，如工作结构、正式的权力系统、工作团队等；二是下属的个人特征，如经验、能力、内外控制等。答案选ABD。

13.【答案】ABC

【解析】概念型决策风格的特点：决策者具有较高的模糊耐受性，并且倾向于对人和社会的关注，在解决问题的时候视角宽阔，喜欢考虑不同的选择以及将来的可能性，因此答案选ABC。

14.【答案】ABD

【解析】改变型领导是通过更高的理想和组织价值观来激励他的追随者们，改变型领导能够为组织制订明确的愿景，他们更多地通过自己的领导风格来影响员工(如增强员工的动机)和团队(如调解团队内部的冲突)的绩效，答案选ABD。

15.【答案】ABC

【解析】决策者具有较低的模糊耐受性水平，倾向于关注任务和技术本身，解决问题的时候一般是有效的、合乎逻辑的、程序化的和系统的。答案选ABC。

16.【答案】AD

【解析】根据费德勒的权变理论，当上下级关系好，工作结构高，职权大的时候将会产生比较高的工作取向和比较低的关系取向，答案选AD。

17.【答案】BC

【解析】根据费德勒的权变理论，当上下级关系好，工作结构低，职权小的时候将会产生比较低的工作取向和比较高的关系取向，答案选BC。

18.【答案】ABCD

【解析】格雷恩及其同事强调LMX的推进分为区分领导—下属的二元探索，对LMX关系中的特征及其组织含义(结果)的调查，对二元合作关系建构的描述，在团体和社会网络水平上区别二元关系的集合四个阶段，答案选ABCD。

19.【答案】CD

【解析】对于人的关注度低，对于任务的关注度也很低，答案选CD。

20.【答案】BC

【解析】对于人的关注度低，对于任务的关注度高，答案选BC。

21.【答案】BCE

【解析】交易型领导强调的是一个人在组织中的与位置相关的权威和合法性，强调任务的明晰度、工作的标准和产出，他们很关注任务的完成以及员工的顺从。这些领导更多依靠组织的奖励和惩罚来影响员工的绩效。本题正确答案为BCE。

22.【答案】CD

【解析】改变型领导是通过更高的理想和组织价值观来激励他的追随者们。改变型领导能够为组织制订明确的愿景，他们更多地通过自己的领导风格来影响员工(增强员工的动机)和团队(调解团队内部的冲突)的绩效。改变型领导会导致组织在革新和变化中的超额绩效，会使组织有效地运转并且健康地成长。本题正确答案为CD。

23.【答案】BC

【解析】俄亥俄模式领导行为的两个核心维度是：关心人和工作管理。关心人是指领导者注重人际关系，尊重和关心下属的建议与情感，更愿意建立相互信任的工作关系。高度人际取向的领导者帮助下属解决个人问题，友善而平易近人，公平对待每一个下属，关心下属的生活、健康、地位和满意度。工作管理是指领导者为了达到目标而在规定或确定自己与部属的角色时所从事的行为活动，包括组织工作任务、工作关系、工作目标。高度工作取向的领导者关注员工的工作，要求维持一定的绩效水平，并强调工作的最后期限。本题正确答案为BC。

第三章 组织设计与组织文化

本章主要考查组织设计与组织文化的相关基本理论。要求掌握组织设计与结构、组织设计的类型以及组织文化与组织变革的相关内容。考查的重点是掌握组织设计的概念、主要参数和组织设计形式以及各种组织设计形式的优缺点、适用范围，组织文化的概念、分类、功能、内容和结构。

从近几年考题情况来看，组织变革的概念、分类、程序，组织发展的概念和含义，组织发展的技术是考查的重点和难点，考查形式以单项选择题和多项选择题为主，平均分值是12分。

 本章重要考点分析

本章涉及9个重要考点，组织变革的概念、分类、程序，组织发展的概念和含义，另外，组织发展的技术是考查的重点和难点，需要考生掌握，如图3-1所示。

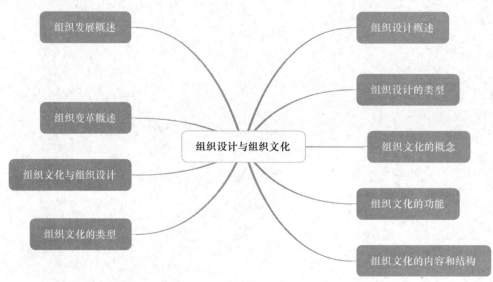

图3-1 组织设计与组织文化考点

本章近三年题型及分值总结

本章内容在近三年的考试中出现的题型以单项选择题、多项选择题为主，其中2013年和2014年均有案例分析题的出现，如表3-1所示。

表3-1 组织设计与组织文化题型及分值

年 份	单项选择题	多项选择题	案例分析题
2014 年	3题	2题	2题
2013 年	4题	1题	4题
2012 年	4题	2题	0题

第一节 组织设计概述

组织设计是对企业的组织结构及其运行方式所进行的设计。企业的组织结构又可称为权责结构，是指为实现企业目标，企业全体员工进行分工协作，在职务范围、责任、权利等方面所形成的结构体系。组织结构设计的参数包括特征因素和权变因素两个类别。

常用的组织设计的类型有以下三种：行政层级式组织形式、职能划分的组织形式(职能制结构)和矩阵组织形式。

 思维导图

该节涉及多个知识点和概念，如图3-2所示。

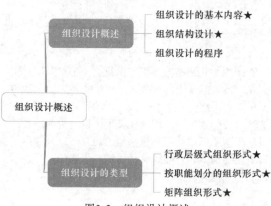

图3-2 组织设计概述

知识点测试

【2014年单选题】组织结构中的纵向结构指的是( )。

A. 智能结构   B. 部门结构

C. 层次结构   D. 职权结构

【答案】C

【解析】组织结构体系包括：(1)职能结构，完成企业目标所需的各项业务工作，及其比例、关系；(2)层次结构，又称纵向结构，即各管理层次的构成；(3)部门结构，又称横向结构，即各管理部门的构成；(4)职权结构，各管理层次、部门在权利和责任方面的分工和相互关系。

【2014年多选题】关于组织设计的说法，正确的是( )。

A. 组织设计在形式上分为静态设计和动态设计

B. 静态设计只对组织结构进行设计

C. 动态设计只对组织运行制度进行设计

D. 现代的组织设计理论同时关注组织结构设计和运行制度设计

E. 组织设计影响组织文化的形成

【答案】ABDE

【解析】组织设计在形式上分为静态设计和动态设计，只对组织结构进行的设计称为静态组织设计，同时对组织结构和运行制度进行的设计称为动态组织设计，AB正确，C错误；现代的组织设计理论是动态的，同时关注组织结构设计和运行制度设计两方面的研究，D正确；组织设计影响组织文化的形成，E选项正确。

【2010年多选题】以下关于组织设计的说法正确的是( )。

A. 同时对组织结构和运行制度进行的设计称之为动态组织设计

B. 古典的组织设计理论是静态的

C. 古典的组织设计理论是动态的

D. 现代的组织设计理论是动态的

E. 现代的组织设计理论是静态的

【答案】ABD

【解析】古典的组织设计理论是静态的，C选项错误；现代的组织设计理论是动态的，E选项错误。

【2011年单选题】组织结构的( )是企业各职能分工的精细程度，具体表现为其部门(科室)和职务(岗位)数量的多少。

A. 专业化程度   B. 规范化程度

C. 集权化程度   D. 分工化程度

【答案】A

【解析】组织结构的专业化程度是指企业各职能工作分工的精细程度，所以正确答案为A选项。

【2010年单选题】以下( )是组织的横向结构。

A. 职能结构   B. 层次结构

C. 职权结构   D. 部门结构

【答案】D

【解析】部门结构是指各管理部门的构成，又称组织的横向结构，D选项正确。

【2012年单选题】组织设计的主体工作是( )。

A. 职能设计   B. 管理规范的设计

C. 联系方式的设计   D. 组织结构的框架设计

【答案】D

【解析】组织结构的框架设计是组织设计的主

体工作。

【2011年单选题】组织结构中完成企业目标所需的各项业务工作及其比例和关系称为( )。

A. 部门结构   B. 层次结构

C. 职能结构   D. 职权结构

【答案】C

【解析】职能结构是指完成企业目标所需的各项业务工作及其比例和关系，所以正确答案为C选项。

【2010年单选题】行政层级组织形式最适用于( )环境。

A. 简单/动态   B. 简单/静态

C. 复杂/静态   D. 复杂/动态

【答案】C

【解析】行政层级组织形式在复杂/静态的环境中最有效，C选项正确。

【2012年单选题】具有直线—参谋制特点的组织形式属于( )。

A. 行政层级式   B. 矩阵组织形式

C. 职能制形式   D. 事业部制形式

【答案】C

【解析】职能制的主要特点有：职能分工、直线—参谋制和管理权力高度集中。

【2011年多选题】矩阵组织形式的优点包括( )。

A. 有利于加强各职能部门之间的协作配合

B. 有利于顺利完成规划项目，提高企业的适应性

C. 有利于减轻高层管理人员的负担

D. 有利于职能部门与产品部门相互制约，保证企业整体目标的实现

E. 有利于把联合化和专业化结合起来，提高生产效率

【答案】ABCD

【解析】选项E属于事业部制组织形式的优点。本题正确答案为ABCD选项。

【例题 单选题】以下不属于组织设计程序的是( )。

A. 进行职能分析和职能设计

B. 设计组织结构的框架

C. 联系方式的设计

D. 设计的实施

【答案】D

【解析】组织设计一般按如下八个步骤进行：确定组织设计的基本方针和原则；进行职能分析和职能设计；设计组织结构的框架；联系方式的设计；管理规范的设计；人员配备和培训体系的设计；各类运行制度的设计；反馈和修正。

第二节　组织文化

组织文化是指控制组织内行为、工作态度、价值观以及关系设定的规范。组织文化理论的出现主要用来解决组织目标与个人目标的矛盾、管理者与被管理者的矛盾。组织文化类型可以分为学院型、俱乐部型、棒球队型和堡垒型，另外本章还介绍了组织文化的内容、组织文化的结构层次以及组织设计的相关内容。

思维导图

该节涉及多个知识点和概念，如图3-3所示。

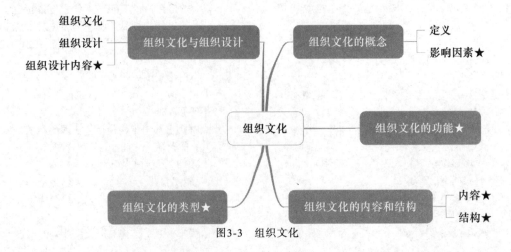

图3-3　组织文化

知识点测试

【2012年单选题】重视创造发明的组织文化称为( )组织文化。

A. 学院型

B. 棒球队型

C. 俱乐部型

D. 堡垒型

【答案】B

【解析】棒球队型组织重视创造发明，因此B选项正确。

【2012年单选题】组织文化中有没有( )是衡量一个组织是否形成了自己的组织文化的主要标志。

A. 物质层

B. 制度层

C. 精神层

D. 组织文化的里层

【答案】C

【解析】组织文化结构的三个层次，即物质层、制度层和精神层。精神层是组织文化的核心和灵魂。组织文化中有没有精神层是衡量一个组织是否形成了自己的组织文化的主要标志和标准。

【2010年单选题】重视忠诚的员工职业生涯管理模式是( )。

A. 学院型

B. 俱乐部型

C. 棒球队型

D. 堡垒型

【答案】B

【解析】俱乐部型组织非常重视适应、忠诚感和承诺，B选项正确。

【2010年单选题】学院型员工职业生涯管理模式的特点是( )。

A. 对外部劳动力市场的开放程度高，内部晋升竞争程度低

B. 对外部劳动力市场的开放程度高，内部晋升竞争程度也高

C. 对外部劳动力市场的开放程度低，内部晋升竞争程度也低

D. 对外部劳动力市场的开放程度低，内部晋升竞争程度高

【答案】D

【解析】A选项是堡垒型员工职业生涯管理模式的特点；B选项是棒球队型员工职业生涯管理模式的特点；C选项是俱乐部型员工职业生涯管理模式的特点。

【2010年单选题】( )是指员工以同种方式完成相似工作的程度。

A. 关键职能

B. 规范化

C. 职业化程度

D. 专业化程度

【答案】B

【解析】关键职能是指在企业组织结构中处于中心地位、具有较大职责和权限的职能部门，A选项不选；职业化程度是指企业员工为了胜任其本职工作，需要接受正规教育和培训的程度，C选项不选；组织结构的专业化程度是指企业各职能工作分工的精细程度，D选项不选。

【2010年多选题】以下关于组织文化的说法正确的是( )。

A. 物质层是组织文化的外在表现，是制度层和精神层的物质基础

B. 物质层制约和规范着物质层及精神层的建设

C. 没有严格的规章制度，组织文化建设也就无从谈起

D. 精神层是形成物质层及制度层的思想基础

E. 精神层是组织文化的核心和灵魂

【答案】ACDE

【解析】制度层制约和规范着物质层及精神层的建设，没有严格的规章制度，组织文化建设也就无从谈起，B选项错误。

第三节　组织变革与发展

组织变革是指组织为了适应内外环境的变化，而对其自身进行整理和修正，而组织发展是指有计划变革及干预措施的总和，它寻求的是增进组织的有效性和员工的幸福，及组织变革的方法。组织发展重视人员和组织的成长、合作与参与过程以及质询精神。

 思维导图

该节涉及多个知识点和概念，如图3-4所示。

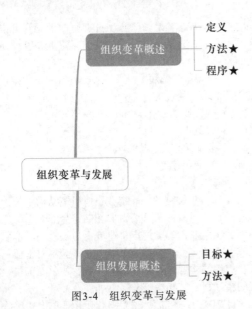

图3-4 组织变革与发展

 知识点测试

【2012年单选题】调查反馈属于组织发展方法中的(　　)。

A. 结构技术

B. 现代组织发展方法

C. 人文技术

D. 结构技术和人文技术的混合体

【答案】C

【解析】传统的组织发展方法包括结构技术方法和人文技术方法。其中人文技术方法是通过沟通、决策制订和问题解决等方式改变组织成员的态度和行为的技术,主要包括敏感性训练、调查反馈、质量圈、团队发展等。

【2012年单选题】敏感性训练属于组织发展方法中的(　　)。

A. 结构技术

B. 人文技术

C. 现代组织发展方法

D. 结构技术和人文技术的混合体

【答案】B

【解析】传统的组织发展方法包括结构技术方法和人文技术方法。其中人文技术方法是通过沟通、决策制订和问题解决等方式改变组织成员的态度和行为的技术,主要包括敏感性训练、调查反馈、质量圈、团队发展等。

考题预测及强化训练

一、单项选择题

1. 下列有关组织设计的表述错误的是(　　)。

A. 现代的组织设计理论是动态的

B. 只对运行制度进行的设计称为静态组织设计

C. 组织设计是对企业的组织结构及其运行方式所进行的设计

D. 其基本内容包括企业的组织结构设计和保证企业正常运行的各项管理制度和方法设计

2. 组织结构的定义包含三方面的含义,其中企业员工的分工协作关系是组织结构的(　　)。

A. 本质　　　　　　　　B. 目的

C. 内涵　　　　　　　　D. 要素

3. 具有直线—参谋制特点的组织形式属于(　　)。

A. 行政层级式　　　　　B. 矩阵组织形式

C. 职能制形式　　　　　D. 事业部制形式

4. 组织结构包含的要素中,针对使用规则和标准处理方式以规范工作行为的程度的要素是(　　)。

A. 集权度　　　　　　　B. 复杂性

C. 规范性　　　　　　　D. 层次性

5. 管理层次与管理幅度两者存在(　　)的数量关系。

A. 正比　　　　　　　　B. 反比

C. 无比例　　　　　　　D. 既可正比,也可反比

6. 企业各职能分工的精细程度,具体表现为其部门(科室)和职务(岗位)数量的多少,这称为(　　)。

A. 规范化程度　　　　　B. 专业化程度

C. 集权化程度　　　　　D. 分工化程度

7. 组织设计过程中的第一个步骤是(　　)。

A. 进行职能分析和职能设计

B. 确定组织设计的基本方针和原则

C. 联系方式的设计

D. 管理规范的设计

8. 行政层级组织形式在(　　)环境中最有效。

A. 简单/静态　　　　　B. 简单/动态

C. 复杂/动态　　　　　D. 复杂/静态

9. 职能制组织形式的主要特点不包括(　　)。

A. 直线—参谋制　　　　B. 职能分工

C. 横向协调好　　　　　D. 管理权力高度集中

10. 下列对组织设计的基本内容描述错误的是(　　)。

A. 组织设计从形式上可以分为静态设计和动态设计

B. 组织结构设计是依据企业的战略和目标,对组织结构进行的全新设计

C. 组织结构设计是根据企业的变化和发展目标，对企业原有组织结构进行的再设计

D. 古典设计理论之所以是静态的，是因为它只对组织的运行制度进行设计

11. 在组织结构体系中，"完成企业目标所需的各项业务工作及其比例和关系"指的是(　　)。
    A. 职权结构　　　　B. 横向结构
    C. 纵向结构　　　　D. 职能结构

12. 组织的纵向结构指的是组织结构中的(　　)。
    A. 部门结构　　　　B. 层次结构
    C. 职能结构　　　　D. 职权结构

13. 动态组织设计是对(　　)进行的设计。
    A. 组织结构　　　　B. 运行制度
    C. 人员结构　　　　D. 管理制度

14. 组织发展的目标不包括(　　)。
    A. 对人的尊重　　　B. 信任和支持
    C. 权利平等　　　　D. 运行制度

15. 在组织结构所包含的要素中，针对任务分工的层次和细致程度的要素是(　　)。
    A. 集权度　　　　　B. 复杂性
    C. 规范性　　　　　D. 层次性

16. 进行组织结构设计、对企业的组织结构进行比较和评价的基础是组织结构的(　　)。
    A. 特征因素　　　　B. 权变因素
    C. 集权程度　　　　D. 人员结构

17. 各管理层次、部门在权利和责任方面的分工和相互关系指的是组织结构体系中的(　　)。
    A. 部门结构　　　　B. 层次结构
    C. 职能结构　　　　D. 职权结构

18. 下列(　　)属于行政层级式非个人因素的描述。
    A. 员工在执行任务及处理问题时必须遵循的预定步骤顺序
    B. 对待组织成员及组织以外人员时，在某些范围内不应考虑的个人属性
    C. 为组织成员规定着允许和不允许的一些行为和决定
    D. 组织预先定好的决策的结构范围，是与一个人在等级中的级别直接有关的参与决策的程度

19. 关于组织设计的陈述，正确的是(　　)。
    A. 只对组织结构进行的设计称为静态组织设计
    B. 只对组织运行制度进行的设计称为动态组织设计
    C. 古典的组织设计理论包括组织结构设计和运行制度设计
    D. 现代的组织设计理论只针对组织运行制度

20. 技术发展迅速、产品较多、创新性强、管理复杂的企业，最适合采用的组织形式是(　　)。
    A. 行政层级式　　　B. 职能制
    C. 矩阵式　　　　　D. 直线—参谋制

21. 表明组织纵向复杂程度的因素是(　　)。
    A. 管理幅度　　　　B. 管理层次
    C. 分工形式　　　　D. 集权程度

22. 矩阵式组织形式在(　　)环境中较为有效。
    A. 复杂　　　　　　B. 静态
    C. 复杂/动态　　　 D. 简单/静态

23. 关于权责结构中的部门结构，表述正确的是(　　)。
    A. 各管理层次、部门在权利和责任方面的分工和相互关系
    B. 完成企业目标所需的各项业务工作及其比例和关系
    C. 各管理层次的构成
    D. 各管理部门的构成，又称组织的横向结构

24. 组织结构的主要特征因素不包括(　　)。
    A. 管理幅度　　　　B. 人员结构
    C. 企业战略　　　　D. 专业化程度

25. 职能制的优点不包括(　　)。
    A. 消除劳动力的重复
    B. 有明确的任务和确定的职责
    C. 企业领导负担重
    D. 实行人员的专业化分工

26. 最适合采用矩阵组织形式的企业是(　　)。
    A. 汽车制造　　　　B. 军事工业
    C. 医院　　　　　　D. 建筑工业

27. 下列有关管理幅度的论述，正确的是(　　)。
    A. 管理幅度也称为管理跨度，它是指一名领导者直接领导的下级人员的数量
    B. 管理幅度也称为组织层次，它是指一名领导者直接领导的下级人员的数量
    C. 管理幅度也称为管理跨度，它是指组织中所有组织等级的数量
    D. 管理幅度也称为组织层次，它是指组织中所有组织等级的数量

28. 下列属于矩阵组织形式的优点的是(　　)。
    A. 明确任务和确定职责
    B. 有利于管理人员注重并能熟练掌握本职工作
    C. 有利于职能部门与产品部门相互制约，保证企业整体目标的实现
    D. 双重领导的存在，责任清晰、目标明确

29. 矩阵组织形式的不足之处是(　　)。
    A. 组织的稳定性较差　　B. 创新性较差

C. 管理性较差　　　　D. 提高适应性较差

30. 下列不属于组织结构权变因素的是（　　）。
　　A. 企业的步骤　　　　B. 企业环境
　　C. 企业技术　　　　D. 企业生命周期

二、多项选择题

1. 组织结构体系的主要内容包括（　　）。
　　A. 职权结构　　　　B. 职能结构
　　C. 部门结构　　　　D. 权责结构
　　E. 层次结构

2. 法约尔模型是一种按职能来组织部门分工的组织形式，其试用范围包括（　　）。
　　A. 适用于中小型的
　　B. 产品品种比较单一
　　C. 生产技术发展变化较慢
　　D. 外部环境比较富有挑战的企业
　　E. 以上都正确

3. 下面有关俱乐部型组织文化的描述中正确的是（　　）。
　　A. 这种组织非常重视适应、忠诚感和承诺
　　B. 在俱乐部型组织中，资历是关键因素，年龄和经验都至关重要
　　C. 这种组织喜欢雇用年轻的大学毕业生，并为他们提供大量的专门培训
　　D. 把管理人员培养成通才
　　E. 以上都正确

4. 组织设计的内容之一是薪酬制度，下面有关其描述正确的是（　　）。
　　A. 同级别间薪酬差别很大的薪酬体系适合于强调等级的组织文化
　　B. 同级别间薪酬差别很大的薪酬体系适合于崇尚平等的文化
　　C. 一个想培养合作氛围的组织不应该过分强调薪酬的功能性意义
　　D. 若想培养合作氛围就应该强调薪酬的功能性意义
　　E. 以上都正确

5. 组织文化的类型中学院型的特点是（　　）。
　　A. 这种组织喜欢雇用年轻的大学毕业生，并为他们提供大量的专门培训
　　B. 指导大学生在特定的职能领域内从事各种专业化工作
　　C. 鼓励冒险和革新
　　D. 非常重视适应、忠诚感和承诺
　　E. 以上都正确

6. 矩阵组织形式的优点包括（　　）。

A. 有利于减轻高层管理人员的负担
B. 有利于管理人员注重并能熟练掌握本职工作的技能
C. 有利于顺利完成规划项目，提高企业的适应性
D. 有利于职能部门与产品部门相互制约，保证企业整体目标的实现
E. 有利于加强各职能部门之间的协作配合

7. 组织文化的作用包括（　　）。
　　A. 辐射作用　　　　B. 创新作用
　　C. 激励作用　　　　D. 规范作用
　　E. 传播作用

8. 下列关于四种组织文化的描述中，正确的是（　　）。
　　A. 学院型组织是为那些想全面掌握每一种新工作的人而准备的地方
　　B. 俱乐部型组织希望把管理人员培养成通才
　　C. 棒球队型组织鼓励冒险和革新
　　D. 堡垒型组织的工作安全保障非常稳定
　　E. 堡垒型组织对于喜欢挑战的人来说具有一定的吸引力

9. 以下关于组织文化与组织设计关系的描述，正确的是（　　）。
　　A. 如果企业想要鼓励创新、开放组织文化，就需要降低组织的制度化程度
　　B. 多样化程度高、以外部招聘为主的组织重视灵活性和创新的价值
　　C. 高度的规范化有利于形成鼓励多样化、革新的组织文化
　　D. 拥有冒险、创新的文化的组织其绩效评估体系的重点是工作的结果
　　E. 一个想培养合作氛围的组织不应该过分强调薪酬的功能性意义

10. 团队建设是现代组织发展的方法之一，好的团队具有以下特征（　　）。
　　A. 规模比较大
　　B. 能力互补
　　C. 有共同的意愿、目标和工作方法
　　D. 情愿共同承担责任
　　E. 以上都正确

11. 组织结构的主要特征因素包括（　　）。
　　A. 管理层次和管理幅度
　　B. 专业化程度和职业化程度
　　C. 地区分布和分工形式
　　D. 企业战略
　　E. 企业规模

12. 关于管理层次、管理幅度的说法正确的是（　　）。

A. 一个组织的管理层次的多少，反映其组织结构的纵向复杂程度

B. 管理幅度的大小往往反映上级领导者直接控制和协调的业务活动量的多少

C. 管理层次和管理幅度存在正比关系

D. 管理幅度决定管理层次

E. 管理层次对管理幅度存在着一定的制约作用

13. 组织设计的类型多种多样，常用的有( )。

A. 按职能划分的组织形式

B. 行政层级式组织形式

C. 事业部制形式

D. 矩阵组织形式

E. 虚拟组织形式

14. 动态组织设计是对( )进行的设计。

A. 组织结构　　　　B. 运行制度

C. 人员结构　　　　D. 管理制度

E. 公司章程

15. 组织发展的目标主要包括( )。

A. 对人的尊重　　　B. 信任和支持

C. 权利平等　　　　D. 正视问题

E. 运行制度

16. 以下关于组织结构的陈述，正确的是( )。

A. 职能结构是完成企业目标所需要的各项业务工作及其比例关系

B. 层次结构又称横向结构

C. 部门结构又称纵向结构

D. 职权结构是各管理层次、部门在权力和职责方面的分工和相互关系

E. 以上都正确

17. 职能制的缺点包括( )。

A. 狭隘的职能观念　B. 结构相对臃肿

C. 组织稳定性差　　D. 责任不清，多头指挥

E. 适应性差

18. 矩阵组织形式的缺点是( )。

A. 完成规划项目，提高企业适应性

B. 组织的稳定性较差

C. 双重领导的存在容易产生责任不清、多头指挥的混乱现象

D. 机构相对臃肿，用人较多

E. 对领导者的要求较高，负担较重

19. 关于组织文化结构，说法正确的是( )。

A. 物质层是表层

B. 制度层是中层

C. 精神层是深层

D. 组织文化的三个层次毫无联系

E. 精神层是组织文化的核心和灵魂

20. 组织文化具有( )作用。

A. 导向　　　　　　B. 规范

C. 凝聚　　　　　　D. 创新

E. 创新与冒险

21. 组织文化可分为( )。

A. 物质层　　　　　B. 制度层

C. 领导层　　　　　D. 精神层

E. 中间层

22. 关于全面质量管理的陈述，正确的是( )。

A. 实行全面质量管理之前必须改变组织文化，两者不能同时进行

B. 全面质量管理需要得到最高管理层的支持

C. 全面质量管理规划需要从上向下推行，并持续地从下向上付诸实施

D. 实行全面质量管理需要具有高度责任感的员工

E. 全面质量管理不属于典型的现代组织方法

23. 组织变革的方法包括( )。

A. 以领导层为中心的变革

B. 以人员为中心的变革

C. 以结构为中心的变革

D. 以技术为中心的变革

E. 以系统为中心的变革

24. 属于组织发展的人文技术有( )。

A. 改革组织结构　　B. 扩大员工自主性

C. 创新的作用　　　D. 调查反馈

E. 团队发展

25. 传统的组织发展方法可以概括为两种类型，即( )。

A. 结构技术　　　　B. 管理技术

C. 经济因素　　　　D. 社会环境

E. 人文技术

参考答案及解析

一、单项选择题

1.【答案】B

【解析】管理制度和方法设计从形式上分为静态组织设计和动态组织设计，静态组织设计是只对组织结构进行的设计，而不是对运行制度进行的设计，因此B选项为错误描述。选项ACD的描述都正确。

2.【答案】A

【解析】组织结构有三个方面的含义：组织结构

的本质是企业员工的分工协作关系；设计组织结构的目的是为了实现组织的目标；组织结构的内涵是企业员工在职、权、责三方面的结构体系。答案选A。

3.【答案】C

【解析】职能制的主要特点有：职能分工、直线—参谋制和管理权力高度集中。

4.【答案】C

【解析】组织结构要素包括：复杂性，是指任务分工的层次、细致程度；规范性，是指使用规则和标准处理方式以规范工作行为的程度；集权度，指的是决策权的集中程度。答案选C。

5.【答案】B

【解析】管理层次与管理幅度两者存在反比的数量关系。答案选B。

6.【答案】B

【解析】企业各职能分工的精细程度，具体表现为其部门(科室)和职务(岗位)数量的多少，这称为专业化程度。答案选B。

7.【答案】B

【解析】组织设计过程中的第一个步骤是确定组织设计的基本方针和原则。答案选B。

8.【答案】D

【解析】行政层级组织形式在复杂/静态环境中最有效。答案选D。

9.【答案】C

【解析】按职能划分的组织形式(职能制结构)又称法约尔模型，是一种按职能来组织部门分工的组织形式，其特点为职能分工、直线—参谋制、管理权力高度集中。答案选C。

10.【答案】D

【解析】古典设计理论之所以是静态的，是因为它只对组织结构进行设计。因此答案选D。

11.【答案】D

【解析】组织结构的主要内容包括：职能结构，完成企业目标所需的各项业务工作及其比例和关系；层次结构，各管理层次的构成，又称组织的纵向结构；部门结构，各管理部门的构成，又称组织的横向结构；职权结构，各管理层次、部门在权力和责任方面的分工和相互关系。答案选D。

12.【答案】B

【解析】组织结构的主要内容包括：职能结构，完成企业目标所需的各项业务工作及其比例和关系；层次结构，各管理层次的构成，又称组织的纵向结构；部门结构，各管理部门的构成，又称组织的横向结构；职权结构，各管理层次、部门在权力和责任方面的分工和相互关系。答案选B。

13.【答案】A

【解析】组织结构的主要内容包括：职能结构，完成企业目标所需的各项业务工作及其比例和关系；层次结构，各管理层次的构成，又称组织的纵向结构；部门结构，各管理部门的构成，又称组织的横向结构；职权结构，各管理层次、部门在权力和责任方面的分工和相互关系。答案选A。

14.【答案】D

【解析】组织发展所蕴含的观念与针对目标有以下几个方面：对人尊重、信任和支持、权力平等、正视问题、鼓励参与。

15.【答案】B

【解析】组织结构要素包括：复杂性，是任务分工的层次、细致程度；规范性，指使用规则和标准处理方式以规范工作行为的程度；集权度，决策权的集中程度。答案选B。

16.【答案】A

【解析】进行组织结构设计、对企业的组织结构进行比较和评价的基础是组织结构的特征因素。答案选A。

17.【答案】D

【解析】各管理层次、部门在权利和责任方面的分工和相互关系指的是组织结构体系中的职权结构，答案选D。

18.【答案】B

【解析】行政层级式组织形式非个人因素是指在对待组织成员及组织以外人员时，在某些范围内不应考虑的个人属性。答案选B。

19.【答案】A

【解析】只对组织结构进行的设计称为静态组织设计；对组织结构和运行制度进行的设计称为动态组织设计。答案选A。

20.【答案】C

【解析】技术发展迅速、产品较多、创新性强、管理复杂的企业，最适合采用的组织形式是矩阵式。答案选C。

21.【答案】B

【解析】每个组织等级就是一个管理层次。一个企业管理层次的多少，表明其组织结构的纵向复杂程度。

22. 【答案】C

【解析】组织设计的矩阵组织形式在复杂/动态环境中较为有效。在复杂/动态环境中工作的管理人员，在进行决策时往往面临很多不确定性因素，常常需要迅速处理一些新的、变化着的问题。这些问题需要多种类型的专业判断和技术知识。而矩阵组织显然是帮助管理人员应付这类环境的有效手段之一。

23. 【答案】D

【解析】组织结构又可称为权责结构，其中的部门结构指各管理部门的构成，又称组织的横向结构。

24. 【答案】C

【解析】组织结构的主要特征因素包括十个方面，分别是：管理层次和管理幅度，专业化程度，地区分布，分工形式，关键职能，集权程度，规范化、制度化程度，职业化程度，人员结构。

25. 【答案】C

【解析】职能制的优点有：按职能划分的组织形式有明确的任务和确定的职责，并且由于从事类似工作、面临类似问题的人们在一起工作，相互影响和相互支持的机会较多；职能形式可以消除设备及劳动力的重复，可以对资源最充分地利用；可以对各部门和各类人员实行专业分工，有利于管理人员注重并能熟练掌握本职工作的技能，有利于强化专业管理，提高工作效率；每一个管理人员都固定地归属于一个职能机构，专门从事某一项职能工作，在此基础上建立起来的部门间的联系能够长期不变，这就使整个组织有较高的稳定性。

26. 【答案】B

【解析】矩阵结构适合应用于因技术发展迅速和产品品种较多并具有创新性强、管理复杂的特点的企业，如军事工业、航天工业采用这种组织结构形式，具有突出的优越性。

27. 【答案】A

【解析】管理幅度也称为管理跨度，它是指一名领导者直接领导的下级人员的数量。管理幅度的大小往往反映上级领导者直接控制和协调的业务活动量的多少。

28. 【答案】C

【解析】矩阵组织形式的优点体现在有利于加强各职能部门之间的协作配合；有利于顺利完成规划项目，提高企业的适应性；有利于减轻高层管理人员的负担；有利于职能部门与产品部门相互制约，保证企业整体目标的实现。

29. 【答案】A

【解析】矩阵组织形式的缺点有：组织的稳定性较差；双重领导的存在，容易产生责任不清、多头指挥的混乱现象；机构相对臃肿，用人较多。

30. 【答案】A

【解析】影响组织设计的主要权变因素有：企业环境、企业战略、企业技术、人员素质、企业规模和企业生命周期。

二、多项选择题

1. 【答案】ABCE

【解析】组织结构的主要内容包括四个方面：职能结构是完成企业目标所需的各项业务工作及其比例和关系；层次结构是各管理层次的构成，又称组织的纵向结构；部门结构是各管理部门的构成，又称组织的横向结构；职权结构是各管理层次、部门在权力和责任方面的分工和相互关系。答案选ABCE。

2. 【答案】ABC

【解析】法约尔模型适用于中小型的、产品品种比较单一、生产技术发展变化较慢、外部环境比较稳定的企业，因此选项D错误。正确答案选ABC。

3. 【答案】ABD

【解析】组织文化的类型中，俱乐部型这种组织非常重视适应、忠诚感和承诺。在俱乐部型组织中，资历是关键因素，年龄和经验都至关重要。把管理人员培养成通才。而选项C是学院型组织的特点，排除不选。因此正确答案选ABD。

4. 【答案】AC

【解析】同级别间薪酬差别很大的薪酬体系适合于强调等级的组织文化，而不适合于崇尚平等的文化，选项A正确，选项B错误。一个想培养合作氛围的组织不应该过分强调薪酬的功能性意义，选项C正确，选项D错误。因此正确答案选AC。

5. 【答案】AB

【解析】学院型组织喜欢雇用年轻的大学毕业生，并为他们提供大量的专门培训，然后指导他们在特定的职能领域内从事各种专业化工作，因此AB正确。鼓励冒险和革新是棒球队型的特点，因此选项C排除。非常重视适应、忠诚感和承诺是俱乐部型的特点，因此选项D排除。正确答案选AB。

6. 【答案】ACDE

【解析】矩阵组织形式的优点包括：(1)有利于加强各职能部门之间的协作配合；(2)有利于顺利完成规划项目，提高企业的适应性；(3)有利于减轻高层管理人员的负担；(4)有利于职能部门与产品部门相互制约，保证企业整体目标的实现。有利于减轻高层管理人员的负担。答案选ACDE。

7. 【答案】ABCD

【解析】组织文化的作用包括：辐射作用、创新作用、激励作用、规范作用。答案选ABCD。

8. 【答案】ABCD

【解析】四种组织文化中，学院型：这种组织喜欢雇用年轻的大学毕业生，并为他们提供大量的专门培训，然后指导他们在特定的职能领域内从事各种专业化工作。俱乐部型：这种组织非常重视适应、忠诚感和承诺，在俱乐部型组织中，资历是关键因素，年龄和经验都至关重要，其注重把管理人员培养成通才。棒球队型：这种组织鼓励冒险和革新。堡垒型：这种组织着眼于公司的生存。答案选ABCD。

9. 【答案】ABE

【解析】题干中关于组织文化与组织设计的关系的描述，正确的是ABE。

10. 【答案】BCD

【解析】一个好的团队具有四个方面的特征：规模小；能力互补；有共同的意愿、目标和工作方法；情愿共同承担责任。因此正确答案是BCD。

11. 【答案】ABC

【解析】组织结构的主要特征因素包括：管理层次和管理幅度、专业化程度和职业化程度、地区分布和分工形式。答案选ABC。

12. 【答案】ABDE

【解析】关于管理层次、管理幅度的说法：一个组织的管理层次的多少，反映其组织结构的纵向复杂程度；管理幅度的大小往往反映上级领导者直接控制和协调的业务活动量的多少；管理幅度决定管理层次；管理层次对管理幅度存在着一定的制约作用，因此答案C错误，正确答案是ABDE。

13. 【答案】ABD

【解析】组织设计的类型多种多样，常用的有职能划分的组织形式、行政层级式组织形式、矩阵组织形式。正确答案是ABD。

14. 【答案】AB

【解析】动态组织设计是对组织结构和运行制度进行的设计。正确答案选AB。

15. 【答案】ABCD

【解析】组织发展的目标主要包括对人的尊重、信任和支持、权力平等、正视问题等几个方面。因此答案选ABCD。

16. 【答案】AD

【解析】组织结构又可称为权责结构，实际中通常以组织图或组织树的形式出现。这个结构体系的主要内容有：(1)职能结构，指完成企业目标所需的各项业务工作及其比例关系；(2)层次结构，指各管理层次的构成，又称组织的纵向结构；(3)部门结构，指各管理部门的构成，又称组织的横向结构；(4)职权结构，指各管理层次、部门在权力和职责方面的分工和相互关系。

17. 【答案】AE

【解析】职能制组织形式的缺点包括：狭隘的职能观念、横向协调差、适应性差、企业领导负担重以及不利于培养具有全面素质、能够经营整个企业的管理人才五个方面。

18. 【答案】BCD

【解析】矩阵组织形式的缺点表现为：组织的稳定性较差；双重领导的存在，容易产生责任不清、多头指挥的混乱现象；机构相对臃肿，用人较多。本题正确答案为BCD选项。

19. 【答案】ABCE

【解析】组织文化结构的三个层次：物质层、制度层和精神层。物质层是组织文化的表层部分；制度层是组织文化的中间层；精神层是组织文化的深层，它是组织文化的核心和灵魂。三者的关系是紧密相连的。本题正确答案为ABCE选项。

20. 【答案】ABCD

【解析】组织文化的作用有六个方面，分别是：导向作用、规范作用、凝聚作用、激励作用、创新作用、辐射作用。本题正确答案为ABCD选项。

21. 【答案】ABD

【解析】组织文化结构的三个层次，分别是物质层、制度层和精神层。本题正确答案为ABD选项。

22. 【答案】BCD

【解析】典型的现代组织方法主要有全面质量

管理和团队建设。要达到全面质量管理的要求，变革必须根植于企业最根本的部分，即组织文化。文化的改变必须在实行全面质量管理之前，或与之同时进行。组织的文化必须支持全面质量管理。除此之外，挑选员工也是一个重要环节，只有具有高度责任感的员工才能符合全面质量管理的要求；另外，全面质量管理需要最高管理层的支持；全面质量管理规划需要从上向下推行，并持续地从下向上付诸实施。本题正确答案为BCD选项。

23.【答案】BCDE

【解析】组织变革的方法主要包括：以人员为中心的变革、以结构为中心的变革、以技术为中心的变革和以系统为中心的变革。本题正确答案为BCDE选项。

24.【答案】DE

【解析】人文技术是通过沟通、决策制订和问题解决等方式改变组织成员的态度和行为的技术，主要包括敏感性训练、调查反馈、质量圈和团队发展。本题正确答案为DE选项。

25.【答案】AE

【解析】本题考查传统的组织发展方法。传统的组织发展方法可以概括为两种类型：结构技术和人文技术。

第二部分

人力资源管理

第四章 战略性人力资源管理

　　本章主要考查战略性人力资源管理的相关知识。战略性人力资源管理考试的重点是掌握战略性人力资源管理的概念及其过程，难点是人力资源部门和人力资源工作者的角色，并能够运用这些知识对人力资源管理部门的绩效进行评价。

　　从近几年考题情况来看，重点是战略性人力资源管理的概念及其过程，难点是人力资源部门和人力资源工作者的角色，对人力资源管理部门的绩效进行评价是考试中频繁出现的知识点。考查形式以单项选择题和多项选择题为主，平均分值是8分。

本章重要考点分析

　　本章涉及10个重要考点，其中，战略性人力资源管理的概念及其过程、人力资源部门和人力资源工作者的角色、量化评估对组织人力资源管理活动的重要意义以及对人力资源管理部门的绩效进行评价是考查的重点，需要读者掌握，如图4-1所示。

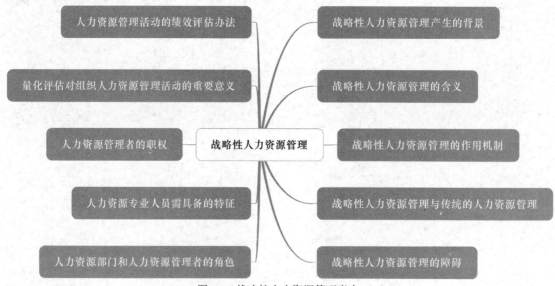

图4-1　战略性人力资源管理考点

本章近三年题型及分值总结

　　本章内容在近三年的考试中出现的题型以单项选择题、多项选择题为主，如表4-1所示。

表4-1　战略性人力资源管理题型及分值

年　份	单项选择题	多项选择题	案例分析题
2014年	4题	1题	0题
2013年	3题	1题	0题
2012年	4题	1题	0题

第一节　战略性人力资源管理概述

战略性人力资源管理是战略管理理论与人力资源管理理论共同发展的结果。战略性人力资源管理是指为了使组织能够达到目标，对人力资源各种部署和活动进行计划的模式；组织采用战略的眼光和方法，对人力资源管理进行组织、实施和控制。其重要特征是以投资的观点来看待人力资源。

战略性人力资源管理发生作用的重要原则是匹配或契合，匹配是战略性人力资源管理发生作用的主要机制。

另外，本节还介绍了战略性人力资源管理与传统的人力资源管理之间的区别，以及战略性人力资源管理的障碍。

 思维导图

该节涉及多个知识点和概念，如图4-2所示。

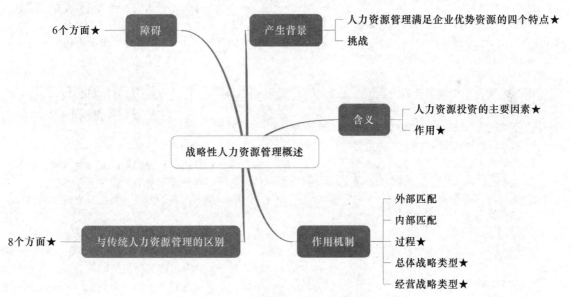

图4-2　战略性人力资源管理概述

 知识点测试

【2014年单选题】企业是否愿意对人力资源进行投资主要取决于(　　)。
　　A.企业组织结构的形式
　　B.员工的职业兴趣
　　C.员工技能的性质
　　D.员工薪酬的水平

【答案】C
【解析】如果投资的是本组织非常专门化的技能，而不是市场通用的热门技能，投资的风险会小很多。因此，与提供市场竞争力较低技能的组织相比，那些决定为员工提供可以被其他雇主利用的技能培训的组织，更需要制定人才保留战略。组织是否愿意对人力资源进行投资，主要取决于以下因素：管理层的价值观；对待风险的态度；员工技能的性质；人力资源服务外包的可能性。所以本题选C。

【2012年单选题】对于采取稳定型战略的组织而言，关键性的战略人才资源管理问题是( )。

A. 从零开始，建立全部新的人力资源战略

B. 大量而快速的裁员

C. 对不同企业的人力资源体系进行合并

D. 确定关键员工并制订特殊人才的保留政策

【答案】D

【解析】对于采取稳定型战略的组织，重要的是确定关键员工，并制订特殊人才的保留政策。

【2012年单选题】根据巴尼1991年的观点，能够带来竞争优势的企业资源需要具备的特点是( )。

A. 稀缺性　　　　　　B. 可模仿性

C. 可替代性　　　　　D. 稳定性

【答案】A

【解析】本题考查战略性人力资源管理的产生背景。按照巴尼的观点，人力资源要想成为企业优势资源，需要具备四个条件：价值、稀缺性、不可模仿性、不可替代性。

【2011年多选题】下列有关战略性人力资源管理的描述，正确的有( )。

A. 战略性人力资源管理在变革创新方面比较主动、系统

B. 战略性人力资源管理的注意焦点在于组织与内部员工和外部股东的合作关系

C. 战略性人力资源管理将资本、产品、品牌、技术以及投资战略作为组织的关键性投资

D. 战略性人力资源管理方法认为人员管理的主要职责由人力资源部门的职能管理专家承担

E. 战略性人力资源管理从关注人力资源活动的增值角度考虑费用支出

【答案】ABE

【解析】选项CD都属于传统的人力资源管理特点。

【2010年单选题】探讨增强组织竞争优势的途径和规律的理论是( )。

A. 战略管理理论　　　B. 人力资源管理理论

C. 企业管理理论　　　D. 组织管理理论

【答案】A

【解析】战略管理理论是解释组织的成功与失败，追求对组织的成功与失败进行预测的科学，最大目的是明确为什么在同一市场的竞争中某些企业能够长期保持竞争优势，并分析这些竞争优势的来源，探讨的是增强组织竞争优势的途径或规律，A选项正确。

【2010年多选题】组织中的人力资源管理满足企业优势资源的( )条件。

A. 价值　　　　　　　B. 稀缺性

C. 不可替代性　　　　D. 可模仿性

E. 可替代性

【答案】ABC

【解析】企业通过历史的变迁形成的独特的规范和组织文化，同时产生了企业日常行为规则。这种影响是潜移默化的，是经过长时间的实践与个人之间的磨合而形成的组织和个人之间的一种心理契约，这些内容不是竞争对手可以轻易模仿的，D选项错误。人力资源的内涵是不可从市场上获取的，这体现出其不可替代的性质，E选项错误。

【2010年多选题】战略性人力资源管理将组织的注意力集中于( )。

A. 特殊能力的开发　　B. 管理变革

C. 成本管理　　　　　D. 组织绩效和业绩

E. 改变结构和文化

【答案】ABDE

【解析】战略性人力资源管理将组织的注意力集中于：改变结构和文化、组织绩效和业绩、特殊能力的开发以及管理变革，C选项不选。

第二节　人力资源部门和人力资源管理者

大卫·尤里奇教授采用四象限的方法将人力资源管理者和部门所扮演的角色划分为四种：战略伙伴、管理专家、员工激励者和变革推动者。

优秀的人力资源专业人员应具有的能力特征主要表现为三个方面：人力资源管理实施的知识与能力、商业知识和管理变革能力。

在组织管理中，职权分为直线职权和职能职权。直线职权是直线或梯级的职权关系，即上级对下属行使直接的管理监督权力，职能职权是顾问性质的职权关系，即进行调查、研究并向直线职权提出建议。拥有直线职权的管理者是直线经理，拥有职能职权的管理者是职能经理。

人力资源经理及其下属同其他管理人员的人力资源管理职责有一些明显的区别，主要体现在他们所拥有的职权上。

 思维导图

该节涉及多个知识点和概念，如图4-3所示。

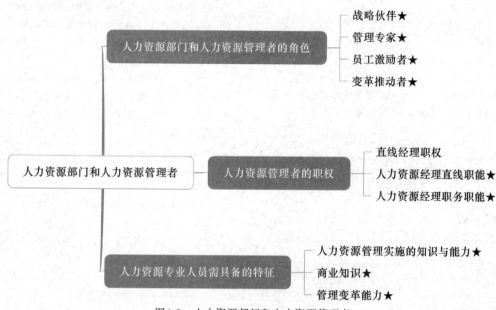

图4-3　人力资源部门和人力资源管理者

知识点测试

【2011年单选题】按照大卫·尤里奇教授的观点，人力资源管理者和部门要参与到企业战略的制订中去，并且要确保企业所制订的人力资源战略得以有效实施，这描述的是人力资源管理部门的(　　)角色。

A. 战略伙伴　　　　　B. 管理专家

C. 员工激励者　　　　D. 变革推动者

【答案】A

【解析】本题考查大卫·尤里奇教授的四种人力资源管理者角色。在四种角色中，战略伙伴指人力资源管理者和部门要参与到企业战略的制订中去，并且要确保企业所制订的人力资源战略得以有效的实施，这就要求人力资源管理者和部门的工作必须以企业战略为导向。

【2010年单选题】位于金字塔尖的是(　　)。

A. 可信赖的行动专家　　B. 文化管理者

C. 人才管理者　　　　　D. 日常工作战术家

【答案】A

【解析】文化管理者、人才管理者位于金字塔中间，BC选项不选。日常工作战术家处于金字塔基层，D选项不选。

【2012年单选题】按照密歇根大学尤里奇教授的观点，着眼于未来，同时关注员工的人力资源管理者在组织中扮演的角色是(　　)。

A. 变革推动者　　　　B. 战略伙伴

C. 管理专家　　　　　D. 员工激励者

【答案】A

【解析】按照密歇根大学尤里奇教授的观点，着眼于未来，同时关注员工的人力资源管理者在组织中扮演的角色是变革推动者。

【2011年单选题】优秀的人力资源专业人员应具备的能力特征不包括(　　)。

A. 商业知识

B. 人力资源管理实施的知识与能力

C. 沟通能力

D. 管理变革能力

【答案】C

【解析】人力资源专业人员应具备的能力特征有：人力资源管理实施的知识与能力、商业知识、管理变革能力。

【2011年多选题】战略性人力资源管理理论认为，人力资源管理是所有管理者的责任，这是因为(　　)。

A. 所有管理者喜欢从事人力资源管理工作

B. 人力资源管理活动贯穿于员工的日常工作之中

C. 人力资源管理制度与政策的落实需要各部门的积极推行

D. 各部门的管理者都归人力资源部门直接管理

E. 人力资源管理活动需要各个部门的配合与支持

【答案】BCE

【解析】战略性人力资源管理的一个重要观点是：几乎所有的管理人员都要承担人力资源管理者的责任，原因是人力资源管理活动贯穿于员工的日常工作之中，人力资源管理制度与政策的落实需要各部门的积极推行，人力资源管理活动需要各个部门的配合与支持。本题正确答案为BCE选项。

第三节　人力资源管理部门绩效评价

量化评估人力资源管理对组织人力资源管理活动的重要意义体现在以下三个方面：保证人力资源管理对组织发展产生战略性的贡献；有助于显现人力资源部门的工作成绩，提升人力资源管理部门的作用地位；有助于掌握人力资本增值情况，帮助企业灵活应对外界环境的改变。

评价人力资源管理部门的成绩，一般从两个方面进行：一方面是对人力资源管理部门本身工作的评价；另一方面是衡量人力资源管理部门的工作对组织的整体绩效。

 思维导图

该节涉及多个知识点和概念，如图4-4所示。

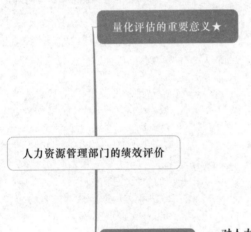

图4-4　人力资源管理部门的绩效评价

 知识点测试

【2014年单选题】关于人力资源有效性指数的说法，正确的是（　　）。

A. 该指数反映的是人力资源工作对组织绩效的整体影响

B. 该指数是衡量生产部门绩效的指标

C. 该指数能够反映组织的环境气氛

D. 该指数包括工作满意度等心理指标

【答案】A

【解析】研究者们以两种中间变量为基础，提出评估人力资源管理效果的模型，分别是：(1)人力资源有效性指数，人力资源有效性指数由6个指标及其有意义的关联式组合而成：总收入/员工总数、资产总数/员工费用、经营收入/员工费用、经营收入/股东、股本总数。(2)人力资源指数。由报酬制度、信息沟通、组织效率、关心员工、组织目标、合作、内在满意度、组织结构等15项因素综合而成。人力资源指数不仅表明了企业的人力资源绩效，而且反映了组织的环境气氛状况。

【2012年单选题】关于对人力资源部门的绩效评价的陈述，错误的是（　　）。

A. 对人力资源部门的绩效评价包括对该部门本身工作的评价和该部门对组织整体绩效的贡献的评价两部分

B. 对人力资源部门工作的定性评价应采用等

级评定法

C. 在实践中，对人力资源部门工作的评价往往综合采用定量和定性指标

D. 评价人力资源部门对组织整体绩效的贡献时，无须设置中间变量指标，可通过经济效益提升幅度等指标直接衡量

【答案】D

【解析】评价人力资源管理部门的成绩，一般从两个方面进行：一是对其本身的工作进行评定；二是衡量人力资源管理部门的工作对组织整体绩效的贡献，因此选项A正确。对人力资源部门工作的定性评价应采用等级评定法，因此选项B正确。对人力资源管理的绩效进行定性评定一般采取等级评定的方法，将定量指标和定性指标相结合进行综合评定，因此选项C正确。人力资源管理部门的工作成效一般都很难直接体现在组织的经营绩效上，往往需要通过中间变量的转化，因此选项D描述错误。

【2011年单选题】关于对人力资源部门的绩效评价的陈述，错误的是(　　)。

A. 有助于显现人力资源部门的工作成绩，提升人力资源管理部门的作用和地位

B. 对人力资源部门工作的定量评价应采用等级评定法

C. 在实践中，对人力资源部门工作的评价往往综合采用定量和定性指标

D. 人力资源指数不仅可以说明组织的人力资源绩效，而且反映了组织的环境气氛状况

【答案】B

【解析】对人力资源部门工作的定性评价应采用等级评定法。

考题预测及强化训练

一、单项选择题

1. 将组织的主要目标、政策和行为顺序整合为一个具有内在有机联系的整体的模式或规划被称为(　　)。
   A. 组织绩效　　　　　　B. 战略管理
   C. 组织结构　　　　　　D. 系统管理

2. 根据巴尼的观点，能够带来竞争优势的企业资源需要具备的特点是(　　)。
   A. 稀缺性　　　　　　　B. 可模仿性
   C. 可替代性　　　　　　D. 稳定性

3. 经过长时间的实践与个人之间的磨合而形成的组织和个人之间的一种心灵契约，从满足企业优势资源的角度看，属于(　　)。
   A. 不可替代性　　　　　B. 价值
   C. 不可模仿性　　　　　D. 稀缺性

4. 战略性人力资源管理的研究开始于(　　)。
   A. 20世纪70年代初期
   B. 20世纪70年代中期
   C. 20世纪80年代初期
   D. 20世纪80年代中期

5. 关于组织的人力资产与物质资产的表述，正确的是(　　)。
   A. 组织的人力资产与物质资产的特征相同
   B. 组织的人力资产一般不会流失
   C. 员工是人力资产的所有者
   D. 人力资产投资的最大获益者是组织

6. 关于组织人力资源投资意愿的陈述，正确的是(　　)。
   A. 能够使用方便、专业的外包服务的组织对自己内部的人力资源管理职能投资更少
   B. 组织更愿意对员工培训那些能够被其他雇主利用的技能
   C. 认为人力资产像物质资产一样可以复制和转让的组织更愿意对人力资源进行投资
   D. 不愿冒险的组织更可能对员工进行重大投资

7. 战略性人力资源管理发生作用的重要原则是(　　)。
   A. 必须经常进行变革
   B. 组织结构不宜太复杂
   C. 人力资源战略必须要稳定
   D. 人力资源战略与企业战略必须匹配

8. 根据尤里奇教授的观点，构筑起员工与企业心理契约的是人力资源的(　　)的角色。
   A. 员工激励者　　　　　B. 战略伙伴
   C. 管理专家　　　　　　D. 变革推动者

9. 组织的战略管理过程也可以叫作战略制定过程，包括五个阶段，其中第一个阶段是(　　)。
   A. 确定目的和目标
   B. 确定关键性的作用因素
   C. 确定组织的主要优势和劣势
   D. 确立并说明经营活动的使命

10. 通过购并竞争对手(横向整合)，或购并其他可能提供原材料或作为本组织分销链组成部分的组织(纵向整合)，从而扩展资源或强化市场地位的战略是(　　)。

A. 内部成长战略　　　B. 稳定战略
C. 外部成长战略　　　D. 转向战略

11. 与传统的人力资源管理相比，战略性人力资源管理具有的特点是(　　)。
A. 注重短期的变化和结果
B. 与其他职能部门处于相对隔离的状态
C. 特别强调上、下以及内、外的正式关系
D. 能够直接参与组织的战略决策

12. 人力资源满足企业优势资源的条件不包括(　　)。
A. 价值　　　　　　　B. 稀缺性
C. 不可模仿性　　　　D. 可替代性

13. 战略性人力资源管理制订的第四个过程是(　　)。
A. 确定战略　　　　　B. 确立使命说明
C. 确定目的与目标　　D. 组织自我评价

14. 企业愿意对人力资源进行投资，取决的因素不包括(　　)。
A. 管理层的价值观　　B. 对待风险的态度
C. 员工技能的性质　　D. 员工的性别

15. 根据尤里奇教授的观点，人力资源管理者和部门要进行各种人力资源管理制度和政策的设计及执行的是人力资源(　　)的角色。
A. 员工激励者　　　　B. 战略伙伴
C. 管理专家　　　　　D. 变革推动者

16. 制订特殊的人才保留政策，留住员工是(　　)战略。
A. 成长型　　　　　　B. 稳定型
C. 转向型　　　　　　D. 聚焦型

17. 制订和提交有关绩效团队，缩短创新周期有关的变革创新计划是(　　)角色。
A. 战略伙伴　　　　　B. 管理专家
C. 员工激励者　　　　D. 变革推动者

18. 人力资源指数是由(　　)提出的。
A. 菲利普斯　　　　　B. 舒斯特
C. 马斯洛　　　　　　D. 麦克里兰

19. 下列关于人力资源有效性指数说法正确的是(　　)。
A. 由舒斯特提出的
B. 由15项因素综合而成
C. 由菲利普斯研究提出的
D. 反映了组织的环境气氛状况

20. 关于裁员中幸存者的说法，错误的是(　　)。
A. 他们往往心存感激、激情高效地去工作
B. 他们的归属感一般会下降
C. 他们可能会为未来担忧
D. 他们可能会有负罪感

21. 战略性人力资源管理发生作用的主要机制是(　　)。
A. 同化　　　　　　　B. 匹配
C. 控制　　　　　　　D. 整顿

22. 战略性人力资源管理的重要原则是(　　)。
A. 必须经常进行变革
B. 组织结构不宜太复杂
C. 人力资源战略必须要稳定
D. 人力资源战略与企业战略必须匹配

23. 在采用差异化战略的组织中，人力资源管理的重点是(　　)。
A. 激励创新
B. 采用短期的、结果导向型的绩效评价
C. 尽可能将工作职责的范围界定得比较窄
D. 更多地采用内部晋升

24. 按照密歇根大学大卫·尤里奇教授对人力资源管理者角色的划分，能够开发设计出适合本组织具体情况的人力资源管理系统，表现出熟练的业务能力，并能对部门管理者提供人力资源管理的专业性咨询，这是人力资源管理者的(　　)角色。
A. 战略伙伴　　　　　B. 变革推动者
C. 管理专家　　　　　D. 员工激励者

25. 企业通过历史的变迁形成独特的规范和组织文化，同时产生了企业日常行为规则指的是人力资源管理满足企业优势资源的(　　)。
A. 价值　　　　　　　B. 稀缺性
C. 不可模仿性　　　　D. 不可替代性

26. 战略性人力资源管理其重要特征是(　　)。
A. 以投资的观点来看待人力资源
B. 人力资源管理承担着组织中的事务性工作
C. 为提高员工的效率而进行专业化的工作管理
D. 以上都不对

27. 下面对于量化评估对组织人力资源管理活动的重要意义描述错误的是(　　)。
A. 保证人力资源管理对组织发展产生战略性的贡献，有助于显现人力资源部门的工作成绩
B. 提升人力资源管理部门的作用、地位
C. 有助于掌握人力资本增值情况，帮助企业灵活应对外界环境的改变
D. 有助于员工进行自我评价

28. 下面有关直线经理和人力资源经理的人力资源管理职权的描述错误的是(　　)。
A. 人力资源经理在人力资源管理部门内部，行使直线管理者的职权，指挥其下属的工作

B. 人力资源经理在整个组织范围内，对组织其他管理者可能行使相当程度的直线职能

C. 直线经理分派适当的人员担任适当的工作

D. 直线经理作为组织最高管理层的助手，协助组织最高管理层确保人力资源的战略、目标、政策和各项规定的实施

29. 按照巴尼的理论，关于满足企业优势资源的条件，错误的是(　　)。

A. 有用性
B. 不可替代性
C. 不可模仿性
D. 稀缺性

30. 关于人力资源经理的人力资源管理职权，叙述不正确的是(　　)。

A. 直线经理要为人力资源经理提供人力资源管理方面的支持

B. 在人力资源管理部门内部，行使直线管理者的职权

C. 在整个组织范围内，对组织其他管理者可行使相当程度的直线职能

D. 要协助组织最高管理层确保人力资源的战略、目标、政策和各项规定的实施

31. 对组织人力资源管理活动的效果进行量化评估，正确的做法是(　　)。

A. 需将定量指标和定性指标相结合，尽量使用客观性指标

B. 一般不对人力资源管理部门本身的工作绩效进行评价

C. 完全由人力资源部门自我总结

D. 尽量使用主观性指标

32. 关于人力资源指数的陈述，正确的是(　　)。

A. 由菲利普斯提出

B. 证实了6个可以用来衡量人力资源管理部门的指标

C. 不仅可以说明组织的人力资源绩效，而且反映了组织的环境气氛状况

D. 由6个指标及其他有意义的关联式组合而成

33. 在人力资源规划的过程中，非人力资源管理部门的职责是(　　)。

A. 预测公司的人员供给

B. 向人力资源部门提交人员需求计划

C. 拟订平衡供需的计划

D. 汇总各部门的需求计划，综合平衡和预测公司的人员需求

二、多项选择题

1. 组织中人力资源管理满足企业优势资源的条件是(　　)。

A. 价值
B. 稀缺性
C. 效益性
D. 不可替代性
E. 不可模仿性

2. 战略性人力资源管理将组织的注意力都集中于(　　)。

A. 员工培训
B. 管理变革
C. 特殊能力的开发
D. 改变结构和文化
E. 组织绩效和业绩

3. 目前并非所有的组织都愿意对人力资源进行投资，主要影响因素有(　　)。

A. 管理层的价值观
B. 行业的竞争程度
C. 对待风险的态度
D. 人力资源服务外包的可能性
E. 员工技能的性质

4. 在战略性人力资源管理匹配的类型中，人力资源战略与企业战略间的匹配属于(　　)。

A. 内部匹配
B. 外部匹配
C. 混合匹配
D. 纵向整合
E. 横向联合

5. 舒勒和杰克逊认为，战略性人力资源管理的匹配类型包括(　　)。

A. 内部匹配
B. 外部匹配
C. 混合匹配
D. 纵向整合
E. 横向联合

6. 下列有关战略性人力资源管理的描述，正确的有(　　)。

A. 战略性人力资源管理在变革创新方面比较主动、系统

B. 战略性人力资源管理的注意焦点在于组织与内部员工和外部股东的合作关系

C. 战略性人力资源管理将资本、产品、品牌、技术以及投资战略作为组织的关键性投资

D. 战略性人力资源管理方法认为人员管理的主要职责由人力资源部门的职能管理专家承担

E. 战略性人力资源管理从关注人力资源活动的增值角度考虑费用支出

7. 优秀人力资源专业人员应具有的能力特征有(　　)。

A. 专业知识
B. 业务知识
C. 实践职能
D. 管理变革能力
E. 领导职能

8. 在员工关系管理中，非人力资源管理部门的职责有(　　)。

A. 提出员工职业生涯发展的建议

B. 直接处理员工的有关意见

C. 具体实施企业文化建设方案

D. 建立沟通的机制和渠道

E. 受理员工的各种意见

9. 关于舒斯特提出的人力资源指数的陈述，正确的是(　　)。

A. 它是用来衡量组织中人力资源部门绩效的指标

B. 它能够反映组织的环境气氛状况

C. 它由人力资源管理部门费用占总经营费用的比重等6项指标构成

D. 它无法说明企业的人力资源绩效

E. 它由报酬制度、信息沟通、组织效率等15项因素综合而成

10. 根据尤里奇教授的观点，人力资源管理的角色包括(　　)。

A. 战略制订者　　　　B. 战略伙伴

C. 变革推动者　　　　D. 管理专家

E. 员工激励者

11. 人力资源专业人员需具备的特征有(　　)。

A. 战略制订知识　　　B. 专业技术知识

C. 业务知识　　　　　D. 管理变革能力

E. 翻译能力

12. 对于人力资源管理活动的绩效评估方法，表述正确的是(　　)。

A. 对自身工作进行评定

B. 人力资源管理部门的工作对组织整体绩效贡献的评价

C. 不需要中间变量

D. 人力资源指数包括6个指标

E. 人力资源有效性指数包括15个指标

13. 关于组织人力资源投资意愿的陈述，正确的是(　　)。

A. 高级管理层对员工的重视程度是决定其是否愿意对人力资源进行投资的一个关键性因素

B. 在对待风险的态度上，认为人力资本投资风险远大于物质投资

C. 认为人力资产像物质资产一样可以复制和转让的组织更愿意对人力资本进行投资

D. 如果投资的是组织内非常专门化的技能，而非市场通用的热门技能，则投资的风险就小

E. 能够使用到方便、专业的外包服务的组织对自己内部的人力资源管理职能投资更少

14. 下列符合巴尼的观点，满足企业优势资源需要的条件有(　　)。

A. 不能被对手所模仿　B. 员工素质要求高

C. 稀有与独特　　　　D. 能够带来价值

E. 不能为对手资源所替代

15. 人力资源有效性指数的组成包括(　　)。

A. 组织环境　　　　　B. 管理质量

C. 总收入/员工总数　 D. 经营收入/员工费用

E. 员工参与管理

16. 下列关于战略性人力资源管理的描述，正确的是(　　)。

A. 战略性人力资源管理认为人员管理的职责由人力资源部门的职能管理专家承担

B. 战略性人力资源管理活动的目的常常是促进员工的积极性和生产能力

C. 战略性人力资源管理主张广泛的工作设计，强调灵活性

D. 战略性人力资源管理以投资的方法考虑回报，从人力资源活动的增值角度考虑费用支出

E. 战略性人力资源管理将资本、产品、品牌、技术以及投资战略作为组织的关键性投资

17. 下列关于内部成长战略内容的描述，正确的是(　　)。

A. 关注市场开发、新产品或新服务的开发

B. 制订适当的规划以保证及时雇用和培训新员工

C. 将资源组织起来以强化现有优势

D. 实行适度的裁员战略

E. 适应市场需求，改变现有员工的晋升和发展的机会

18. 下列属于大卫·尤里奇教授的人力资源工作者角色的是(　　)。

A. 员工激励者　　　　B. 战略伙伴

C. 变革推动者　　　　D. 管理专家

E. 规划设计者

19. 人力资源指数的组成因素包括(　　)。

A. 人际关系　　　　　B. 组织效率

C. 缺勤率和流动比率　D. 股本总数

E. 内在满意度

20. 战略性人力资源管理的障碍体现在(　　)。

A. 成果难以量化

B. 管理人员水平低

C. 对人力资源价值认识不足

D. 关注人力资源较少

E. 不受传统抵制

21. 战略性人力资源管理对组织的作用主要表现在(　　)。

A. 加强文化管理，释放并开发人的内在能力

B. 强化企业理念，提高企业的美誉度

C. 使每一个人的持续学习和发展成为其工作生活的重要内容

D. 通过专家招聘、开发和培训员工，使他们具有应对变化环境的技能和态度

E. 开发流程使员工的贡献达到最大

22. 组织战略制订过程包括( )。

A. 确立并说明其经营活动的使命

B. 确定关键性的作用因素，清楚认识外部环境中存在的威胁和机遇

C. 对组织的资源和管理体系等内部环境进行评价

D. 确定架构

E. 确定战略

23. 与成长战略相关的战略性人力资源问题主要包括( )。

A. 裁员

B. 保证快速成长时期依然能够继续保持质量和绩效标准

C. 适应市场需求

D. 改变现有员工的晋升和发展的机会

E. 制订适当的规划以保证及时雇用和培训新员工

24. 组织经营战略的类型一般包括( )。

A. 成本领先战略　　　B. 价格领先战略

C. 聚焦战略　　　　　D. 差异化战略

E. 统一化战略

参考答案及解析

一、单项选择题

1.【答案】B

【解析】将组织的主要目标、政策和行为顺序整合为一个具有内在有机联系的整体的模式或规划被称为战略管理。答案选B。

2.【答案】A

【解析】1991年巴尼指出带来竞争优势的企业资源需要具备四个方面的特点：价值、稀缺性、不可模仿性和不可替代性。答案选A。

3.【答案】C

【解析】经过长时间的实践与个人之间的磨合而形成的组织和个人之间的一种心灵契约，从满足企业优势资源的角度看，属于不可模仿性。答案选C。

4.【答案】D

【解析】战略性人力资源管理的研究开始于20世纪80年代中期，答案选D。

5.【答案】C

【解析】关于组织的人力资产与物质资产的表述，正确的是员工是人力资产的所有者，答案选C。

6.【答案】A

【解析】关于组织人力资源投资意愿的陈述，正确的是能够使用方便、专业的外包服务的组织对自己内部的人力资源管理职能投资更少，答案选A。

7.【答案】D

【解析】战略性人力资源管理发生作用的重要原则是人力资源战略与企业战略必须匹配，答案选D。

8.【答案】A

【解析】根据尤里奇教授的观点，构筑起员工与企业心理契约的是人力资源的员工激励者的角色。答案选A。

9.【答案】D

【解析】战略性人力管理过程分为五个阶段：(1)确立并说明其经营活动的使命；(2)确定关键性的作用因素，清楚认识外部环境中存在的威胁和机遇；(3)对组织的资源和管理体系等内部环境进行评价，确定组织的主要优势和劣势；(4)确定目标，同时确定如何衡量和评价实现这些目标过程中的工作业绩；(5)确定战略。正确答案选D。

10.【答案】C

【解析】通过购并竞争对手(横向整合)，或购并其他可能提供原材料或作为本组织分销链组成部分的组织(纵向整合)，从而扩展资源或强化市场地位的战略是外部成长战略。答案选C。

11.【答案】D

【解析】与传统的人力资源管理相比，战略性人力资源管理具有的特点是能够直接参与组织的战略决策，答案选D。

12.【答案】D

【解析】人力资源满足企业优势资源的条件有：价值、稀缺性、不可模仿性和不可替代性。

13.【答案】C

【解析】战略性人力资源管理制订的过程分为五个阶段：(1)确立并说明其经营活动的使命；(2)通过对组织外部环境的各个不同组成部分进行分析，确定关键性的作用因素，清楚认识外部环境中存在的威胁和机遇；(3)对组织的资源和管理体系等内部环境进行评价，确定组织的

主要优势和劣势，找到将优势变成资本或最大限度减少劣势的途径;(4)确定目标，即确定下个时期的工作目的和目标，同时确定如何衡量和评价实现这些目标过程中的工作业绩;(5)确定战略，即确定组织打算使用何种方式，采取什么样的过程，如何操作和竞争从而实现自身目标。答案选C。

14.【答案】D
【解析】企业是否愿意对人力资源进行投资，取决的因素有：管理层的价值观;对待风险的态度;员工技能的性质;人力资源服务外包的可能性。答案选D。

15.【答案】C
【解析】根据尤里奇教授的观点，人力资源管理者和部门要进行各种人力资源管理制度和政策的设计及执行的是人力资源管理专家的角色。答案选C。

16.【答案】B
【解析】制订特殊的人才保留政策，留住员工是稳定型战略。答案选B。

17.【答案】D
【解析】制订和提交有关绩效团队，缩短创新周期有关的变革创新计划是变革推动者的角色。答案选D。

18.【答案】B
【解析】人力资源指数是由舒斯特提出的。答案选B。

19.【答案】C
【解析】人力资源有效性指数是菲利普斯提出的，由6个指标及其意义的关联式组合而成，能够反映组织的环境气氛状况的是人力资源指数，由舒斯特提出，因此排除D选项。答案选C。

20.【答案】A
【解析】裁员中幸存者往往不会心存感激、激情高效地去工作。答案选A。

21.【答案】B
【解析】战略性人力资源管理发生作用的主要机制是匹配。答案选B。

22.【答案】D
【解析】战略性人力资源管理的重要原则是人力资源战略与企业战略必须匹配。答案选D。

23.【答案】A
【解析】在采用差异化战略的组织中，人力资源管理的重点是激励创新。答案选A。

24.【答案】C
【解析】管理专家指人力资源管理者和部门要举行各种人力资源管理制度和政策的设计及执行，承担相应的职能管理活动，如人力资源规划、招聘录用、培训以及绩效管理等，在这些活动中人力资源管理者应当开发与设计出适合本组织具体情况的人力资源管理系统，表现出熟练的业务能力，并对部门管理者提供人力资源管理的专业性咨询。因此正确答案为C。

25.【答案】C
【解析】企业通过历史的变迁形成独特的规范和组织文化，同时产生了企业日常行为规则指的是企业资源的不可模仿性。

26.【答案】A
【解析】选项BC都是传统的人力资源管理的特征，排除不选，正确答案选A。

27.【答案】D
【解析】选项中ABC都是对量化评估重要意义的正确描述，而选项D错误，答案选D。

28.【答案】D
【解析】选项ABC都正确，D选项描述的是人力资源经理的职责，因此答案选D。

29.【答案】A
【解析】研究者们发现组织中的人力资源管理满足企业优势资源的四个条件是：价值、稀缺性、不可模仿性和不可替代性。

30.【答案】A
【解析】人力资源经理的人力资源管理职权既有与直线经理相似的直线职能，也有人力资源经理特有的服务职能。人力资源经理在人力资源管理部门内部，行使直线管理者的职权，指挥其下属的工作，在整个组织范围内，对组织其他管理者可行使相当程度的直线职能。人力资源经理作为组织最高管理层的助手，要协助组织最高管理层确保人力资源的战略、目标、政策和各项规定的实施，要为直线经理提供人力资源管理方面的支持。

31.【答案】A
【解析】人力资源管理活动对人力资源管理部门本身工作的评价应当将人力资源部门所承担的各项工作分解成一系列可以量化的指标来反映每部分工作的工作业绩。而CD两个选项均认为人力资源管理是主观评价和自我总结，因此错误，排除选项CD;A项正确;人力资源管理部门本身的工作绩效也要被评价，因此B项错误。

32.【答案】C

【解析】人力资源指数是由舒斯特教授提出的，由薪酬制度、信息沟通、组织效率、关心员工、组织目标、合作、内在满意度、组织结构、人际关系、组织环境、员工参与管理、工作群体、群间的协作能力、一线管理和管理质量等15项因素综合而成。人力资源指数不仅说明了企业人力资源绩效，而且反映了组织的环境气氛状况。

33.【答案】B

【解析】选项ACD都属于人力资源管理部门的职责。

二、多项选择题

1.【答案】ABDE

【解析】组织中人力资源管理满足企业优势资源的条件是价值、稀缺性、不可替代性、不可模仿性，答案选ABDE。

2.【答案】BCDE

【解析】战略性人力资源管理将组织的注意力集中于管理变革、特殊能力的开发、改变结构和文化、组织绩效和业绩。答案选BCDE。

3.【答案】ACDE

【解析】目前并非所有的组织都愿意对人力资源进行投资，主要影响因素有：管理层的价值观、对待风险的态度、人力资源服务外包的可能性、员工技能的性质。答案选ACDE。

4.【答案】BD

【解析】在战略性人力资源管理匹配的类型中，人力资源战略与企业战略间的匹配属于外部匹配和纵向整合。答案选BD。

5.【答案】ABDE

【解析】舒勒和杰克逊认为，战略性人力资源管理的匹配类型包括：内部匹配、外部匹配、纵向整合与横向联合。答案选ABDE。

6.【答案】ABE

【解析】选项CD都属于传统的人力资源管理特点。选项ABE是对战略性人力资源管理的正确描述，因此正确答案选ABE。

7.【答案】ABD

【解析】优秀人力资源专业人员应具有专业知识、业务知识和管理变革能力。答案选ABD。

8.【答案】ABC

【解析】在员工关系管理中，非人力资源管理部门的职责有：提出员工职业生涯发展的建议、直接处理员工的有关意见、具体实施企业文化建设

方案。答案选ABC。

9.【答案】BE

【解析】舒斯特提出的人力资源指数的陈述，能够反映组织的环境气氛状况，由报酬制度、信息沟通、组织效率等15项因素综合而成，答案选择BE。

10.【答案】BCDE

【解析】根据尤里奇教授的观点，人力资源管理的角色包括战略伙伴、变革推动者、管理专家和员工激励者，答案选BCDE。

11.【答案】BCD

【解析】人力资源专业人员需具备专业技术知识、业务知识和管理变革能力。答案选BCD。

12.【答案】AB

【解析】对于人力资源管理活动的绩效评估方法，表述正确的是对自身工作进行评定和人力资源管理部门的工作对组织整体绩效贡献的评价，答案选AB。

13.【答案】ABDE

【解析】关于组织人力资源投资意愿的陈述，C选项，认为人力资产像物质资产一样可以复制和转让的组织更愿意对人力资本进行投资是不准确的，因此答案选ABDE。

14.【答案】ACDE

【解析】根据巴尼的观点，满足企业优势资源需要的条件有：不能被对手所模仿、稀有与独特、能够带来价值和不能为对手资源所替代，答案选ACDE。

15.【答案】CD

【解析】人力资源有效性指数包括：总收入/员工总数，资产总数/员工费用，经营收入/员工费用，经营收入/股东、股本总数。

16.【答案】CD

【解析】ABE选项是传统人力资源管理的特点，排除不选。

17.【答案】ABCE

【解析】组织的成长战略可以分成内部成长与外部成长战略。采用内部成长战略的组织关注市场开发、新产品或新服务的开发，他们往往会努力将资源组织起来以强化现有的优势。与成长战略相关的战略性人力资源问题主要包括制订适当的规划以保证及时雇用和培训新员工，适应市场需求，改变现有员工的晋升和发展的机会，保证快速成长时期依然能够继续保持质量和绩

效标准。本题正确答案为ABCE选项。

18.【答案】ABCD

【解析】大卫·尤里奇教授将人力资源工作者的角色分为四类：员工激励者、战略伙伴、变革推动者和管理专家。本题正确答案为ABCD选项。

19.【答案】ABE

【解析】人力资源指数是由美国舒斯特教授提出的，由薪酬制度、信息沟通、组织效率、关心员工、组织目标、合作、内在满意度、组织结构、人际关系、组织环境、员工参与管理、工作群体、群体间的协作能力、一线管理和管理质量等15项因素综合而成。

20.【答案】ABCD

【解析】战略性人力资源管理的障碍体现在：专注眼前、管理人员水平低、关注人力资源较少、成果难以量化、受传统抵制，因此答案选ABCD。

21.【答案】ACDE

【解析】战略性人力资源管理对组织的作用主要表现在七个方面：对达成组织的战略和目标提供支持，确保所有的人力资源活动都产生附加值；加强文化管理，释放并开发人的内在能力；开发流程使员工的贡献达到最大，对那些具有潜力的员工，在他们的职业生涯早期就该对他们进行组织和管理方面的远景规划；在全企业范围内，使每一个人的持续学习和发展成为其工作、生活的重要内容；设计、执行和管理各种系统，提供特殊的技能培训，以确保员工学到相关的经验；通过专家招聘、开发和培训员工，使他们具有应对变化环境的技能和态度；管理一个不断增长的多种职业生涯模式、多种职业追求的员工队伍。

22.【答案】ABCE

【解析】组织的战略管理过程也可以叫作战略制订过程，包括五个阶段：(1)确立并说明其经营活动的使命，如果目前已经有使命说明，则要对其进行检查；(2)通过对组织外部环境的各个不同组成部分进行分析，确定关键性的作用因素，清楚认识外部环境中存在的威胁和机遇；(3)对组织的资源和管理体系等内部环境进行评价，确定组织的主要优势和劣势，找到将优势变成资本或最大限度减少劣势的途径；(4)确定目标；(5)确定战略。本题正确答案为ABCE选项。

23.【答案】BCDE

【解析】与成长战略相关的战略性人力资源问题主要包括：制订适当的规划以保证及时雇用和培训新员工；适应市场需求，改变现有员工的晋升和发展的机会；保证快速成长时期依然能够继续保持质量和绩效标准。本题正确答案为BCDE选项。

24.【答案】ACD

【解析】组织的经营战略一般分成三种类型：成本领先战略、差异化战略、聚焦战略。

第五章 人力资源规划

本章主要讲述人力资源规划的相关内容以及人力资源需求与供给的预测方法。考试目的为测试应试人员是否掌握了人力资源规划的含义和主要内容、人力资源供需平衡的方法、人力资源信息系统的内容与管理。

从近几年的考试情况来看，考试的重点是掌握人力资源规划的含义和主要内容，而考题容易出现的分布点是组织人力资源需求与供给预测、人力资源供需平衡的方法以及人力资源信息系统的内容与管理。考查形式以单项选择题和多项选择题为主。

本章重要考点分析

本章涉及8个重要考点，如图5-1所示。

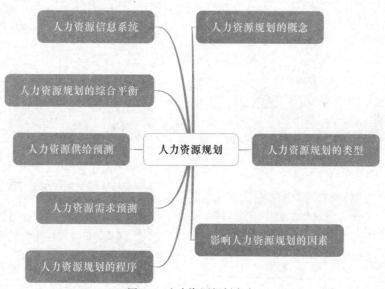

图5-1　人力资源规划考点

本章近三年题型及分值总结

本章内容在近三年的考试中出现的题型以单项选择题和多项选择题为主，如表5-1所示。

表5-1　人力资源规划题型及分值

年　份	单项选择题	多项选择题	案例分析题
2014年	3题	1题	0题
2013年	4题	2题	0题
2012年	3题	1题	0题

第一节　人力资源规划概述

人力资源规划也称人力资源计划，是系统评价人力资源需求，从而拟订一套措施，使组织稳定地拥有一定质量和必要数量的人力，求得人员需求量和人员拥有量之间在组织未来发展过程中的相互匹配，以实现包括个人利益在内的组织目标的活动。

 思维导图

该节涉及多个知识点和概念，如图5-2所示。

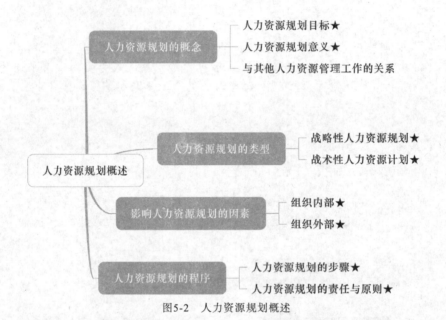

图5-2　人力资源规划概述

知识点测试

【2012年单选题】某公司经营规模迅速扩张，但由于人员储备不足，造成很多重要岗位无人填补，这说明该公司的(　　)工作没有做好。

A. 绩效评价　　　　B. 人力资源规划
C. 薪酬管理　　　　D. 工作分析

【答案】B

【解析】本题考查人力资源规划的意义。人力资源规划与组织的发展战略之间存在着双向互动的关系。由于组织的发展造成人员不足，这说明人力资源规划工作没有做好。

【2010年单选题】同一间公司类似的职位，一个部门在撤销而另一个部门却在招聘，这说明(　　)出了问题。

A. 人力资源管理　　B. 人力资源规划
C. 劳动用人制度　　D. 组织设计

【答案】B

【解析】人力资源规划的缺乏对组织所造成的损害是极大的。组织常常由于缺乏人力资源计划或对人力资源计划不足而负担无形成本，如类似的职位一个部门在撤销而另一个部门却在招聘，于是造成冗员，不得不解雇新聘的人员。B选项正确。

【2010年单选题】将组织发展和个人成长相结合的是(　　)。

A. 晋升规划　　　　B. 继任规划
C. 职业规划　　　　D. 补充规划

【答案】C

【解析】通过职业规划，可以把满足个人成长发展的需求与组织的发展对人的需求紧密结合起来，以保证共同利益的同步实现，C选项正确。

【2012年单选题】公司制订的用来填补最重要的管理决策职位的计划是(　　)。

A. 晋升规划　　　　B. 配备规划
C. 职业规划　　　　D. 继任规划

【答案】D

【解析】本题考查战术性人力资源规划的内容。继任规划是指公司制订的用来填补最重要的管理决策职位的计划。

【2011年单选题】对职业规划的表述错误的是(　　)。

A. 脱离组织需要的个人职业发展不会导致人员的流失

B. 可以不断增强员工的满意感

C. 职业规划是组织必须关心的事情

D. 可以把满足个人成长发展的需求与组织的发展对人的需求紧密结合起来

【答案】A

【解析】脱离组织需要的个人职业发展必会导致人员的流失。

【2012年单选题】在劳动力市场中，当(　　)时，组织的招聘工作比较容易进行。

A. 失业率下降

B. 招聘企业的数量众多

C. 竞争对手的招聘策略出色

D. 失业率上升

【答案】D

【解析】本题考查的是影响人力资源规划外部因素中的经济因素影响。经济增长、利率调整、通货膨胀等因素决定了人力资源的可获得性，对工资高低，加班以及雇用、裁员等决策都有直接的影响，只有当失业率上升时，寻找工作的具备相当水平的员工数量才会增加，企业的招聘工作相对才能容易些。

【2012年单选题】人力资源规划的起点是(　　)。

A. 人员供给预测　　　B. 组织目标与战略分析

C. 人员需要预测　　　D. 供需匹配

【答案】B

【解析】人力资源规划的起点是组织目标与战略分析。

第二节　人力资源预测与平衡

人力需求预测在实践应用中采用自上而下的预测程序，主要方法分为定量预测法与定性预测法。其中，定量预测法又被称为统计学方法，指的是通过对某些商业要素进行预测从而决定劳动力队伍的大小。而定性预测法又被称为判断法，是一种最简单也最常用的预测方法。

 思维导图

该节涉及多个知识点和概念，如图5-3所示。

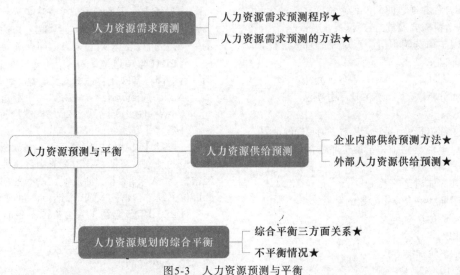

图5-3　人力资源预测与平衡

知识点测试

【2014年单选题】人力需求预测的程序从(　　)开始。

A. 核查企业内部人员现状

B. 估算各职能活动的总量

C. 预测组织未来的生产经营状况

D. 确定各职能及各职能内部不同层次类别人员的工作负荷

【答案】C

【解析】人力需求预测在实践应用中采用自上而下的预测程序，人力资源需求预测的程序是从预测组织未来生产经营状况开始的。从根本上说，组织未来生产经营状况决定着人员需求量。一般说来，对未来生产经营状况的预测，可直接从组织发展战略规划中提炼出来。组织未来生产经营状态，可由各种具体职能活动的水平和分类计划表示，如各职能的增减及职能领域的扩大或缩小、产品结构的改变、目标市场的变化和市场占有率的增减、新技术的引进或采用、销售额的变化、生产率水平的变化等。为了能准确地预测人力需求，需要对上述各种活动和指标进行定量描述。

【2014年单选题】根据企业的业务活动量和人员数量这两种因素之间的相关关系来预测企业未来人员需求的技术是( )。

A. 比率分析法

B. 德尔菲法

C. 回归分析法

D. 时间序列分析法

【答案】C

【解析】回归分析法即通过确定企业的业务活动量和人员水平这两种因素之间是否相关来预测企业未来人员需求技术。首先绘制一张散射图来描述商业要素和劳动队伍的大小之间的关系，然后测算一条刚好穿过散射图上那些点的中部的线，对这条线建立回归方程，通过回归方程来预期在某一个商业要素的值上所需要雇佣的数目。

【2011年单选题】适合于对人力总额进行预测的定性方法是( )。

A. 德尔菲法　　　　B. 主观预测法

C. 回归分析法　　　D. 比率分析法

【答案】A

【解析】德尔菲法一般适合于对人力总额的预测。

【2011年多选题】关于德尔菲法的陈述，正确的是( )。

A. 采用集体讨论的做法

B. 能吸取和综合众多专家的意见

C. 能够避免从众行为

D. 采用匿名技术

E. 采取多轮预测方式

【答案】BCDE

【解析】德尔菲法不采用集体讨论的做法，而是匿名进行，所以选项A不选。本题正确答案为BCDE选项。

【2010年单选题】10 000名学生需要200名教师，则1000名学生需要20名教师，这种分析方法属于( )。

A. 时间序列分析法　　B. 比率分析法

C. 回归分析法　　　　D. 主观判断法

【答案】B

【解析】比率分析法是通过计算特殊的商业因素和所需员工数之间的比率来确定未来人力资源需求的方法，能提供比趋势分析更为精确的估计值，B选项正确。

【2012年单选题】分析企业在过去几年中的业务活动量和人员数量之间的相关性，从而预测企业未来人员需求的技术是( )。

A. 主观判断法　　　　B. 回归分析法

C. 时间序列分析法　　D. 配对比较法

【答案】B

【解析】本题考查回归分析法的含义。回归分析法是指通过确定企业的业务活动量和人员水平这两种因素之间是否相关来预测企业未来人员需求的技术。

【2012年单选题】关于人员核查法的陈述，正确的是( )。

A. 是一种动态的预测方法

B. 能够反映人力拥有量未来的变化

C. 多用于短期人力拥有量预测

D. 常用于长期人力拥有量预测

【答案】C

【解析】本题考查人员核查法。人员核查法是一种静态的预测方法，它不能反映人力拥有量未来的变化，因而多用于对短期人力拥有量的预测。

【2010年单选题】有些岗位5个人干3个人的活，有些岗位却缺乏合适的人员，这是( )。

A. 人力资源不足　　　B. 人力资源过剩

C. 结构性失衡　　　　D. 结构性均衡

【答案】C

【解析】结构性失衡是企业人力资源供需中较为普遍的现象。目前在我国企业中普遍存在冗员，经常是5个人干3个人的活。但在一些关键岗位、重要岗位又缺乏合适的人选，C选项正确。

【2010年多选题】人力资源不足时主要可以采取( )措施来平衡供需。

A. 从外部雇用

B. 永久性的裁员

C. 提高现有员工工作效率

D. 延长工作时间

E. 降低离职率

【答案】ACDE

【解析】永久性裁员是人力资源过剩时可以采取的措施，B选项不选。

第三节 人力资源信息系统

人力资源信息系统是指为制订人力资源决策提供信息的集成系统，目的是为了促进行政与运营效率和促进组织的战略性人力资源管理，其基本内容包括促进行政与运营效率和促进组织的战略性人力资源管理。

 思维导图

该节涉及多个知识点和概念，如图5-4所示。

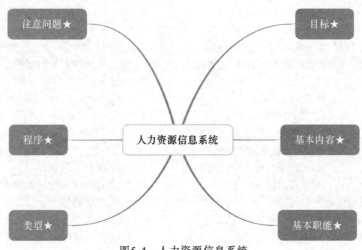

图5-4 人力资源信息系统

 知识点测试

【2012年单选题】在一个人力资源信息系统中有多个子系统，这些子系统可以彼此相连，也可以没有关系，使用者可以根据特殊需要对系统加以设计。这种类型的人力资源信息系统属于( )系统。

  A. 分散型   B. 集中型
  C. 混合型   D. 独立型

【答案】D

【解析】在一个人力资源信息系统中有多个子系统。这些子系统可以彼此相连，也可以没有关系，使用者可以根据特殊需要对系统加以设计。这种类型的人力资源信息系统属于独立型系统。

【2011年单选题】下列不属于人力资源信息系统基本职能的是( )。

  A. 为人力资源规划建立人事档案
  B. 为其他的人力资源管理活动提供信息
  C. 为管理部门的决策提供各种报告
  D. 为人力资源部门提供奖惩建议

【答案】D

【解析】人力资源信息系统一般有三个职能，分别是：为人力资源规划建立人事档案；为其他的人力资源管理活动提供信息；为管理部门的决策提供各种报告。

考题预测及强化训练

一、单项选择题

1. 战术性人力资源规划中，根据企业的人员分布状况和层级结构所拟定的人员提升政策和方案指的是( )。

  A. 晋升规划   B. 补充规划
  C. 培训开发规划   D. 配备规划

2. 把人力资源规划分为战略性人力资源规划和战术性人力资源规划的依据是( )。

  A. 重要程度   B. 规划范围
  C. 时间长短   D. 组织目标

3. 对中、长期内处于不同职务或工作类型的人员分布状况的规划，这属于人力资源规划中的( )。

  A. 职业规划   B. 晋升规划
  C. 继任规划   D. 配备规划

4. 人力资源规划的步骤有：①提供人力资源信息；②评估人力资源规划；③组织目标与战略分析；④供需匹配；⑤执行计划与实施监控；

⑥人员预测。对其排列顺序正确的是(　　)。

A. ①③⑥④⑤② 　　B. ③①⑥④⑤②

C. ③①④⑥⑤② 　　D. ③①⑥⑤④②

5. 人力资源规划的起点是(　　)。

A. 人员供给预测

B. 组织目标与战略分析

C. 人员需要预测

D. 供需匹配

6. 通过分析企业在过去5年左右时间中的人员雇用数据来预测企业未来人员需求的技术，被称为(　　)。

A. 主观判断法 　　B. 回归分析法

C. 比率分析法 　　D. 时间序列法

7. 通过确定企业的业务量和人员数量之间的相关性来预测企业未来人员需求的技术，被称为(　　)。

A. 时间序列法 　　B. 回归分析法

C. 比率分析法 　　D. 主观判断法

8. 关于德尔菲法的说法，错误的是(　　)。

A. 德尔菲法吸取和综合了众多专家的意见，避免了个人预见的片面性

B. 德尔菲法应采取多轮预测的方法

C. 德尔菲法应采取匿名方式进行

D. 德尔菲法是一种集体讨论的预测方法

9. 下列不属于企业内部供给预测方法的是(　　)。

A. 人员核查法 　　B. 人员调配图

C. 马尔可夫分析法 　　D. 回归分析法

10. 采用德尔菲法应当遵循的原则是(　　)。

A. 采用记名的方式让专家们了解彼此的意见

B. 尽量全面地给专家提供已收集的历史资料及有关统计结果

C. 在对不同专家所作的问题表述中尽量采用变化的语言

D. 尽量将问题复杂化

11. 下列关于人员核查法的表述，正确的是(　　)。

A. 它是一种静态的预测方法

B. 它更适用于规模比较大的组织

C. 它用于对未来人力资源的分布状态进行预测

D. 它更多地应用于对长期人力资源拥有量的预测

12. 以下关于人员调配图说法正确的是(　　)。

A. 人员调配图是企业外部供给的预测方法

B. 人员调配图预测的是企业人力资源需求

C. 人员调配图用以了解企业现有的人员流动

D. 人员调配图是一种岗位延续计划

13. 当人力资源供给大于需求时，合适的做法为

(　　)。

A. 永久性裁员

B. 延长工作时间

C. 缩小经营规模

D. 提高现有工作人员的效率

14. 提出预测问题是德尔菲法的第(　　)步。

A. 一 　　B. 二

C. 三 　　D. 四

15. 企业内部供给的预测方法包括(　　)。

A. 对当地失业水平的预测

B. 对全国失业水平的预测

C. 公司涉及范围的人口密度

D. 马尔科夫分析法

16. 马尔科夫预测模型法的基本思想是(　　)。

A. 找出过去人事变动的规律，以此来推测未来的人事变动趋势

B. 发现现在人事变动的规律，以此来推测未来人事变动趋势

C. 马尔科夫模型有简单型和复杂型，可用计算机进行大规模处理

D. 根据现在人员的变化，来确定未来的人事变化

17. 通过计算特殊的商业因素和所需员工数之间的比率来确定未来人力资源需求的方法是(　　)。

A. 比率分析法 　　B. 回归分析法

C. 时间序列法 　　D. 主观判断法

18. 人力资源信息系统不包括(　　)的基本职能。

A. 为人力资源规划、建立人事档案

B. 为其他的人力资源管理活动提供信息

C. 制订公司战略

D. 为管理部门的决策提供各种报告

19. 目的在于为企业中长期发展所需的一些职位准备人才，是围绕着改善个人与职位要求的配合关系而制订的规划属于(　　)。

A. 继任规划 　　B. 配备规划

C. 晋升规划 　　D. 培训开发规划

20. 某大学有30 000名学生和2000名专业教师，如果大学预期明年的注册学生比率会增加5%，根据比率分析法，相应教师队伍应达到(　　)人。

A. 2100 　　B. 2150

C. 2300 　　D. 2400

21. 关于人力资源规划的步骤，下列说法不正确的是(　　)。

A. 信息的质量决定着人力资源规划的质量

B. 人力资源规划最关键性的一环是人力资源需

求与供给的预测

C. 组织目标与战略规划先于人力资源规划

D. 人员需求预测先于组织目标与战略规划

22. 下列关于德尔菲法的表述错误的是(　　)。

A. 一般适合于人力总额的预测

B. 参与的专家人数一般不少于30人

C. 采用匿名形式进行，避免了从众行为

D. 为保证预测的准确性，专家的预测必须提供精确的数字，而不能使用估计数字

23. 既有一个中心装置还有多个与中心装置相连或彼此相连的节点的人力资源信息系统类型是(　　)。

A. 集中型　　　　　　B. 分散型

C. 独立型　　　　　　D. 混合型

24. 以书面形式背对背地分几轮征求和汇总专家意见的人力需求预测方法是(　　)。

A. 德尔菲法　　　　　B. 关键事件法

C. 头脑风暴法　　　　D. 上级估算法

25. 人力资源规划的主要目标在于(　　)。

A. 实现组织战略目标

B. 系统评价人力资源需求，从而拟订一套措施

C. 使组织内部和外部人员的供应与特定时期组织内部预计空缺的职位相吻合，并为组织未来发展所需人才作出安排

D. 为组织未来的经营或运作预先准备人力，持续和系统地分析组织在不断变化的条件下对人力资源的需求

26. 针对人力资源规划作出的调整，尤其是对人力资源的规格、类型、质量提出新的要求时，组织的薪酬福利方式、策略、标准、水平等也需要进行相应的调整。这反映了人力资源规划调整对(　　)产生的影响。

A. 人员招聘和录用　　B. 薪酬福利

C. 培训和开发　　　　D. 工作分析和工作设计

27. 对中、长期内出于不同职务或工作类型的人员分布情况的规划属于(　　)。

A. 配备规划　　　　　B. 补充规划

C. 晋升规划　　　　　D. 职业规划

28. 继任规划是指公司制订的用来填补最重要的(　　)职位的计划。

A. 基层技术　　　　　B. 市场业务人员

C. 管理决策　　　　　D. 生产一线员工

二、多项选择题

1. 在人力资源管理的系统中，人力资源规划为其他人力资源管理活动提供了(　　)。

A. 内容　　　　　　　B. 目标

C. 范围　　　　　　　D. 原则

E. 方法

2. 人力资源规划的意义体现在(　　)。

A. 有助于组织人员的稳定

B. 有助于组织发展战略的制订

C. 有助于降低人力资本的开支

D. 有助于调动组织人员的积极性

E. 有利于完善组织文化

3. 战术性人力资源计划的内容一般包括(　　)。

A. 补充规划　　　　　B. 继任规划

C. 发展规划　　　　　D. 配备规划

E. 培训开发规划

4. 影响人力资源规划制订的外部因素主要有(　　)。

A. 经济因素　　　　　B. 政府影响因素

C. 企业规模　　　　　D. 人口统计趋势

E. 地理环境和竞争因素

5. 在人力资源需要预测方法中，属于定性分析方法的是(　　)。

A. 主观判断法　　　　B. 比率分析法

C. 回归分析法　　　　D. 德尔菲法

E. 时间序列分析法

6. 外部人力供给预测包括(　　)。

A. 省市劳动力市场　　B. 基层劳动力市场

C. 地方所需求人员　　D. 地方劳动力市场

E. 全国劳动力市场

7. 影响人力资源规划的内部因素有(　　)。

A. 技术与设备条件　　B. 企业规模

C. 企业经营方向　　　D. 组织文化

E. 政府影响因素

8. 当人力资源供给大于需求的时候，为达到平衡可以采取的措施有(　　)。

A. 提高现有人员的工作效率

B. 提前退休

C. 对富余员工实行培训

D. 冻结招聘

E. 扩大经营规模

9. 人力资源信息系统在组织中主要服务的目标有(　　)。

A. 帮助组织在瞬息万变的市场上，尽快掌握信息

B. 帮助组织稳定人员

C. 促进行政与运营效率

D. 促进组织的战略性人力资源管理

E. 有助于降低人力资本的开支

10. 人力资源规划的动态性主要表现在(　　)。

A. 制订规划的人是经常变化的

B. 对规划的操作进行动态监控

C. 规划的执行具有灵活性

D. 规划要随内外情境动态变化

E. 参考信息经常变化

11. 人力资源需求的定量预测法包括( )。

　　A. 主观判断法　　　　B. 回归分析法

　　C. 比率分析法　　　　D. 时间序列分析法

　　E. 德尔菲法

12. 人力资源内部供给预测方法包括( )。

　　A. 人员核查法　　　　B. 人员调配图法

　　C. 时间序列分析法　　D. 德尔菲法

　　E. 主观判断法

13. 人力需求预测的步骤包括:①估算各职能工作活动的总量;②预测组织未来生产经营状况;③确定各职能活动及各职能活动内不同层次类别人员的需求量;④确定各职能内不同层次类别人员的工作负荷。下列关于实施人力需求预测的步骤,不正确的排列顺序是( )。

　　A. ①②③④　　　　　B. ②①④③

　　C. ②①③④　　　　　D. ②④①③

　　E. ④③①②

14. 人力供给预测包括( )。

　　A. 对外部拥有量预测

　　B. 对内部供给预测

　　C. 对外部人力资源供给量进行预测

　　D. 对内部岗位和人员的调查分析

　　E. 对现有资金分析

15. 人力资源规划与人力资源管理的其他职能有着复杂的关系,体现在( )。

　　A. 人力资源规划往往要求对组织中的部分甚至全部重要工作进行分析和界定,对工作乃至整个组织进行重新设计,并对相应的人力资源进行新的规划

　　B. 由于新的规划,组织对新任者提出新的要求,必须采取新的方法、技术和策略来获得新型的人力资源以满足组织的需要

　　C. 由于新的考核标准的出现,绩效考核的方法也会发生相应变化

　　D. 针对人力资源规划进行的调整,尤其是对人力资源的规格等提出的新要求,组织薪酬福利的方式、策略等也需要进行相应调整

　　E. 人力资源规划与培训和开发工作关系不大

16. 人力资源信息系统的三个职能是( )。

　　A. 建立人事档案

　　B. 为其他的人力资源管理活动提供信息

C. 为管理部门的决策提供各种报告

D. 制订战略

E. 以上都是

17. 人力资源系统的类型主要有( )。

　　A. 集中型　　　　　　B. 分散型

　　C. 独立型　　　　　　D. 混合型

　　E. 树型

18. 人力资源规划对组织的良性发展以及人力资源管理系统的有效运转的作用有( )。

　　A. 有助于组织人员稳定

　　B. 有助于减少组织的浪费

　　C. 有助于制订组织的发展前景

　　D. 有助于降低人力资本的开支

　　E. 有助于组织发展战略的制订

19. 下列属于组织外部人力供给来源的有( )。

　　A. 失业人员

　　B. 各类学校毕业生

　　C. 转业退伍军人

　　D. 员工的调动与晋升

　　E. 其他组织流出人员

20. 当人力资源供给小于需求的时候,为达到平衡可以采取的措施有( )。

　　A. 从外部雇用人员

　　B. 提高现有人员的工作效率

　　C. 延长劳动时间

　　D. 将组织的某些人力资源业务外包

　　E. 扩大经营

21. 人力资源供给与需求不平衡的类型主要有( )。

　　A. 人力资源不足　　　B. 人力资源过剩

　　C. 结构性不平衡　　　D. 体系性不平衡

　　E. 社会性不平衡

22. 当劳动力过剩时,解决供需匹配的有效方法是( )。

　　A. 补充人员　　　　　B. 提前退休

　　C. 辞退　　　　　　　D. 缩减工作时间

　　E. 加班

23. 人力资源规划的目标具体表现为( )。

　　A. 防止人员配置过剩或不足

　　B. 确保组织在恰当的时间、地点获得适当数量并具备所需要技能的员工

　　C. 降低人力资本的开发

　　D. 确保组织能够对环境变化作出适当的反应

　　E. 为所有的人力资源活动和体系提供方向和一致的标准

参考答案及解析

一、单项选择题

1.【答案】A
【解析】晋升规划指的是根据企业的人员分布状况和层级结构所拟定的人员提升政策和方案，属于战术性人力资源规划的内容，因此正确答案选A。

2.【答案】C
【解析】把人力资源规划划分为战略性人力资源规划和战术性人力资源规划的依据是时间长短。战略性人力资源规划指根据企业战略确定的人力资源管理的总体目标和配套政策，一般是三年以上的人力资源计划。战术性人力资源规划又称年度人力资源计划，主要指三年以内的人力资源计划。因此答案选择C。

3.【答案】D
【解析】对中、长期内处于不同职务或工作类型的人员分布状况的规划，这属于人力资源规划中的配备规划。答案选D。

4.【答案】B
【解析】人力资源规划的步骤包括：①组织目标与战略分析；②提供人力资源信息；③人员预测；④供需匹配；⑤执行计划与实施监控；⑥评估人力资源规划。答案选B。

5.【答案】B
【解析】人力资源规划的起点是组织目标与战略分析。答案选B。

6.【答案】D
【解析】通过分析企业在过去5年左右时间中的人员雇用数据来预测企业未来人员需求的技术，被称为时间序列法。答案选D。

7.【答案】B
【解析】通过确定企业的业务量和人员数量之间的相关性来预测企业未来人员需求的技术，被称为回归分析法。答案选B。

8.【答案】D
【解析】德尔菲法吸取和综合了众多专家的意见，避免了个人预见的片面性；德尔菲法应采取多轮预测的方法；德尔菲法应采取匿名方式进行；德尔菲法不是一种集体讨论的预测方法。答案选D。

9.【答案】D
【解析】回归分析法不属于企业内部供给预测方法。答案选D。

10.【答案】B
【解析】采用德尔菲法应当遵循的原则是尽量全面地给专家提供已收集的历史资料及有关统计结果。答案选B。

11.【答案】A
【解析】人员核查法：通过对现有人力资源的数量、质量、结构和在各职位上的分布状态进行核查，从而了解企业可供调配的人力资源拥有量及其利用潜力的方法。组织规模较大，组织结构复杂时，人员核查应建立企业内部人力资源信息库。人员核查法是静态的预测方法，它不能反映人力拥有量未来的变化，因而多用于对短期人力拥有量预测。答案选A。

12.【答案】D
【解析】人员调配图是一种岗位延续计划，用以了解潜在的人员变动。这种图显示了每一位有可能成为组织重要职位候选人的内部雇员当前的工作成绩以及可提升程度。它揭示了组织人力资源的准备情况，为了保证预测的准确性，需要对人员的调换信息进行及时更新。答案选D。

13.【答案】A
【解析】当发生绝对的人力资源过剩状况时，即供给大于需求时，可以使用扩大经营规模；永久性的裁员，或者辞退员工；提前退休；冻结招聘；缩短工作时间；对富余员工实行培训等方法进行平衡。答案选A。

14.【答案】B
【解析】提出预测问题是德尔菲法的第二步。答案选B。

15.【答案】D
【解析】企业内部供给的预测方法主要包括人员核查法、人员调配图法和马尔科夫分析方法。答案选D。

16.【答案】A
【解析】马尔科夫预测模型方法的基本思想是找出过去人事变动的规律，以此来推测未来的人事变动趋势。答案选A。

17.【答案】A
【解析】通过计算特殊的商业因素和所需员工数之间的比率来确定未来人力资源需求的方法是比率分析法。答案选A。

18.【答案】C
【解析】人力资源信息系统一般有三个职能：为人力资源规划建立人事档案，为其他的人力资源管理活动提供信息，为管理部门的决策提供各种报告。答案选C。

19.【答案】D

【解析】目的在于为企业中长期发展所需的一些职位准备人才，是围绕着改善个人与职位要求的配合关系而制订的规划属于培训开发规划。答案选D。

20.【答案】A

【解析】本题考查比率分析法。按比率分析法分析，学生与教师比例为15∶1，预计明年学生增加5%即1500名学生，按比例知，相应教师队伍应增加100人，总教师队伍人数应为2100人。

21.【答案】D

【解析】人力资源规划的步骤包括：(1)组织目标与战略分析；(2)提供人力资源信息；(3)人员预测；(4)供需匹配；(5)执行计划与实施监控；(6)评估人力资源规划。人力资源信息的质量决定着人力资源规划的质量；人力资源规划中最关键性的一环是对人力资源需求与供给的预测。

22.【答案】D

【解析】德尔菲法一般适合于对人力总额的预测，选项A描述正确。采用德尔菲法要注意专家人数一般不要少于30人，选项B描述正确。德尔菲法的特点是吸取和综合了众多专家的意见，避免了个人预测的片面性；不采用集体讨论的方式，而且是匿名进行，从而使专家们可以独立地作出判断，避免了从众行为，因此选项C描述正确。专家预测不要求精确，允许专家使用估计数字，并让他们说明预计数字的肯定程度，因此选项D描述错误。答案选D。

23.【答案】B

【解析】在人力资源信息系统的类型中，分散类型，既有一个中心装置还有多个与中心装置相连或彼此相连的节点，给系统的设计和运行保留了较大程度的控制，同时，给使用者提供了一定的灵活性。

24.【答案】A

【解析】德尔菲法的特点是：吸取和综合了众多专家的意见，避免了个人预测的片面性；不采用集体讨论的方式，而且是匿名进行，从而使专家们可以独立地作出判断，避免了从众行为；采取了多轮预测的方法，经过几轮反复，专家们的意见趋于一致，具有较高的准确性。

25.【答案】C

【解析】人力资源规划的主要目标在于使组织内部和外部人员的供应与特定时期组织内部预计空缺的职位相吻合，并为组织未来发展所需人才作出安排。

26.【答案】B

【解析】人力资源规划与薪酬福利的关系体现在针对人力资源规划作出调整，尤其是对人力资源的规格、类型、质量提出新的要求，组织薪酬福利的方式、策略、标准、水平等也需要进行相应调整。

27.【答案】A

【解析】战术性人力资源计划中，配备规划是指对中、长期内处于不同职务或工作类型的人员分布状况的规划。

28.【答案】C

【解析】战术性人力资源计划中，继任规划指公司制订的用来填补最重要的管理决策职位的计划。

二、多项选择题

1.【答案】BDE

【解析】在人力资源管理的系统中，人力资源规划为其他人力资源管理活动提供了目标、原则和方法。答案选择BDE。

2.【答案】ABC

【解析】人力资源规划的意义体现在：有助于组织人员的稳定，有助于组织发展战略的制订，有助于降低人力资本的开支。答案选择ABC。

3.【答案】ABDE

【解析】战术性人力资源计划的内容一般包括补充规划、继任规划、配备规划和培训开发规划，答案选择ABDE。

4.【答案】ABDE

【解析】影响人力资源规划制订的外部因素主要有经济因素、政府影响因素、人口统计趋势、地理环境和竞争因素。答案选择ABDE。

5.【答案】AD

【解析】在人力资源需要预测的方法中，属于定性分析方法的是主观判断法和德尔菲法。答案选择AD。

6.【答案】DE

【解析】外部人力供给预测包括地方劳动力市场和全国劳动力市场。答案选择DE。

7.【答案】ABCD

【解析】影响人力资源规划的内部因素有：技术与设备条件、企业规模、企业经营方向、组织文化。政府影响因素属于外部因素，排除E选项，因此正确答案是ABCD。

8.【答案】BCDE

【解析】当人力资源供给大于需求的时候，为达到平衡可以采取的措施有提前退休、对富余员工实行培训、冻结招聘、扩大经营规模。答案选择BCDE。

9.【答案】CD

【解析】人力资源信息系统在组织中主要服务的目标是促进行政与运营效率和促进组织的战略性人力资源管理。答案选择CD。

10.【答案】BCDE

【解析】人力资源规划的动态性主要表现在对规划的操作进行动态监控；规划的执行具有灵活性；规划要随内外情境动态变化；参考信息经常变化；答案选择BCDE。

11.【答案】BCD

【解析】人力资源需求的定量预测法包括回归分析法、比率分析法、时间序列分析法。答案选择BCD。

12.【答案】AB

【解析】人力资源内部供给预测方法包括人员核查法和人员调配图法。答案选择AB。

13.【答案】ACDE

【解析】人力资源需求预测程序的步骤依次是：①预测组织未来生产经营状况；②估算各职能工作活动的总量；③确定各职能及各职能内不同层次类别人员的工作负荷；④确定各职能活动及各职能活动内不同层次类别人员的需求量。答案选择ACDE。

14.【答案】BC

【解析】人力供给预测包括内部供给预测和企业外部人力资源的供给预测两个方面的内容。本题正确答案为BC。

15.【答案】ABCD

【解析】人力资源规划与人力资源管理的其他职能有着复杂的关系，选项ABCD的描述都正确。但是人力资源规划与培训管理的关系是：人力资源规划必然会对原有的人力资源提出调整的要求，这就要求相应的培训和开发工作迅速地跟进。因此排除E选项，答案选择ABCD。

16.【答案】ABC

【解析】人力资源信息系统一般有三个职能，分别是：为人力资源规划建立人事档案；为其他的人力资源管理活动提供信息；为管理部门的决策提供各种报告。

17.【答案】ABCD

【解析】人力资源系统的类型主要有四种：集中型、分散型、独立型和混合型。本题正确答案为ABCD。

18.【答案】ADE

【解析】人力资源规划的作用体现在三个方面：有助于组织发展战略的制定；有助于组织人员稳定；有助于降低人力资本的开支。本题正确答案为ADE。

19.【答案】ABCE

【解析】组织外部人力供给的来源主要包括失业人员、各类学校毕业生、转业退伍军人、其他组织流出人员等。本题正确答案为ABCE。

20.【答案】ABCD

【解析】人力资源的供给不足时，可以采取如下措施来平衡供需：从外部雇用人员，包括返聘退休人员，这是最为直接的方法；提高现有员工的工作效率；延长工作时间，让员工加班加点；降低员工的离职率，减少员工的流失，同时进行内部调配，增加内部的流动来提高某些职位的供给；将组织的某些人力资源业务外包，等于减少了对人力资源管理的需求。本题正确答案为ABCD。

21.【答案】ABC

【解析】企业人力供给与需求的不平衡有三种类型：人力资源不足、人力资源过剩和两者兼而有之的结构性失衡。故本题正确答案为ABC。

22.【答案】BCD

【解析】供给大于需求时，平衡供需的方法主要包括：扩大经营规模，或者开拓新的增长点，从而增加对人力资源的需求；永久性的裁员，或者辞退员工；提前退休；冻结招聘；缩短工作时间、工作分享或降低员工的工资；对富余员工实行培训。本题正确答案为BCD。

23.【答案】ABDE

【解析】人力资源规划的目标包括五个方面：防止人员配置过剩或不足；确保组织在适当的时间、地点获得适当数量并具备所需技能的员工；确保组织能够对环境变化作出适当的反应；为所有的人力资源活动和体系提供方向一致的标准；将业务管理人员与职能管理人员的观点结合起来。本题正确答案为ABDE。

第六章　工作分析

　　本章主要讲述工作分析与工作设计的相关内容。考试目的主要是测查应试人员是否掌握工作分析的基本概念、流程、方法以及能否运用理论知识开展工作设计。

　　从近几年的考题情况来看，本章考试的重点在于掌握工作分析的基本概念、流程、方法。考试难点分布在工作设计的基本概念和方法上，同时运用这些知识开展工作设计将是考试的热点和趋势。考查形式以单项选择题和多项选择题为主。

📖 本章重要考点分析

　　本章涉及10个考点，考点集中分布在工作分析方法、工作设计原理、工作丰富化、工作分析的作用、工作设计的方法、工作设计成果等方面，如图6-1所示。

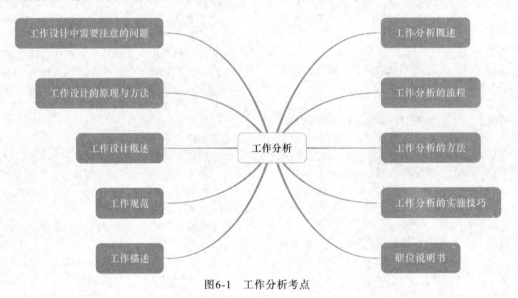

图6-1　工作分析考点

✒️ 本章近三年题型及分值总结

　　本章内容在近三年的考试中出现的题型以单项选择题和多项选择题为主，如表6-1所示。

表6-1　工作分析题型及分值

年　份	单项选择题	多项选择题	案例分析题
2014年	5题	2题	0题
2013年	4题	1题	0题
2012年	4题	1题	0题

第一节 工作分析概述

工作分析即通过系统分析的方法来确定工作的职责，以及所需要的知识和技能的过程。其作用主要体现在企业管理与人力资源管理两个方面。工作分析的知识点包括流程、方法和实施技巧等内容。

 思维导图

该节涉及多个知识点和概念，如图6-2所示。

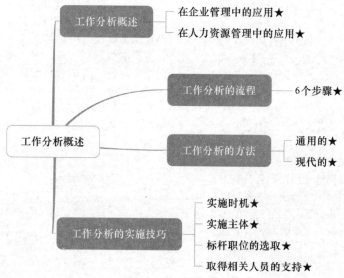

图6-2 工作分析概述

 知识点测试

【2014年多选题】由工作分析专家大量收集工作相关信息，详细记录其中的关键事件，基于关键行为和任务信息来描述工作活动，分析职位特征和要求的工作分析方法，是( )。

A. 关键事件法

B. 工作要素法

C. 职位分析法

D. 以人为基础的系统性工作分析法

E. 以工作为基础的系统性工作分析法

【答案】AE

【解析】以工作为基础的系统性工作分析法包括：关键事件法、管理职位分析问卷法、功能性工作分析方法、工作任务清单分析法。其中，关键事件法是一种由工作分析专家、管理者或工作人员在大量收集与工作相关信息的基础上，详细记录其中关键事件以及具体分析职位特征、要求的方法。其特殊之处在于基于特定的关键行为与任务信息来描述具体工作活动。

【2012年单选题】关于工作分析的说法，正确的是( )。

A. 工作分析在员工职业生涯中没有作用

B. 工作分析的成果文件可以为员工培训提供信息支持和指导

C. 工作分析应以工作评价为基础

D. 工作分析为薪酬体系的设计提供直接支持

【答案】B

【解析】工作分析在员工职业生涯中具有作用；工作评价应以工作分析为基础；工作分析为薪酬体系的设计提供间接支持。所以选项ACD错误。

【2011年单选题】工作分析在企业管理中的作用不包括( )。

A. 进行工作评价

B. 优化组织结构

C. 支持企业战略

D. 树立职业化意识

【答案】A

【解析】工作分析在企业管理中的作用包括优化组织结构、支持企业战略、树立职业化意识。选项A是工作分析在人力资源管理中的作用。

【2010年多选题】通用的工作分析方法有( )。

A. 工作要素法

B. 问卷法

C. 观察法

D. 关键事件法

E. 文献分析法

【答案】BCE

【解析】工作要素法、关键事件法是现代的工作分析方法，AD选项不选。

【2012年单选题】在下列工作分析方法中，适用于各类工作的是( )。

A. 问卷法 B. 访谈法

C. 观察法 D. 工作日志法

【答案】B

【解析】访谈法又称为面谈法，是指工作分析人员就某项工作，面对面地询问任职者及其主管以及相关专家等对工作的意见或看法。它是目前在国内企业中运用最广泛、最成熟并且最有效的工作分析方法，是唯一适用于各类工作的方法。

【2011年单选题】某工作分析方法要求任职者在一段时间内实时记录自己每天发生的工作，按工作发生的时间记录下自己工作的实际内容，形成对某一工作职位一段时间以来发生的工作活动的全景描述。该方法称之为( )。

A. 观察法 B. 工作日志法

C. 工作实践法 D. 主题专家会议法

【答案】B

【解析】工作日志法要求任职者在一段时间内实时记录自己每天发生的工作，并按工作发生的时间记录下自己工作的实际内容，形成对某一工作职位一段时间以来发生的工作活动的全景描述。在缺乏工作文献时，日志法的优势尤为明显。

【2012年单选题】由企业内各个部门自行实施工作分析的缺点在于( )。

A. 耗费大量人力和时间

B. 工作分析结果可能不专业，影响信度

C. 耗费资金

D. 分析者对分析对象的业务流程不熟悉

【答案】B

【解析】企业内各个部门自行实施工作分析的缺点在于工作分析结果可能不专业，影响信度。选项A是企业内人力资源部门实施工作分析的缺点；选项CD是咨询机构实施工作分析的缺点。

第二节 工作分析的成果

工作分析的成果文件主要是职位说明书。职位说明书是以标准的格式对职位的职责及任职者的资格条件进行规范化的描述文件，包括两个部分，即工作描述和工作规范(任职资格)。

工作描述是对职位本身的内涵和外延加以规范的描述性文件，是对有关工作职责、工作活动、工作条件以及工作对人身安全危害程度等工作特性方面的信息所进行的书面描述。工作规范界定了工作对任职者的教育程度、工作经验、培训、知识、技能、能力、心理特征等方面的要求。可以视其为任职要求或者雇用标准。区别于工作描述是对职位本身的内涵和外延加以规范，工作规范是对人的要求。

 思维导图

该节涉及多个知识点和概念，如图6-3所示。

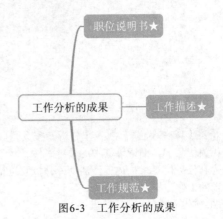

图6-3 工作分析的成果

知识点测试

【2012年单选题】工作分析的成果文件包括( )。

A. 工作规范和任职资格

B. 工作规范和工作描述

C. 工作描述和工作职责

D. 工作活动和工作经验

【答案】B

【解析】本题考查工作分析的成果。工作分析的成果文件主要是职位说明书，其包括两部分：工作描述和工作规范。

【2011年单选题】下列有关职位说明书的陈述，错误的是(　　)。

A. 工作分析的成果文件主要是工作描述

B. 工作规范说明工作任职者胜任工作所必须具备的知识、能力、技术以及其他要求

C. 职位说明书是以标准的格式对职位的职责及任职者的资格条件进行规范化的描述文件

D. 工作描述主要涉及工作任职者实际在做什么，如何做及在什么条件下做的一种书面文件

【答案】A

【解析】工作分析的成果文件主要是职位说明书，其中包括工作描述。

第三节 工作设计

工作设计是将任务组合成一套完整的工作方案，重新确定工作的内容和流程安排。其目的是一方面为了使企业内部职位的职责、工作关系更科学、合理，提高工作效率；另一方面也希望通过改进工作的方法、流程使工作更加人性化，进而达到激励的效果。

工作设计的内容包括工作活动、工作责任、工作中的协作、工作方法、工作权限、工作关系等。

 思维导图

该节涉及多个知识点和概念，如图6-4所示。

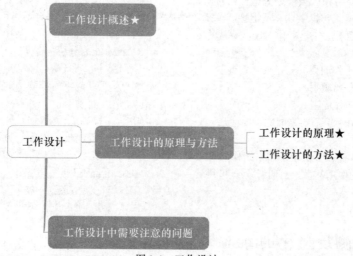

图6-4　工作设计

 知识点测试

【2012年单选题】将任务组合成一套完整的工作方案，重新确定工作的内容和流程，这种活动被称为(　　)。

A. 工作设计　　　　B. 工作变革
C. 流程再造　　　　D. 方法设计

【答案】A

【解析】本题考查的是工作设计的概念。工作设计是将任务组合成一套完整的工作方案，重新确定工作的内容和流程安排。

【2011年单选题】下列属于工作自主性低的例子是(　　)。

A. 服装厂流水线工人，他只负责为每件衣服钉上商标

B. 电子产品工厂中进行电子元器件安装，然后将产品交给检验员进行检验的工人

C. 汽车制造公司装配线上的工人，他只负责装配汽车中的座椅

D. 超市的收银员，在规定的时间、地点、岗位上将顾客的购物款输入收款机

【答案】D

【解析】选项A属于任务完整性低的例子；选项B属于工作反馈性低的例子；选项C属于技能多样性低的例子。

【2010年单选题】以下体现效率原理的是(　　)。

A. 科学管理原理　　B. 工效学原理
C. 人际关系理论　　D. 工作特征模型理论

【答案】A

【解析】泰勒提出的科学管理原理，主张用科

学的方法确定工作中的每一个要素,以减少动作和时间上的浪费,提高生产率,A选项正确。

【2012年单选题】按照工作特征模型理论,激励潜能分数(MPS)的计算公式是( )。

A. MPS=(工作自主性+技能多样性+任务重要性)/3×任务完整性×反馈性

B. MPS=(工作自主性+技能多样性+任务完整性)/3×任务重要性×反馈性

C. MPS=(任务完整性+工作自主性+任务重要性)/3×技能多样性×反馈性

D. MPS=(任务完整性+技能多样性+任务重要性)/3×工作自主性×反馈性

【答案】D

【解析】本题考查工作特征模型理论。激励潜能分数(MPS)的公式为:MPS=(任务完整性+技能多样性+任务重要性)/3×工作自主性×反馈性。

【2010年单选题】工作丰富化对于( )意义不大。

A. 提高员工的工作动力
B. 降低缺勤率和离职率
C. 从事低水平工作的工人
D. 认识到员工在社会需要方面的重要性

【答案】C

【解析】对那些蓝领、从事低水平工作的工人来说,工作丰富化的作用甚微,有时甚至会起到反作用,C选项正确。

考题预测及强化训练

一、单项选择题

1. 对于工作循环周期较长的复杂脑力劳动,适用的工作分析方法是( )。
   A. 观察法　　　　B. 工作实践法
   C. 访谈法　　　　D. 因素比较法

2. 要求任职者记录每天工作实际内容,形成某职位在某时间段工作活动全景描述的工作分析方法是( )。
   A. 访谈法　　　　B. 工作实践法
   C. 文献分析法　　D. 工作日志法

3. 通过系统分析的方法来确定工作的职责以及所需的知识和技能的过程是人力资源管理的( )活动。
   A. 人力资源规划　B. 培训与开发
   C. 绩效管理　　　D. 工作分析

4. ( )选择具有代表性行为表现的活动作为绩效考核的内容和标准。
   A. 关键事件法　　B. 排序法
   C. 配对比较法　　D. 强制分布法

5. ( )的应用有利于企业在招聘时可以做到"为事择人、任人唯贤、专业对口、得事得其人"。
   A. 工作分析的成果文件　B. 工作设计
   C. 工作计划　　　　　　D. 以上都不对

6. 在现代的工作分析方法中,( )方法的目的在于确定对完成特定领域的工作有显著作用的行为及此行为的依据,并由一组专家级的上级或任职者来对这些显著要素进行确定、描述、评估。
   A. 职位分析问卷法　B. 工作要素法
   C. 临界特质分析系统　D. 能力要求法

7. 关于现代的工作分析方法中的临界特质分析系统,下列选项中哪种不属于其分析技术( )。
   A. 临界特质分析　　B. 工作要求与任务分析
   C. 技术能力分析　　D. 工作要素分析

8. 下面哪个选项不是工作设计的目的( )。
   A. 为了使企业内部职位的职责、工作关系更科学、合理
   B. 为了提高工作效率
   C. 为了通过改进工作的方法、流程使工作更加人性化,进而达到激励的效果
   D. 以上都不对

9. 工作特征模型理论中技能多样性指的是( )。
   A. 完成一项工作任务需要员工具备的各种技能和能力的范围
   B. 在多大程度上的工作需要作为一个整体来完成并能明确看到工作结果
   C. 工作对其他人的生活或工作有多大的影响
   D. 工作使员工具有多大程度的自由、独立性、裁决权、支配权

10. 工作特征模型理论中,工作是否能使员工直接、明确地了解工作的绩效体现的是其( )。
    A. 任务的完整性　　B. 任务的重要性
    C. 自主性　　　　　D. 反馈性

11. 下面对于工作轮换的描述不准确的是( )。
    A. 工作轮换丰富了工作内容,减少员工对工作的枯燥单调感,使员工的工作积极性得到提高
    B. 工作轮换增加训练员工的成本、增加管理人员的工作量和工作难度
    C. 工作轮换应该所有岗位都经常调动
    D. 对于过于敏感或高度机密性的职位,不适合经常调动

12. 关于工作特征模型，正确的是( )。
    A. 工作特征模型包括6个核心维度
    B. 任务的重要性赋予员工使命感
    C. 技能多样性、任务完整性和自主性使员工了解工作意义
    D. 反馈使员工了解工作成果

13. 工作设计的内容不包括( )。
    A. 工作活动　　　　B. 工作责任
    C. 战略目标　　　　D. 工作方法

14. 下面对于工作设计原理中的人际关系理论描述错误的是( )。
    A. 工人是"社会人"而不是"经济人"
    B. 企业中存在着非正式组织
    C. 企业中组织都是正式的
    D. 新的领导能力在于提高工人的满意度

15. 工作丰富化的方法不包括( )。
    A. 任务组合
    B. 延长工作周期
    C. 建立员工—客户关系
    D. 开放反馈的渠道

16. 目前在国内企业中运用最广泛、最成熟并且最有效的工作分析方法是( )。
    A. 问卷法　　　　B. 工作实践法
    C. 访谈法　　　　D. 文献分析法

17. 一项经济且有效的信息收集方法，它通过对与工作相关的现有文献进行系统的分析来获取工作信息，这种工作分析方法称为( )。
    A. 问卷法　　　　B. 文献分析法
    C. 访谈法　　　　D. 工作实践法

18. ( )是一种结构化的、以工作为基础、以管理型职位为分析对象的工作分析方法，用于评价管理工作。
    A. 职位分析问卷法
    B. 管理职位分析问卷法
    C. 工作要素法
    D. 临界特质分析系统

19. 为工作相关信息的收集、分析、整理以及结果的形成奠定基础的是( )。
    A. 调查工作相关的背景信息
    B. 整理和分析工作相关信息
    C. 形成工作分析结果
    D. 运用工作分析技术收集工作相关信息

20. 通过( )可以提醒管理者们：人不是机器，不是流水线上的部件，而是有血有肉、有需求的个体，工作设计必须考虑到人性的因素。

21. 工作分析可以在企业管理中起到的作用是( )。
    A. 支持企业战略　　B. 人力资源规划
    C. 人员招聘　　　　D. 绩效管理

22. 下列关于工作分析对薪酬的主要作用是( )。
    A. 提供一个比较个人才干的标准
    B. 提供明确的指导性文件
    C. 作为确定各职位薪酬水平的一项依据
    D. 提供一个可行的方向和道路

23. 分析人员直接参与所研究工作的分析方法是( )。
    A. 观察法　　　　B. 工作实践
    C. 工作日志法　　D. 典型事例法

24. 员工不仅承担完成本职工作的职责，而且还可参与工作规则的制订与执行，这在工作设计中被称为( )。
    A. 工作扩大化　　B. 工作目标设置
    C. 工作丰富化　　D. 工作生活质量

25. 在工作设计中，通过对机器和技术的设计来降低职位对于体力的要求，这种工作设计方法的理论依据是( )。
    A. 科学管理原理　　B. 人际关系理论
    C. 工效学原理　　　D. 工作特征模型理论

26. 工作特性模型的核心维度不包括( )。
    A. 任务的重要性　　B. 自主权
    C. 薪酬待遇　　　　D. 反馈程度

二、多项选择题

1. 工作的分析方法有很多，常见的有( )等几种。
    A. 工作实践
    B. 文献分析法
    C. 观察法
    D. 访谈法和工作日志法
    E. 工作方法

2. 关于工作分析的成果，说法正确的是( )。
    A. 工作分析的成果包括工作描述和工作规范
    B. 工作描述又称为任职资格
    C. 工作规范被称为任职资格
    D. 工作描述是对职位本身的内涵和外延加以规范的描述性文件
    E. 工作规范界定了工作对任职者的教育程度、工作经验、培训等方面的要求

3. 基于人际关系理论及工作特征模型理论的设计方法包括( )。
    A. 生物型工作设计方法

（20题续）
    A. 人际关系理论　　B. 科学管理原理
    C. 工效学原理　　　D. 工作特征模型理论

B. 直觉运动型工作设计方法

C. 工作扩大化

D. 工作丰富化

E. 工作轮换

4. 在工作特性模型的核心维度中，使员工了解工作意义的维度有（   ）。

A. 反馈程度

B. 自主权

C. 任务的完整性

D. 任务的重要性

E. 技能多样性程度

5. 工作说明书是由（   ）组成的。

A. 工作说明 B. 职位规范

C. 工作内容 D. 职责

E. 品格

6. 工作特征模型理论的核心维度包括（   ）。

A. 技能多样性 B. 任务的完整性

C. 自主性 D. 任务的重要性

E. 扩散性

7. 工作分析在人力资源管理中的作用有（   ）。

A. 支持企业战略 B. 人力资源规划

C. 人员招聘 D. 人力资源培训与开发

E. 改进工作方法

8. 工作分析实施主体有（   ）。

A. 企业最高管理层 B. 企业智囊机构

C. 企业内人力资源部门 D. 企业内各部门

E. 咨询机构

9. 当出现（   ）的情形时，需要进行工作分析。

A. 新企业成立

B. 新的职位产生

C. 新的人员开始培训前

D. 新的工作岗位要求出台后

E. 新技术、新方法、新工艺或新系统出现导致工作发生变化

10. 工作设计的方法可以分为（   ）。

A. 机械型工作设计法

B. 人际关系型工作设计法

C. 生物型工作设计法和直觉运动型工作设计法

D. 激励型工作设计法

E. 社会技术系统

11. 选择标杆职位可以参考的标准有（   ）。

A. 职位的代表性

B. 职位的关键程度

C. 职位内容变化的频率和程度

D. 职位的工作内容

E. 职位任职者的绩效

12. 工作要素法这种工作分析系统的步骤包括（   ）。

A. 收集工作要素 B. 整理工作要素

C. 划分工作分析维度 D. 确定各类要素

E. 形成工作分析结果

13. 工作分析在企业管理中的作用有（   ）。

A. 支持企业战略

B. 人力资源规划

C. 人力资源培训与开发

D. 改进工作方法

E. 完善工作相关制度和规定

14. 下列选项中以人为基础的系统性工作分析方法有（   ）。

A. 职位分析问卷法

B. 管理部门分析问卷法

C. 工作要素法

D. 功能性工作分析方法

E. 工作任务清单分析法

15. 在临界特质分析系统中，下列选项属于能力特质的有（   ）。

A. 身体特质 B. 智力特质

C. 学识特质 D. 社交特质

E. 动机特质

参考答案及解析

一、单项选择题

1.【答案】C

【解析】访谈法又称为面谈法，是指工作分析人员就某项工作，面对面地询问任职者及其主管以及相关专家等对工作的意见或看法。它是目前在国内企业中运用最广泛、最成熟并且最有效的工作分析方法，适用于各类工作。

2.【答案】D

【解析】工作日志法要求任职者在一段时间内实时记录自己每天发生的工作，按工作发生的时间记录下自己工作的实际内容，形成某一工作职位一段时间以来发生的工作活动的全景描述。在缺乏工作文献时，日志法的优势尤为明显。

3.【答案】D

【解析】工作分析即通过系统分析的方法来确定工作的职责以及所需的知识和技能的过程。其作用主要体现在企业管理与人力资源管理两个方面。

4. 【答案】A

【解析】关键事件法是一种由工作分析专家、管理者或工作人员在大量收集与工作相关信息的基础上，详细记录其中关键事件以及具体分析职位特征、要求的方法。其特殊之处在于基于特定的关键行为与任务信息来描述具体工作活动。

5. 【答案】A

【解析】工作分析的成果文件对职位应具备的知识、技能、个性品质等方面做了详细的规定，有利于企业在招聘时可以做到"为事择人、任人唯贤、专业对口、事得其人"，答案选A。

6. 【答案】B

【解析】现代的工作分析方法中，以人为基础的工作要素法是一种典型的开放式人员导向型的工作分析系统，目的在于确定对完成特定领域的工作有显著作用的行为及此行为的依据，并由一组专家级的上级或任职者来对这些显著要素进行确定、描述、评估。答案选B。

7. 【答案】D

【解析】现代的工作分析方法中，临界特质分析系统包括临界特质分析、工作要求与任务分析、技术能力分析三种分析技术。因此答案选D。

8. 【答案】D

【解析】工作设计是将任务组合成一套完整的工作方案，重新确定工作的内容和流程安排。其目的是一方面为了使企业内部职位的职责、工作关系更科学、合理，提高工作效率；另一方面也希望通过改进工作的方法、流程使工作更加人性化，进而达到激励的效果。

9. 【答案】A

【解析】工作特征模型理论中技能多样性指的是完成一项工作任务需要员工具备的各种技能和能力的范围。答案选A。

10. 【答案】D

【解析】工作特征模型理论中，反馈性指工作是否能使员工直接、明确地了解工作的绩效。

11. 【答案】C

【解析】选项中AB都是对工作轮换的正确描述，选项C描述不准确，有些高度机密性和敏感职位并不适合经常调动，因此C错误，D正确，答案选C。

12. 【答案】D

【解析】工作特征模型包括五个核心维度，其中技能多样性、任务的完整性和任务的重要性，使员工了解工作的意义，自主性赋予员工责任感，反馈使员工了解工作成果。

13. 【答案】C

【解析】工作设计是将任务组合成一套完整的工作方案，重新确定工作的内容和流程安排。工作设计的内容包括工作活动、工作责任、工作中的协作、工作方法、工作权限、工作关系。

14. 【答案】C

【解析】选项AD都是对于人际关系理论的正确描述，企业中的组织并不都是正式的，存在非正式组织，因此选项B正确，C错误，答案选C。

15. 【答案】B

【解析】工作丰富化的主要方式有：任务组合、构建自然性工作单元、建立员工—客户关系、纵向扩充工作内涵、开放反馈的渠道。

16. 【答案】C

【解析】在众多的工作分析方法中，访谈法是目前在国内企业中运用最广泛、最成熟并且最有效的工作分析方法，是唯一适用于各类工作的方法。

17. 【答案】B

【解析】在工作分析方法中，文献分析法是指通过对与工作相关的现有文献进行系统性的分析来获取工作信息，是一项经济且有效的信息收集方法，一般用于收集工作的原始信息，编制任务清单初稿。

18. 【答案】B

【解析】在以工作为基础的系统性工作分析方法中，管理职位分析问卷法是一种结构化的、以工作为基础、以管理型职位为分析对象的工作分析方法，一般用于评价管理工作。

19. 【答案】A

【解析】在工作分析的流程中，调查工作相关的背景信息，为工作相关信息的收集、分析、整理以及结果的形成奠定基础。

20. 【答案】B

【解析】本题考查科学管理原理，它提醒管理者们：人不是机器，不是流水线上的部件，而是有血有肉、有需求的个体，工作设计必须考虑到人性的因素。因此正确答案选B。

21. 【答案】A

【解析】工作分析可以在企业管理中起到的作用是支持企业战略。答案选A。

22. 【答案】C

【解析】关于工作分析对薪酬的主要作用是作为确定各职位薪酬水平的一项依据。答案选C。

23.【答案】B

【解析】分析人员直接参与所研究工作的分析方法是工作实践。答案选B。

24.【答案】C

【解析】员工不仅承担完成本职工作的职责，而且还可参与工作规则的制订与执行，这在工作设计中被称为工作丰富化。答案选C。

25.【答案】C

【解析】在工作设计中，通过对机器和技术的设计来降低职位对于体力的要求，这种工作设计方法的理论依据是工效学原理。答案选C。

26.【答案】C

【解析】工作特性模型的核心维度不包括薪酬待遇。答案选C。

二、多项选择题

1.【答案】ABCD

【解析】通用的工作分析方法主要有访谈法、问卷法、观察法、工作实践法、工作日志法、文献分析法和主题专家会议法。本题正确答案为ABCD。

2.【答案】ACDE

【解析】工作分析的成果文件主要是职位说明书，包括工作描述和工作规范两个部分。工作描述是对职位本身的内涵和外延加以规范的描述性文件，是对有关工作职责、工作活动、工作条件以及工作对人身安全危害程度等工作特性方面的信息所进行的书面描述。工作规范又称为任职资格，它界定了工作对任职者的教育程度、工作经验、培训、知识、技能、能力、心理特征等方面的要求。

3.【答案】CDE

【解析】基于人际关系理论及工作特征模型理论的设计方法强调通过工作扩大化、工作丰富化、工作轮换、自主性工作团队、工作生活质量等方式来提高工作的激励性。本题正确答案为CDE。

4.【答案】CDE

【解析】工作特征模型理论的五个核心维度是技能多样性、任务的完整性、任务的重要性、自主性和反馈性。前三者使员工了解工作的意义，自主性赋予员工责任感，反馈使员工了解工作成果。本题正确答案为CDE。

5.【答案】AB

【解析】通常，工作说明书由工作说明及其职位规范构成。本题正确答案为AB。

6.【答案】ABCD

【解析】工作特征模型理论包含五个核心维度，分别是技能多样性、任务的完整性、任务的重要性、自主性和反馈性。本题正确答案为ABCD。

7.【答案】BCD

【解析】工作分析在人力资源管理中的作用有：人力资源规划、人员招聘、人力资源培训与开发、绩效管理、工作评价、薪酬管理和员工职业生涯规划。本题正确答案为BCD。

8.【答案】CDE

【解析】本题考查工作分析的实施主体。实施主体大致有三种选择：企业内人力资源部门、企业内各部门和咨询机构。本题正确答案为CDE。

9.【答案】ABE

【解析】当出现以下几种情形时，需要进行工作分析：新企业成立时，新的职位产生时，新技术、新方法、新工艺或新系统的出现导致工作发生变化时。

10.【答案】ACDE

【解析】工作设计的方法可以分为四类：机械型工作设计法；生物型工作设计法和直觉运动型工作设计法；激励型工作设计法；社会技术系统。

11.【答案】ABCE

【解析】选择标杆职位可以参考的标准有：职位的代表性；职位的关键程度；职位的内容变化的频率和程度以及职位任职者的绩效。本题正确答案为ABCE。

12.【答案】ABCD

【解析】本题考查工作要素法。工作要素法的工作分析系统主要包括四个步骤，依次是：收集工作要素；整理工作要素；划分工作分析维度；确定各类要素。本题正确答案为ABCD。

13.【答案】ADE

【解析】工作分析在企业管理中的作用主要体现在：支持企业战略；优化组织结构；优化工作流程；优化工作设计；改进工作方法；完善工作相关制度和规定；树立职业化意识。本题正确答案为ADE。

14.【答案】AC

【解析】以人为基础的系统性工作分析方法包括：职位分析问卷法；工作要素法；临界特质分析系统；能力要求法。本题正确答案为AC。

15.【答案】ABC

【解析】在临界特质分析系统中，能力特质包括身体特质、智力特质和学识特质。

第七章 人员甄选

本章主要讲述人员甄选的相关知识以及进行人员筛选的方法。

从历年的考试情况来看，本章的考试重点在于考查应试人员是否掌握人员甄选的基本概念、评价标准和内容。考试题目主要分布在人员甄选的主要方法与技术、按照招聘的实施过程进行人员甄选工作、提高甄选工作的信度与效度上。因此测查应试人员是否能按照招聘的实施过程进行人员甄选工作，提高甄选工作的信度与效度是本章考查的一个重要趋势。考查形式以单项选择题和多项选择题为主。

本章重要考点分析

本章涉及11个考点，如图7-1所示。

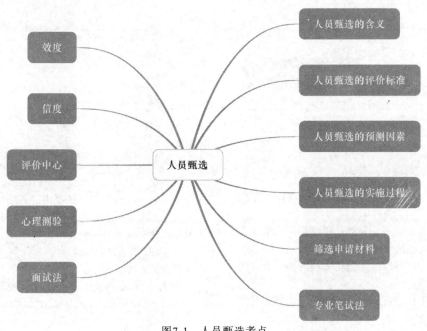

图7-1　人员甄选考点

本章近三年题型及分值总结

本章内容在近三年的考试中出现的题型以单项选择题和多项选择题为主，在2012年出现了案例分析题，如表7-1所示。

表7-1　人员甄选题型及分值

年　份	单项选择题	多项选择题	案例分析题
2014年	3题	2题	0题
2013年	4题	0题	0题
2012年	5题	2题	4题

第一节 人员甄选概述

人员甄选是指通过运用一定的工具和手段对招募到的求职者进行鉴别和考察，区分他们的人格特点与知识技能水平、预测他们的未来工作绩效，从而最终挑选出组织所需要的、恰当的职位空缺填补

者的活动。

 思维导图

该节涉及多个知识点和概念，如图7-2所示。

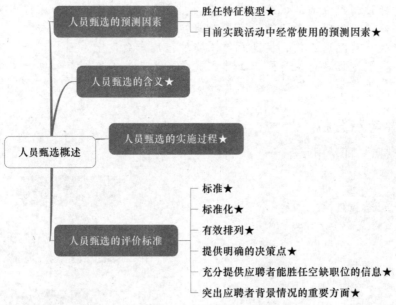

图7-2 人员甄选概述

 知识点测试

【2014年多选题】关于建立胜任特征模型的说法，正确的是( )。

A. 通过明确企业期望的最终结果来构造适合本企业胜任特征模型

B. 根据胜任特征与绩效相关程度验证胜任特征模型

C. 通过工作分析和专家小组的方法来定义绩效标准

D. 随机抽取一定数量的绩效优秀的员工作为效标样本之一

E. 采用比率分析法获取有关胜任特征的数据资料

【答案】ABC

【解析】构建职位的胜任特征模型，需要经过以下几个环节：明确目标、定义绩效标准、选取分析效标样本、获取有关胜任特征的数据资料、分析数据信息、建立胜任特征模型、验证胜任特征模型、企业内沟通与推广。选项D说法错误，正确的说法是根据岗位要求，在从事岗位工资的员工中，

分别从绩效优秀和绩效普通的员工中随机抽取一定数量的员工进行调查。选项E说法错误，正确的说法是可以采用行为事件访谈法、专家小组法、问卷调查法、全方位评价法、专家系统数据库和观察法等方法获取样本有关胜任特征的数据。

【2012年单选题】关于有效的人员甄选系统应当达到的目标，错误的说法是( )。

A. 应将那些复杂、费用较高的程序放在甄选系统的最前边

B. 应提供明确的决策点

C. 应充分提供应聘者能否胜任空缺职位的信息

D. 应按照需要多次核实和检查最重要的情况

【答案】A

【解析】根据人员甄选有效排列的评价标准，应将那些复杂、费用较高的程序放在甄选系统的最后边，所以选项A说法错误。

【2010年单选题】以下胜任特征容易改变的是( )。

A. 动机和特质   B. 知识和技能

C. 社会角色   D. 自我概念

【答案】B

【解析】一般来说，胜任特征结构表层的知识和技能相对而言易于改进和发展，B选项正确。

【2012年多选题】根据胜任特征的结构冰山图，深层的胜任特征包括( )。

A.社会角色　　B.知识　　　C.技能

D.自我概念　　E.动机/需要

【答案】ADE

【解析】选项BC属于表层的胜任特征。本题正确答案为ADE选项。

【2010年单选题】以概念及其关系的方式存储和积累下来的经验系统是指( )。

A.技能　　　　　　B.综合素质

C.知识　　　　　　D.记忆力

【答案】C

【解析】技能是以动作活动的方式固定下来的经验系统，A选项不选。综合素质是指在现实生活中，某些工作岗位上的成就不仅仅需要单一素质的能力，还常常要求多方面能力的综合，B选项不选。记忆力是迅速获取并巩固大量信息的能力，D选项不选。

【2011年单选题】下列人员甄选的具体预测因素中属于智力因素的是( )。

A.情绪　　　　　　B.气质

C.思维能力　　　　D.综合素质

【答案】C

【解析】智力因素，又包括感知力、注意力、记忆力、语言能力、思维能力。选项ABD属于非智力因素。

第二节　人员甄选方法

人员甄选的方法主要包括筛选申请材料、专业笔试法、面试法、心理测验和评价中心等。对求职人员申请表及个人简历的评价是招聘录用系统的重要组成部分。企业往往将申请表和简历的筛选作为人员选择的第一步。笔试是让应试者在试卷上笔答事先拟好的试题，然后由评估人员根据应试者解答的正确程度予以评定成绩的一种测试方法。笔试法在我国组织人员的招聘过程中被广泛应用。一般来说，专业知识考试(营销知识、会计知识考试)、一般知识测试(外语考试、计算机知识考试)往往采用笔试的方式。面试法是指一种在特定的场景下，经过精心设计，采取主考官与应试者双方面对面地观察、交谈等双向沟通方式，了解应聘者的素质特征、能力状况及求职动机等的人员挑选方法，是企业最常用的测试手段。心理测验由测量专业人士开发，通过提供一组标准化的刺激，以所引起的反应作为个体的行为代表，从而对被测试者的人文特征进行评价的客观技术。评价中心指在相对隔离的环境中，以团队作业的形式进行一系列活动，从而客观地评价个体能力的方法。

思维导图

该节涉及多个知识点和概念，如图7-3所示。

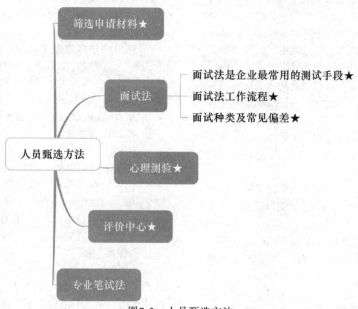

图7-3　人员甄选方法

知识点测试

【2014年单选题】面试教官在面谈真正开始前已经根据应聘者的外貌做出了取舍决定，这种面试偏差属于( )。

A. 非言语行为错误

B. 负面印象加重倾向

C. 对比效应

D. 最初印象倾向

【答案】D

【解析】最初印象倾向，也称为第一印象倾向或首因效应。即面试者根据开始几分钟对应聘者所获得的感觉，或仅仅根据应聘者的测验分数、个人简历对面试结果做出判断。研究发现有些招聘者在面谈真正开始之前就已经根据应聘者的外貌对该应聘者的取舍做出了决定。

【2014年单选题】关于投射测验的说法，正确的是( )。

A. 投射测验常被用于测量智力

B. 投射测验使用的材料常常是内容清晰、含义明确的图片或绘画

C. 投射测验无法避免人员选拔过程中的社会称许性问题

D. 投射测验测查的是成就动机等深层次的个体特质

【答案】D

【解析】投射法由主试呈现一组未经组织的刺激材料，内容模糊的图片或绘画等，让应聘者在不受限制的条件下，尽量发挥想象力，描述自己从图片中看到的内容，使其不知不觉地将自己的感情、欲望、思想投射在其中，从而了解应聘者的人格，所以选项AB错误。投射方法可以避免人员选拔过程中的社会称许性问题，主要测试的是成就动机等深层次的个体特征，所以选项C错误，选项D正确。

【2012年单选题】在求职者众多，招聘成本压力大的情况下，企业常常将( )作为人员甄选的第一步。

A. 体检　　　　　　 B. 筛选申请材料

C. 应聘面试　　　　 D. 管理能力测试

【答案】B

【解析】人员甄选的第一步是筛选申请材料。

【2010年单选题】论文形式的笔试其优点在于( )。

A. 费时少，效率高

B. 易于观察应聘者的推理能力、创造力及材料概括力

C. 成绩评定较为客观

D. 一次测试能够出题较多，题目较为全面

【答案】B

【解析】ACD是测验形式，即笔试的优点，正确答案选B。

【2011年单选题】某超市在招聘导购员时，要求求职者回答这样一个问题："如果你是超市中的一名导购，当你看到一位男性顾客在你负责的区域中已经足足待了15分钟，他看上去有些困惑和沮丧，你会怎样做？"这种面试称为( )。

A. 行为事件面谈　　 B. 情景面试

C. 智力测验　　　　 D. 评价中心

【答案】B

【解析】情景面试要求面试者围绕实际工作中产生的情况提出问题。

【2012年单选题】关于结构性面试特点的陈述，正确的是( )。

A. 对求职者的技能要求非常高

B. 可靠性和准确性比较低

C. 没有应遵循的特别形式

D. 方便主持人控制局面

【答案】D

【解析】结构性的面试常常是根据特定职位的素质要求，遵循固定的程序，采用专门的题库、评价标准和评价方法，通过考官小组与应聘者面对面的言语交流方式，对应聘者的胜任素质进行评价的过程与方法。该方法的优点是：可靠性和准确性比较高；主持人易于控制局面；面试通常从相同的问题开始。

【2012年单选题】呈现一组内容模糊的图片或绘画，让应聘者在不受限制的条件下，描述自己从中看到的内容，从而了解应聘者的人格，这种测试方法是( )。

A. 情景面试法　　　 B. 行为事件访谈法

C. 自陈量表法　　　 D. 投射法

【答案】D

【解析】本题考查投射法的概念。

【2011年单选题】要获取有关胜任特征的数据资料，一般以( )为主。

A. 问卷调查法　　　 B. 行为事件访谈法

C. 专家小组法　　　 D. 全方位评价法

【答案】B

【解析】获取有关胜任特征数据资料的方法有问卷调查法、行为事件访谈法、专家小组法、全方位评价法，但一般以行为事件访谈法为主。

【2012年单选题】使用评价中心方法要注意

的问题是( )。

    A. 评估人员应在现场参与活动

    B. 评估人员一般应为企业的直线经理或相关专家

    C. 应由熟悉应聘者的人担任评估者

    D. 应采用单一的评价方法

【答案】B

【解析】本题考查使用评价中心要注意的问题。使用评价中心方法要注意以下四个方面的问题：评估人员一般要规避现场，以保证标准环境；评估人员一般为企业的直线经理或相关专家；参评人员要接受严格的训练；评估人员与被测试人员应当不熟悉，评价过程中应采用规范的评估形式。

第三节 人员甄选的信度与效度

信度又叫可靠性或一致性，其常用指标包括重测信度、复本信度、内部一致性信度和评分者信度四个方面，而影响信度的因素主要有受试者因素、主试因素、筛选或测验内容、实施测试的情景和意外干扰因素。

效度即有效性或精确性，是指招聘者真正测试到的品质与想要测量的品质间的符合程度。

 思维导图

该节涉及多个知识点和概念，如图7-4所示。

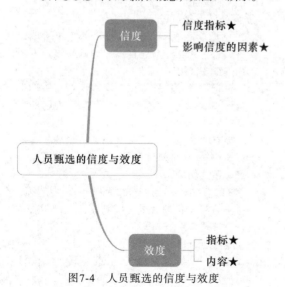

图7-4 人员甄选的信度与效度

知识点测试

【2014年单选题】关于内容效度的说法，正确的是( )。

    A. 内容效度的检验主要采用专家判断方法

    B. 内容效度是指能够测量出理论构想的程度

    C. 内容效度反映的是不同评价人员评价结果的一致性

    D. 内容效度反映的是两个测验在内容上的等值性程度

【答案】A

【解析】内容效度是指测验方法是否能真正测出工作绩效的某些重要因素。内容效度的检验主要是采用专家判断方法，首先专家要在工作分析的基础上，确定从事某一职位所必备的工作行为；然后再判断测试的内容是否能够正确地表达这些行为。内容效度多用于知识测验和实际操作测验，不适用于对能力或潜力进行预测。内容效度的检验主要是采用专家判断方法，选项A正确。选项B说的是构想效度，选项C说的是评分者信度，选项D说的是复本信度。

【2012年单选题】采用一个测验的两个复本来测试同一群体，所得到的两个分数的相关系数是( )。

    A. 等值性系数   B. 区分效度系数

    C. 评分者信度系数   D. 内容效度系数

【答案】A

【解析】本题考查信度的种类之一，即等值性系数，也称为复本信度。

【2011年单选题】在信度指标中，用同一种方法对一组应聘者在两个不同时间进行测试，所得结果之间的一致性称为( )。

    A. 重测信度   B. 评分者信度

    C. 复本信度   D. 内部一致性信度

【答案】A

【解析】重测信度又称为稳定性系数，是指用同一方法对一组应聘者在两个不同时间进行测试，所得结果之间的一致性。

【2011年多选题】在人员选拔中常用的信度指标有( )。

    A. 评分者信度   B. 同测信度

    C. 内部一致性信度   D. 复本信度

    E. 重测信度

【答案】ACDE

【解析】本题考查常用的信度指标。选项B属于干扰项，没有这种说法。

【2011年单选题】效度分为四种，其中可用于未来人员选拔，且多用于能力及潜力测验的是（　　）。

  A. 内容效度   B. 同测效度

  C. 预测效度   D. 构想效度

【答案】C

【解析】预测效度指对所有应聘者都施予某种测验，但并不依据结果决定录用与否，待这些被录用人员工作一段时间以后，对其工作绩效加以考核，将考核得分与当初的测验结果加以比较，求两者的相关系数，相关系数越大，说明此测验的效度越高，可以依此来预测应聘者的潜力。

【2010年单选题】对现有的员工实施某种测验，然后将所得结果与这些员工的工作表现或工作考核得分加以比较的是（　　）。

  A. 内容效度   B. 效标关联效度

  C. 预测效度   D. 构想效度

【答案】B

【解析】内容效度是指测验方法是否真正测出工作绩效的某些重要因素，A选项不选。预测效度是指对所有应聘者都施予某种测验，但并不依据结果决定录用与否，待这些被录用人员工作一段时间以后，对其工作绩效加以考核，将考核得分与当初的测验结果加以比较，求两者的相关系数，相关系数越大，说明此测验的效度越高，可以依此来预测应聘者的潜力，C选项不选。构想效度是指能够测量到理论上的构想或特质的程度，D选项不选。

考题预测及强化训练

一、单项选择题

1. 关于人员甄选正确的陈述是（　　）。

  A. 这一阶段中对应聘者绩效的准确预期是最为关键性的事件

  B. 这一阶段主要依据管理者的判断，技术性含量不高

  C. 组织所需要的人员一定是最优秀的人员

  D. 最终的录用决策应当由人力资源部门作出

2. 在特定工作岗位、组织环境和文化氛围中的成绩优异者所具备的可以客观衡量的个人特质是（　　）。

  A. 工作成熟度   B. 领导效能

  C. 需要层次   D. 胜任特征

3. 下面有关效标参照的说法不正确的是（　　）。

  A. 按照某一效度标准可以预测效标群体工作优劣

  B. 效标参照对于定义胜任特征很关键

  C. 一个特征品质即使对现实世界不能做出差异化的预测，也可称之为胜任特征

  D. 最常用于胜任特征研究的效标是：优秀效标和合格绩效

4. 下列选项中哪个不是胜任特征的作用（　　）。

  A. 工作设计   B. 人员甄选

  C. 绩效考核   D. 员工培训

5. 以动作活动的方式固定下来的经验系统是（　　）。

  A. 知识   B. 动机

  C. 技能   D. 注意力

6. 下列关于人员甄选的实施过程表述不正确的是（　　）。

  A. 体验不合格在应聘面试的前面

  B. 各种测试在应聘面试的前面

  C. 体验不合格在各种测试的前面

  D. 核查所填资料在接待应聘者的前面

7. 在求职者众多，面试成本压力大的情况下，企业将（　　）作为人员选择的第一步可以减少工作量和降低成本。

  A. 雇用面试   B. 个人简历

  C. 选择测试   D. 身体检查

8. 与精心设计的人员招聘申请表相比，个人简历的特点是（　　）。

  A. 规范统一

  B. 形式死板，不利于求职者进行充分的自我表达

  C. 能够系统、全面地提供企业所关注的所有信息

  D. 可能存在自我夸大的倾向

9. 人员甄选的实施过程是（　　）。

  A. 接待应聘者—筛选申请资料—核查所填资料—各种测试—应聘面试—体检—试用期考查—正式留用

  B. 接待应聘者—各种测试—应聘面试—筛选申请资料—核查所填资料—体检—试用期考查—正式留用

  C. 接待应聘者—体检—筛选申请资料—核查所填资料—各种测试—应聘面试—试用期考查—正式留用

  D. 接待应聘者—筛选申请资料—核查所填资料—体检—各种测试—应聘面试—试用期考查—正式留用

10. 企业最常用的测试手段是（　　）。

  A. 笔试   B. 面试

  C. 心理测验   D. 评价中心

11. 目前实践活动中经常使用的具体的预测因素中不包括( )。
    A. 感知力　　　　　　B. 记忆力
    C. 技能　　　　　　　D. 综合素质

12. 对自己身份的认识或知觉被称为( )。
    A. 动机　　　　　　　B. 社会角色
    C. 知识　　　　　　　D. 自我概念

13. 胜任特征主要包含的内容不包括( )。
    A. 知识　　　　　　　B. 社会角色
    C. 人格特质　　　　　D. 自我需要

14. 选拔录用的标准不包括( )。
    A. 专业化
    B. 标准化
    C. 有效排列
    D. 能够提供明确的决策点

15. 一个人在他人面前想表现出来的形象是( )。
    A. 自我概念　　　　　B. 人格特质
    C. 动机/需要　　　　 D. 社会角色

16. 处于胜任特征模型最低层次的是( )。
    A. 知识　　　　　　　B. 动机/需要
    C. 自我概念　　　　　D. 技能

17. 根据斯彭斯的观点，人际洞察力、客户服务意识是6大类胜任特征中的( )。
    A. 助人/服务特征　　 B. 管理特征
    C. 认知特征　　　　　D. 成就特征

18. 面试者根据开始几分钟对应聘者所获得的感觉作出判断指的是面试偏差中的( )。
    A. 最初印象倾向　　　B. 对比效应
    C. 负面印象加重倾向　D. 非语言行为

19. 面试是目前招聘过程中经常使用的筛选技术，关于该方法的特点，不正确的说法是( )。
    A. 可以直观地获得关于求职者的最真实信息
    B. 在短时间内可以获得求职者的综合信息
    C. 可以提高人员选拔的有效性
    D. 容易防范和识别考生的社会赞许行为

20. 人员甄选评价标准中，将那些比较复杂、费用较高的程序放在系统的最后，使其只用于最有可能被录取的应聘者指的是( )。
    A. 标准化
    B. 有效排列
    C. 提供明确的决策点
    D. 突出应聘者背景情况的重要方面

21. ( )不是专业笔试的优点。
    A. 测试习题较多，较为全面
    B. 直观性强

C. 应试者的心理压力小
D. 费时少

22. 对重要问题提前作出准备并记录在标准化的表格中是( )面试。
    A. 结构　　　　　　　B. 半结构性
    C. 非结构化　　　　　D. 以上都不是

23. 缺乏职位的相关知识所导致的面试错误被称为( )。
    A. 对比效应
    B. 缺乏职位的相关知识
    C. 最初印象倾向
    D. 非言语行为造成的错误

24. ( )不是能力测验。
    A. 智力测验　　　　　B. 人格测验
    C. 职业能力测验　　　D. 特殊能力测验

25. 评价中心的形式不包括( )。
    A. 无领导小组讨论　　B. 角色扮演
    C. 管理游戏　　　　　D. 心理测试

26. 在面谈中做出更多的眼睛交流、微笑等行为的应聘者得到的主试评价要高一些的面试错误被称为( )。
    A. 对比效应
    B. 缺乏职位的相关知识
    C. 最初印象倾向
    D. 非言语行为造成的错误

27. 面试是目前招聘过程中经常使用的筛选技术，该方法的最大缺点是( )。
    A. 它比笔试或看简历资料更为省时
    B. 评价的主观性大，考官容易产生偏见，难于防范和识别考生的社会赞许倾向和表演行为
    C. 面试不利于提高面试效率
    D. 了解的情况不太全面

28. 面试时考官要努力营造一种和谐的气氛，使双方建立一种亲密的关系，解除对方的紧张和顾虑，这是面试的( )阶段。
    A. 正式面试　　　　　B. 结束面试
    C. 面试前准备　　　　D. 面试开始

29. 营销知识、会计知识考试、计算机知识考试常采用( )方式。
    A. 面试法　　　　　　B. 半结构化面试
    C. 笔试　　　　　　　D. 综合能力考察

30. 通过考官与考生直接交谈或设置考生于某种特定情境中进行观察，了解考生的知识状况、能力特征及求职应聘动机情况，从而完成对考生

适应职位的可能性和发展潜力的评价，这是一种十分有用的测评技术，它是(　　)法。

A. 面试　　　　　　　B. 笔试

C. 综合能力考察　　　D. 岗位的匹配

二、多项选择题

1. 研究发现胜任特征主要包括的内容有(　　)。

A. 知识和技能　　　　B. 社会角色

C. 自我概念　　　　　D. 综合素质

E. 动机/需要

2. 根据胜任特征的结构冰山图，深层的胜任特征包括(　　)。

A. 社会角色　　　　　B. 知识

C. 技能　　　　　　　D. 自我概念

E. 动机/需要

3. 下列属于斯彭斯提出的成就特征中的胜任特征的是(　　)。

A. 主动性　　　　　　B. 灵活性

C. 成就欲　　　　　　D. 公关能力

E. 关注秩序和质量

4. 下面对于有效的人员甄选描述正确的是(　　)。

A. 要保证每位参加选拔录用程序的应聘者都经历同样数量和类型的选择测试和面试

B. 将那些比较复杂、费用较高的程序放在系统的最后，使其只用于最有可能被录取的应聘者

C. 提供明确的决策点

D. 要保证不遗漏空缺职位的工作内容并收集到与决策有关的充足信息

E. 以上都不对

5. 在人员甄选活动中经常使用的非智力预测因素有(　　)。

A. 情绪　　　　　　　B. 记忆力

C. 气质　　　　　　　D. 注意力

E. 人格

6. 实施心理测验需要注意的问题包括(　　)。

A. 保护测试者的隐私

B. 聘用专业的心理学人士

C. 对心理测验进行修订

D. 把心理测验作为主要工具

E. 保持准确的记录

7. 下列选项中有关效度的描述，正确的是(　　)。

A. 内容效度多用于知识测验和实际操作测验，不适用于对能力或潜力的预测

B. 同测效度的特点是省时，但有可能无法准确预测应聘者未来的工作能力

C. 预测效度可用于将来的人员选拔，且多用于

能力及潜力测验，效果很好

D. 构想效度是指能够测量到理论上的构想或特质的程度

E. 可信的测验一定有效，有效的测验未必可信

8. 下列关于胜任特征模型的说法，正确的是(　　)。

A. 自我概念可以通过培训、心理治疗来改善

B. 社会角色属于深层次的胜任特征

C. 表现优秀和表现平平的管理者在冰山的水下部分差异不大

D. "权威，告诉下属怎么做"属于表现平平的管理者对待下属的表现

E. 动机与特质难以评估与改进，也最具有选拔和测试的价值

9. 下列选项中属于非智力因素的有(　　)。

A. 思维能力　　　　　B. 情绪

C. 综合素质　　　　　D. 气质

E. 个性/人格

10. 关于结构性面试，错误的陈述是(　　)。

A. 采用专门的题库

B. 面试者会提出无限制的问题

C. 灵活性比较大

D. 没有应遵循的固定程序

E. 一般适用于应聘者较多且来自不同单位以及校园招聘

11. 智力因素包括(　　)。

A. 知识　　　　　　　B. 技能

C. 感知力　　　　　　D. 注意力

E. 语言能力

12. 评价中心技术的主要形式包括(　　)。

A. 文件筐作业　　　　B. 角色扮演

C. 无领导小组讨论　　D. 自我介绍

E. 同事相互评价

13. 下列关于招聘中笔试法的陈述，正确的是(　　)。

A. 能够全面考查应聘者的态度

B. 通常有论文形式的笔试和测验形式的笔试

C. 目前在我国被广泛使用

D. 可以测试应试者的基础知识和综合分析能力

E. 所得成绩对候选人的工作预期结果可能不是十分理想

14. 关于评价中心的陈述，正确的是(　　)。

A. 它的核心手段为书面笔试

B. 该方法应用时耗时较长

C. 它的成本比较低

D. 它是一个对人员进行评价的场所

E. 它具有很高的信度、效度

15. 面试的特点有(　　)。
    A. 系统性　　　　　　　B. 直观性
    C. 全面性　　　　　　　D. 客观性
    E. 目标性
16. 一张完整的申请表应当使组织了解到个体的
    (　　)。
    A. 受教育程度
    B. 个人隐私
    C. 申请人离职的原因
    D. 原工作单位的商业机密
    E. 申请人过去的成长与进步情况
17. 关于招聘中笔试法的缺点是它不能全面地考查
    应试者的(　　)。
    A. 工作态度
    B. 品德修养以及组织管理能力
    C. 口头表达能力
    D. 操作技能
    E. 成绩评定能力
18. 关于胜任特征模型，水下冰山的部分有(　　)。
    A. 知识与技能　　　　　B. 社会角色
    C. 人格特质　　　　　　D. 自我概念
    E. 动机/需要
19. 胜任特征模型对人力资源管理活动的作用主要
    包括(　　)。
    A. 工作分析　　　　　　B. 人员选拔
    C. 绩效考核　　　　　　D. 员工培训
    E. 明确目标
20. 在斯彭斯提出的六类胜任特征中，下列属于认
    知特征的有(　　)。
    A. 技术专长　　　　　　B. 综合分析能力
    C. 信息寻求能力　　　　D. 判断推理能力
    E. 自我控制

参考答案及解析

一、单项选择题

1.【答案】A
【解析】人员甄选阶段中对应聘者绩效的准确预期是最为关键性的事件，答案选A。
2.【答案】D
【解析】在特定工作岗位、组织环境和文化氛围中的成绩优异者所具备的可以客观衡量的个人特质是胜任特征。答案选D。
3.【答案】C

【解析】一个特征品质即使对现实世界不能做出差异化的预测，也可称之为胜任特征描述不正确，答案选C。
4.【答案】A
【解析】胜任特征的作用主要包括工作分析、人员甄选、绩效考核、员工培训、员工激励，选项A不是胜任特征的作用，答案选A。
5.【答案】C
【解析】以动作活动的方式固定下来的经验系统是技能。答案选C。
6.【答案】B
【解析】在人员甄选的实施过程中，体验不合格在各种测试的前面，因此选项B描述错误，答案选B。
7.【答案】B
【解析】在求职者众多，面试成本压力大的情况下，企业将个人简历作为人员选择的第一步可以减少工作量和降低成本。答案选B。
8.【答案】D
【解析】与精心设计的人员招聘申请表相比，个人简历的特点是可能存在自我夸大的倾向。答案选D。
9.【答案】A
【解析】人员甄选的实施过程是：接待应聘者，筛选申请资料，核查所填资料，各种测试，应聘面试，体检，试用期考查，正式留用。答案选A。
10.【答案】B
【解析】企业最常用的测试手段是面试。
11.【答案】D
【解析】目前实践活动中经常使用的预测因素有：知识；技能；智力因素；非智力因素。其中智力因素又包含感知力、注意力、记忆力、语言能力和思维能力。
12.【答案】D
【解析】在胜任模型基本特征中，自我概念指对自己身份的认识或知觉。
13.【答案】D
【解析】研究发现胜任特征主要包括以下几方面内容。知识，指对某一职业领域有用信息的组织和利用。技能，指将事情做好的能力。社会角色，指一个人在他人面前想表现出来的形象。自我概念，指对自己身份的认识或知觉。人格特质，指一个人的身体特征及典型的行为方式。
14.【答案】A
【解析】有效的甄选系统应达到的标准有：标

准化；有效排列；提供明确的决策点；充分提供应聘者是否能胜任空缺职位的信息，其中应突出应聘者背景情况的重要方面。

15.【答案】D
【解析】在胜任特征中，社会角色是指一个人在他人面前想表现出来的形象。

16.【答案】B
【解析】研究发现胜任特征的冰山结构内容由高到低依次是知识、技能、社会角色、自我概念、人格特质和动机/需要。

17.【答案】A
【解析】斯彭斯列出的能预测大部分行业工作成功的20个胜任特征可分为六大类，其中助人/服务特征指人际洞察力和客户服务意识。

18.【答案】A
【解析】最初印象倾向也称首因效应，即面试者根据开始几分钟对应聘者所获得的感觉，或应聘者测验分数，或个人简历对面试结果作出判断，题干中描述的是最差印象倾向，答案选A。

19.【答案】D
【解析】面试的特点主要表现在：招聘人员通过观察可以直观地获得关于求职者的最真实信息，A选项正确。面试是一种综合性的考试，在很短的时间中可以获得关于求职者的全方位的信息，选项B正确。面试过程中可以根据不同的求职对象有针对性地提出问题，提高人员选拔的有效性，选项C正确。面试最大的缺陷在于主观性，对考生的社会赞许倾向和表演行为难于防范和识别，选项D描述错误。答案选D。

20.【答案】B
【解析】人员甄选评价标准中，有效排列是指将那些比较复杂、费用较高的程序放在系统的最后，使其只用于最有可能被录取的应聘者。

21.【答案】B
【解析】专业笔试方法可以有效地测量应试者的基本知识、专业知识、管理知识、相关知识以及综合分析能力、文字表达能力等素质及能力要素的差异。此种方法一次测试能够出题较多，题目较为全面，对知识、技能和能力的考查的信度和效度较高，可以大规模地进行评价；费时少，效率高；应试者的心理压力小，相对来说更容易发挥正常水平；绩效评定较为客观。

22.【答案】B
【解析】在面试方法中，半结构性面试是指只对

重要问题提前作出准备并记录在标准化的表格中。

23.【答案】B
【解析】在常见的面试偏差中，缺乏职位的相关知识偏差指当缺乏职位的相关知识时，面试者通常会将被测试者与不正确的框框相匹配，导致错误的决策。

24.【答案】B
【解析】能力测验是人事领域中使用得最早的心理测验方法。包括智力测验、职业能力测验和特殊能力的测验。

25.【答案】D
【解析】评价中心的形式主要有无领导小组讨论、角色扮演、文件筐作业和管理游戏。

26.【答案】D
【解析】面试偏差中非言语行为造成的错误指在面谈中做出更多的眼睛交流、头部运动、微笑等非语言行为的应聘者得到的主试评价要高一些。

27.【答案】B
【解析】面试最大的缺陷在于主观性较强。由于对应聘者的考察主要依赖于主考官的主观判断，所以招聘人员本身的经验、爱好和价值观等内容都会影响到面试的结果，同时对考生的社会赞许倾向和表演行为难于防范和识别。

28.【答案】D
【解析】在面试的工作流程中，在开始阶段，面试者要努力创造一种和谐的面谈气氛，使面谈双方建立一种信任、亲密的关系，解除应聘者的紧张和顾虑。

29.【答案】C
【解析】在人员甄选过程中，一般来说，专业知识考试(营销知识、会计知识考试)、一般知识测试(外语考试、计算机知识考试)，往往采用笔试的方式测试。

30.【答案】A
【解析】面试是一种在特定的场景下，经过精心设计，通过主考官与应试者双方面对面地观察、交谈等双向沟通方式，了解应聘者的素质特征、能力状况及求职动机等的人员挑选方法。

二、多项选择题
1.【答案】ABDE
【解析】研究发现胜任特征主要包括的内容有：知识和技能、社会角色、综合素质、动机/需要，答案选ABDE。

2.【答案】ADE
【解析】根据胜任特征的结构冰山图，深层的胜任特征包括社会角色、自我概念、动机/需要。答案选择ADE。

3.【答案】ACE
【解析】主动性、成就欲、关注秩序和质量是斯彭斯提出的成就特征中的胜任特征。答案选择ACE。

4.【答案】ABCD
【解析】ABCD都是对有效的人员甄选的正确描述，另外还包括在应聘者背景情况方面，系统应能按照需要多次核实和检查最重要的情况，因此答案选ABCD。

5.【答案】ACE
【解析】在人员甄选活动中经常使用的非智力预测因素有情绪、气质和人格。答案选ACE。

6.【答案】ABCE
【解析】实施心理测验需要注意的问题有：把心理测验作为补充工具；对心理测验进行有效化；保持准确的记录；聘用专业的心理学人士；保护测试者的隐私。本题正确答案为ABCE。

7.【答案】ABCD
【解析】一个测验可能可信但不一定可靠，但测验不可能是可靠却不可信的。信度对效度而言是一个必要而非充分条件，因此选项E描述错误。其余几项描述都正确。本题正确答案为ABCD。

8.【答案】ABDE
【解析】从关于通信业管理干部胜任特征的研究结果中我们可以看到，表现优秀和表现平平的管理者在水上部分没有什么区别。而在冰山下的部分则表现出明显的差异，在较深层次的社会角色方面，表现优秀的管理干部对待下属的行为表现是"探讨，启发下属怎么做"，而表现平平的管理人员对待下属的表现是"权威，告诉下属怎么做"。一般来说，表层的知识和技能相对而言易于改进和发展，培训是最经济有效的方式；自我概念位于中间，可以通过培训、心理治疗或曾经有过的成功经历来改善；核心的动机和特质处于冰山的底层，难于评估与改进，最具有选拔和测试的经济价值。本题正确答案为ABDE。

9.【答案】BCDE
【解析】预测因素中的非智力因素包括情绪、动机、气质、个性/人格、综合素质。本题正确答案为BCDE。

10.【答案】BCD
【解析】结构性的面试常常是根据特定职位的素质要求，遵循固定的程序，采用专门的题库、评价标准和评价方法，通过考官小组与应聘者面对面的言语交流方式，来对应聘者的胜任素质进行评价的过程与方法。该方法的优点是：可靠性和准确性比较高；主持人易于控制局面；面试通常从相同的问题开始。主要的缺点是灵活性不够，如面试人多时考察内容易被后来应试者所掌握。这种方法一般适用于应聘者较多且来自不同单位以及校园招聘中。本题正确答案为BCD。

11.【答案】CDE
【解析】人力资源学中，智力因素可以分解为感知力、注意力、记忆力、语言能力和思维能力。本题正确答案为CDE。

12.【答案】ABC
【解析】评价中心是指在相对隔离的环境中，以团队作业的形式进行一系列活动，从而客观地评价个体能力的方法。其主要形式有：无领导小组讨论、角色扮演、文件筐作业和管理游戏。

13.【答案】BCDE
【解析】笔试是让应试者在试卷上笔答事先拟好的试题，然后由评估人员根据应试者解答的正确程度予以评定成绩的一种测试方法。这种方法可以有效地测量应试者的基本知识、专业知识、管理知识、相关知识以及综合分析能力、文字表达能力等素质及能力要素的差异，目前在我国组织人员的招聘过程中被广泛应用。笔试的形式一般分为论文形式的笔试和测验形式的笔试。目前我国企业在招聘的实际活动中，笔试内容过分专业化、书本化，与企业的实际工作相脱离，所得成绩对候选人的工作预期结果不是十分理想。本题正确答案为BCDE选项。

14.【答案】BE
【解析】评价中心是指在相对隔离的环境中，以团队作业的形式进行一系列活动，从而客观地评价个体能力的方法。评价中心的特点在于借助多种筛选手段的组合，依靠应聘者的互动性和在团队中的人际关系进行评价，所获得的评价信息客观、真实，是目前测试准确性最高的一种方法。但因为该方法耗时长，需要涉及多名应聘者和评估者，测验材料组织难度大，需要与多种方法组合，过程的进行要求深入而细致，所以花费比较大，多在评价复杂的属性和能力时采用。本题正确答案为BE。

15.【答案】BCE

【解析】与传统的笔试方法相比，面试的特点主要表现在直观性、全面性、目标性和主观性。本题正确答案为BCE。

16.【答案】ACE

【解析】一张完整的申请表格应当使组织了解到四个方面的信息：有关申请人的客观信息；申请人过去的成长与进步情况；申请人的工作稳定性和求职动机以及可以帮助组织预期求职者实际工作绩效的信息。本题正确答案为ACE。

17.【答案】ABCD

【解析】笔试法的主要缺点是它不能全面地考查应试者的工作态度、品德修养以及组织管理能力、口头表达能力和操作技能。本题正确答案为ABCD。

18.【答案】BCDE

【解析】胜任特征可以用水中漂浮的一座冰山来描述，知识、技能属于表层的胜任特征，漂浮在水上；社会角色、自我概念、人格特质和动机/需要，属于深层的胜任特征，隐藏在水下。本题正确答案为BCDE。

19.【答案】ABCD

【解析】胜任特征模型对人力资源管理活动的作用主要体现在：工作分析、人员甄选、绩效考核、员工培训、员工激励。本题正确答案为ABCD。

20.【答案】ABCD

【解析】斯彭斯1993年列出了能预测大部分行业工作的最常用的20个胜任特征，主要分为六大类：成就特征、助人/服务特征、影响特征、管理特征、认知特征、个人特征，其中属于认知特征的包括技术专长、综合分析能力、判断推理能力、信息寻求能力。本题正确答案为ABCD。

第八章 绩效管理

本章主要讲述绩效管理体系各流程的相关知识。从近几年的考试情况来看，考试的重点在于掌握绩效管理与绩效考核的概念和关系、制订绩效计划、组织绩效的监控与辅导、开展绩效考核、实施绩效反馈面谈。

其中，比较难的内容包括绩效改进、应用绩效结果以及特殊群体绩效考核的基本方法。因此，绩效管理与绩效考核的概念和关系以及能否有效进行绩效的管理和考核是考查的重点以及考查趋势。考查形式以单项选择题和多项选择题为主。

本章重要考点分析

本章涉及12个考点，如图8-1所示。

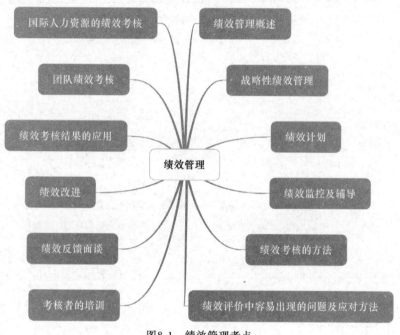

图8-1 绩效管理考点

本章近三年题型及分值总结

本章内容在近三年的考试中出现的题型以单项选择题和多项选择题为主，在2012年出现了案例分析题，如表8-1所示。

表8-1 绩效管理题型及分值

年 份	单项选择题	多项选择题	案例分析题
2014年	5题	1题	0题
2013年	6题	1题	0题
2012年	6题	1题	4题

第一节 绩效管理概述

绩效管理是管理者与员工通过持续开放的沟通，就组织目标和目标实现方式达成共识的过程，也是促进员工做出有利于组织的行为、达成组织目标、取得卓越绩效的管理实践。绩效考核是绩效管理的重要组成部分，绩效考核的顺利实施不仅取决于评价过程本身，更取决于与评价相关的整个绩效管理过程。

而绩效考核是一套正式的、结构化的制度，它用来衡量、评价、反馈并影响员工的工作特性、行为和结果。有效的绩效考核是对绩效管理的有力支撑，成功的绩效管理亦会推动绩效考核的顺利开展。

 思维导图

该节涉及多个知识点和概念，如图8-2所示。

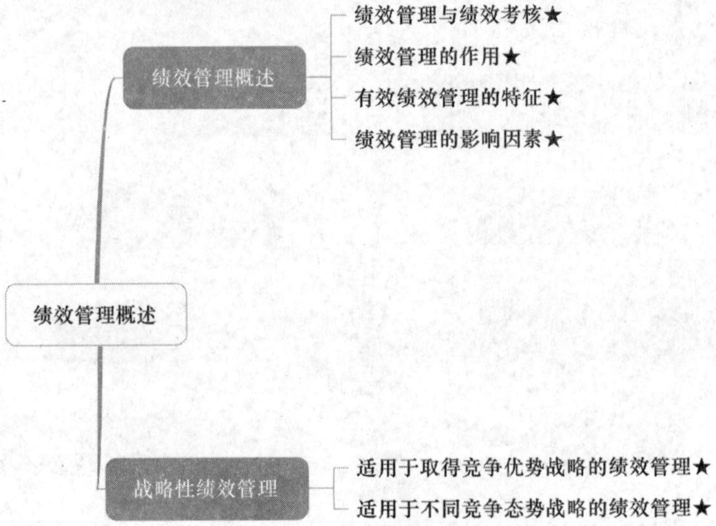

- 绩效管理概述
  - 绩效管理与绩效考核★
  - 绩效管理的作用★
  - 有效绩效管理的特征★
  - 绩效管理的影响因素★
- 绩效管理概述
- 战略性绩效管理
  - 适用于取得竞争优势战略的绩效管理★
  - 适用于不同竞争态势战略的绩效管理★

图8-2 绩效管理概述

 知识点测试

【2014年单选题】采用跟随者战略的企业适宜采用的绩效考核方法是(   )。

A.关键事件法

B.以行为为导向的考核方法

C.标杆超越法

D.行为锚定法

【答案】C

【解析】在绩效考核方法的选择上，跟随者可以考虑选择标杆超越法，通过树立标杆组织来确定绩效指标和衡量标准，在考核主体的选择上也要尽量多元化。在绩效的各个沟通环节中，管理者也可

以采用与标杆组织做对照的方式与员工分析绩效现状并加以考核，可以更多地对员工绩效进行改进和与标杆组织对比，为下一绩效考核周期新目标的设定奠定基础。

【2010年单选题】以下属于有效的绩效管理特征的是(   )。

A.客观性   B.可比性

C.可接受性   D.重要性

【答案】C

【解析】有效的绩效管理应具备五个特征：敏感性、可靠性、准确性、可接受性、实用性。C选项正确。

【2011年单选题】有效的绩效管理的特征不

包括( )。

A.可靠性　　　　　B.敏感性

C.准确性　　　　　D.移植性

【答案】D

【解析】本题考查有效的绩效计划的特征。有效的绩效计划的特征主要有：敏感性、可靠性、准确性、可接受性、实用性。

【2011年单选题】下列关于各种战略下人力资源需求的表述错误的是( )。

A.采用转向或紧缩战略的组织，裁员是其主要问题

B.采用稳定战略的组织，人力资源管理的重点是激励创新

C.采用聚焦战略的组织，常常会聘用符合目标市场对象的人

D.采用成本领先战略的组织，会围绕短期的、结果导向的绩效评价来制订人力资源战略

【答案】B

【解析】本题考查差异化战略的人力资源需求。实施差异化战略的组织，人力资源管理重点是激励创新。

【2011年单选题】实施( )的企业，绩效考核的结果应当更多地应用于薪酬分配、刺激员工最大限度地发挥潜能。

A.差异化战略　　　B.防御者战略

C.探索者战略　　　D.跟随者战略

【答案】C

【解析】实施探索者战略的企业，绩效考核的结果应当更多地应用于薪酬分配、刺激员工最大限度地发挥潜能。

【2010年单选题】实施( )的组织的人力资源管理重点是激励创新。

A.成本领先战略　　B.差异化战略

C.聚焦战略　　　　D.技术领先战略

【答案】B

【解析】实施差异化战略的组织的人力资源管理重点是激励创新，B选项正确。

【2012年多选题】一个实行成本领先战略的企业，在制订薪酬方案时，应( )。

A.采用奖金所占比例相对较大的薪酬结构

B.实施高于市场水平的基本薪酬

C.实施不高于竞争对手的薪酬水平

D.追求效率最大化、成本最小化

E.对于创新给予足够的报酬和奖励

【答案】AD

【解析】采取成本领先战略的企业往往追求的是效率最大化、成本最小化。在薪酬水平方面以竞争对手薪酬为准，在薪酬结构方面奖金部分所占的比例相对较大。

第二节　绩效计划与绩效监控

绩效计划是绩效管理过程的起点，包括绩效目标和发展目标，含义包括以下几个方面的内容：是绩效管理过程的起点；是一个确定组织对员工的绩效期望并得到员工认可的过程，包括组织对员工工作成果的期望和组织希望员工表现的行为和使用的技能；是主管人员与员工在绩效年开始之初围绕绩效目标进行反复沟通的过程；要求组织与员工对绩效目标有清晰、明确的认识，并将这种共识落实为绩效计划书。

绩效监控是指在绩效考核期间内管理者为了掌握下属的工作绩效情况而进行的一系列活动。绩效监控通过管理者和员工持续的沟通，观测、预防或解决绩效周期内可能存在的问题，以更好地完成绩效计划。

思维导图

该节涉及多个知识点和概念，如图8-3所示。

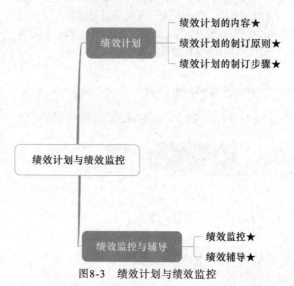

图8-3　绩效计划与绩效监控

知识点测试

【2012年单选题】在绩效计划制订的准备阶段，不需要搜集的信息包括( )。

A. 组织和员工近期的绩效考核结果

B. 部门和职位的职责

C. 组织的社会责任

D. 组织的目标和发展战略

【答案】C

【解析】本题考查绩效计划的制订步骤。在绩效计划制订的准备阶段，需要搜集的信息包括组织近几年的绩效管理资料、工作分析的相关资料、组织最新的战略管理资料。

【2012年单选题】在绩效实施的过程中，管理者与下属讨论工作中的问题，并对其进行帮助，以确保下属完成工作目标的活动是(   )。

A. 绩效计划   B. 绩效监控

C. 绩效辅导   D. 绩效反馈

【答案】C

【解析】绩效辅导指的是在掌握了下属工作绩效的前提下，为了提高员工绩效水平和自我效能感而进行的一系列活动。

第三节 绩效考核

绩效考核分为系统的绩效考核方法和非系统的绩效考核方法两大类，绩效评价中容易出现的问题有晕轮效应、趋中倾向、过宽或过严倾向、年资或职位倾向、盲点效应、刻板印象、首因效应和近因效应等，同时存在的对应解决办法。

思维导图

该节涉及多个知识点和概念，如图8-4所示。

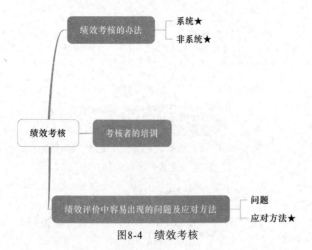

图8-4 绩效考核

知识点测试

【2014年单选题】关于绩效评价相关问题的说法，正确的(   )。

A. 晕轮效应是指主管人员在绩效评价过程中，对员工的评定过于严厉

B. 盲点效应是指主管人员难于发现员工身上存在的与主管自身相似的缺点

C. 刻板印象是指主管人员不愿意得罪人，使绩效考核结果没有好坏的差异

D. 近因效应是指主管人员在绩效考核中往往根据最初的印象去评价员工

【答案】B

【解析】晕轮效应指对一名人员进行评价时，往往会因为对他的某一特质的强烈的、清晰的感知，而掩盖了该人其他方面的品质。过宽或过严倾向是指一些主管在绩效评价的过程中，有过分严厉或过分宽大评定员工的倾向，选项A应该是过宽或过严倾向。刻板印象是指个人对他人的看法，往往受到他人所属群体的影响。趋中倾向指有些主管由于不愿意得罪人或所辖范围过大，很难全面了解所有员工的工作表现时，将员工的考核分数集中在某一固定范围的变动中，使评价的结果没有好坏的差异，选项C应该是趋中倾向。近因效应是指最近或最终的印象往往是最强烈的，可以冲淡之前产生的各种因素。首因效应是指人们在相互交往的过程中，往往根据最初的印象去判断一个人，选项D应该是首因效应。

【2012年单选题】关于绩效考核方法的陈述，正确的是(   )。

A. 排序法、强制分布法可以应用于绩效反馈面谈

B. 关键事件法可执行性较高

C. 行为锚定法不适用于绩效反馈面谈

D. 标杆超越法可以为组织提供明确的超越目标，有利于激发组织的斗志

【答案】D

【解析】本题考查各种绩效考核方法的比较。首先，因为排序法、配对比较法、强制分布法无法应用于绩效反馈面谈，所以A选项错误；其次，关键事件法的可执行性不高，所以B选项错误；最后，行为锚定法非常适用于绩效反馈面谈，所以C选项错误。

【2011年多选题】下列属于非系统的绩效考核方法的是(   )。

A. 排序法   B. 配对比较法

C. 行为锚定法   D. 目标管理法

E. 强制分布法

【答案】ABCE

【解析】选项D属于系统的绩效考核方法。本题正确答案为ABCE选项。

【2012年单选题】在绩效考核过程中,考核者可能会根据最初的印象去判断一个人的绩效,这种现象是( )。

A. 刻板印象 B. 盲点效应

C. 近因效应 D. 首因效应

【答案】D

【解析】本题考查绩效评价中容易出现的问题之———首因效应。

第四节 绩效反馈与结果应用

绩效反馈面谈的主要内容包括目的、作用、流程、内容、评价者的误区和技巧等内容,而绩效改进是指通过找出组织或员工工作绩效中的差距,制订并实施有针对性的改进计划来提高员工工作绩效水平的过程。而通过绩效考核可以掌握员工的工作态度和工作能力,并可据此把员工划分为安分、奉献、堕落和冲锋四种类型。

 思维导图

该节涉及多个知识点和概念,如图8-5所示。

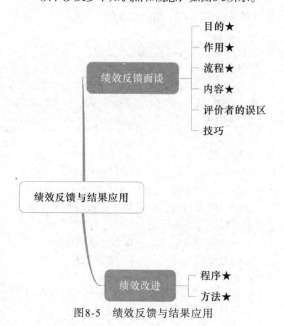

图8-5 绩效反馈与结果应用

 知识点测试

【2012年单选题】绩效改进的方法不包括( )。

A. 六西格玛管理 B. ISO质量管理体系

C. 强制分布法 D. 卓越绩效标准

【答案】C

【解析】本题考查绩效改进的方法。选项C强制分布法属于非系统的绩效考核方法。

【2010年单选题】员工招聘一段时间后,可衡量( )。

A. 员工的工作态度

B. 员工的工作贡献

C. 招聘的有效性

D. 员工的素质

【答案】C

【解析】招聘是否有效,要通过新员工在一段时间内的绩效考核结果来衡量,C选项正确。

【2012年单选题】关于针对员工不同的工作表现应采取的措施,说法正确的是( )。

A. 对于贡献型员工,组织要给予必要的奖励

B. 对于安分型员工,主管应对其进行绩效辅导

C. 对于堕落型员工,组织要对其进行必要培训以提升其工作技能

D. 对于冲锋型员工,组织要对其进行适当惩罚以督促其改进绩效

【答案】A

【解析】对于贡献型的员工,组织要给予必要的奖励。

第五节 特殊群体的绩效考核

特殊群体的绩效考核主要包括团队绩效考核和国际人力资源的绩效考核。其中团队绩效考核中流程和方法是重点。国际人力资源的供给主要有三种来源:从母公司派遣驻外人员、从东道主国选聘人员、从第三国选聘人员。国际人力资源的绩效考核有其自身特点,且与本土企业的绩效考核相比,国际人力资源的考核面临着挑战。

 思维导图

该节涉及多个知识点和概念,如图8-6所示。

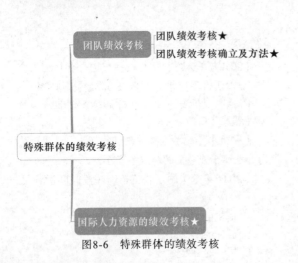

图8-6 特殊群体的绩效考核

知识点测试

【2014年多选题】建立团队层面绩效考核指标的方法包括( )。

A. 利用客户关系图来确定团队绩效考核指标

B. 利用组织绩效指标来确定团队绩效考核指标

C. 利用能力素质图来确定团队绩效考核指标

D. 利用绩效金字塔来确定团队绩效考核指标

E. 利用工作流程图来确定团队绩效考核指标

【答案】ABDE

【解析】一般说来，建立团队层面的绩效考核指标有下面四种基本方法：(1)利用客户关系图来确定团队绩效考核指标；(2)利用组织绩效指标确定团队绩效指标；(3)利用绩效金字塔来确定团队绩效考核指标；(4)利用工作流程图来确定团队绩效考核指标。

【2012年单选题】对知识型团队的绩效考核，应以( )为导向。

A. 行为　　　　　　　B. 员工的特点

C. 结果　　　　　　　D. 员工的态度

【答案】C

【解析】对知识型团队的绩效考核，应以结果为导向。

考题预测及强化训练

一、单项选择题

1. ( )是对工作行为以及工作结果的一种反映，也是员工内在素质和潜能的一种体现。

A. 绩效　　　　　　　B. 评价

C. 绩效考核　　　　　D. 绩效管理

2. 下面( )不是绩效管理的影响因素。

A. 绩效目标的设定

B. 绩效系统的时效性

C. 高层领导的支持

D. 生产研发的成本

3. 绩效管理在人力资源管理中的作用包括( )。

A. 有助于组织内部的沟通

B. 有助于促进员工的自我发展

C. 有助于管理者成本的节约

D. 帮助组织更有效地实施员工开发

4. ( )是影响绩效考核效果的重要因素。

A. 绩效管理与组织战略的相关性

B. 管理者对绩效管理的认识

C. 高层领导支持

D. 绩效系统的时效性

5. ( )的组织在内部加强成本控制，如在研发、生产、销售、服务等领域内都力图将成本降到最低，从而成为行业的成本领先者。

A. 跟随者战略　　　　B. 差异化战略

C. 防御者战略　　　　D. 成本领先战略

6. 差异化战略的核心是( )。

A. 不断开拓新市场　　B. 细分市场

C. 独特的产品与服务　D. 标准化

7. ( )是绩效管理的第一个环节，也是绩效管理过程的起点。

A. 绩效计划　　　　　B. 绩效监控

C. 绩效反馈　　　　　D. 目标管理

8. 在绩效合同中不包括的内容是( )。

A. 完成目标的结果

B. 员工完成工作需要利用的资源

C. 结果的衡量方式和判别标准

D. 管理者的期望

9. 通过管理者与员工持续的沟通，观测、预防或解决绩效周期内可能存在的问题，更好地完成绩效计划的过程称为( )。

A. 绩效考核　　　　　B. 绩效监控

C. 绩效辅导　　　　　D. 绩效反馈

10. ( )贯穿于绩效实施的整个过程中，是一种经常性的管理行为，它帮助员工解决当前绩效实施过程中出现的问题。

A. 绩效辅导　　　　　B. 绩效监控

C. 绩效反馈　　　　　D. 绩效改进

11. 关于绩效管理的陈述，错误的是( )。

A. 绩效管理是管理者与员工就组织目标和目标实现方式达成共识的过程

B. 绩效管理可以促进员工做出有利于组织的行为

C. 绩效管理的目的是建立绩效优化体系

D. 绩效管理是绩效考核的一种方法和手段

12. 绩效管理过程的起点是( )。

A. 绩效辅导　　　　B. 绩效考核

C. 绩效反馈　　　　D. 绩效计划

13. 通过一套正式的，结构化的制度来衡量、评价、反馈并影响员工的工作特性、行为和结果的活动是( )。

A. 绩效考核　　　　B. 绩效管理

C. 绩效计划　　　　D. 绩效反馈

14. 通过选取客观的财务指标引导员工工作行为，考核周期不宜过短的绩效管理是( )战略。

A. 差异化　　　　B. 防御者

C. 成本领先　　　　D. 跟随者

15. 绩效管理不具备的特征是( )。

A. 可接受性　　　　B. 实用性

C. 模糊性　　　　D. 敏感性

16. 绩效考核的结果可以更多地用于员工绩效的改进和与标杆企业的对比的是( )下的绩效考核。

A. 跟随者战略　　　　B. 防御者战略

C. 探索者战略　　　　D. 差异化战略

17. 将组织目标融入员工的个人发展目标中，而绩效考核的结果应该更多地应用于薪酬分配的是( )战略。

A. 防御者　　　　B. 探索者

C. 跟随者　　　　D. 差异化

18. 下列不属于绩效管理在组织管理中的作用的是( )。

A. 有助于建立和谐的组织文化

B. 有助于管理者成本的节约

C. 是实现组织战略的重要手段

D. 为薪酬的发放提供依据

19. 小张是车工班班长，他的工作职责之一是：按天记录班内人员各自加工零件的数量，然后将结果公布在公示板上并与员工交流。小张的这项职责被称为( )。

A. 绩效变革　　　　B. 绩效监控

C. 绩效评价　　　　D. 绩效计划

20. ( )是一个确定组织对员工的工作绩效期望并得到员工认可的过程。

A. 绩效反馈　　　　B. 绩效计划

C. 绩效监控　　　　D. 绩效辅导

21. ( )不是绩效计划的制订原则。

A. 价值驱动原则　　　　B. 突出重点原则

C. 职位特色原则　　　　D. 分散化原则

22. 通过绩效诊断找出绩效低下的原因，管理者充当导师帮助员工克服障碍、提高绩效的过程是( )。

A. 绩效监控　　　　B. 绩效考核

C. 绩效辅导　　　　D. 绩效改进

23. 绩效计划的制订要与组织战略目标密切相关的是绩效计划的( )原则。

A. 价值驱动　　　　B. 战略相关性

C. 系统化　　　　D. 职位特色

24. 能够全面反映组织的绩效，包含内部流程指标和学习与发展指标的方法是( )。

A. 目标管理　　　　B. 关键绩效指标

C. 平衡计分卡　　　　D. 绩效计划的确定

25. 对一个人进行评价时往往会因为对他的某一特质的强烈、清晰的感知，而掩盖了该人其他方面的品质，这属于绩效评价中容易出现的( )问题。

A. 趋中倾向　　　　B. 晕轮效应

C. 年资或职位倾向　　　　D. 过宽或过严倾向

26. 由于不愿意得罪人或所管辖的范围过大，所以将员工考核的分数集中于某一固定的区域内变动的是( )。

A. 晕轮效应　　　　B. 趋中倾向

C. 刻板效应　　　　D. 过宽或过严倾向

27. 有些主管倾向于给那些服务年资较久、担任职务较高的被评价者较高的分数的现象称为( )。

A. 趋中倾向　　　　B. 晕轮效应

C. 年资或职位倾向　　　　D. 过宽或过严倾向

28. ( )将员工的业绩按照从高到低的顺序进行排列。

A. 关键事件法　　　　B. 排序法

C. 配对比较法　　　　D. 强制分布法

29. 系统的绩效考核方法不包括( )。

A. 目标管理法　　　　B. 排序法

C. 标杆超越法　　　　D. 平衡计分卡法

30. 通过找出组织或员工工作绩效中的差距，来制订并实施有针对性地改进计划，提高员工绩效水平的过程是( )。

A. 绩效考核　　　　B. 绩效辅导

C. 绩效改进　　　　D. 绩效反馈

二、多项选择题

1. 下列关于国际人力资源绩效考核的特点，表述正确的是( )。
   A. 从目标看，国际人力资源的绩效考核不但关注业绩，而且突出战略方向
   B. 从侧重点看，国际人力资源更倾向于对员工特征的绩效考核
   C. 从目的看，国际人力资源的绩效考核还加入了个人、团队和公司目标的密切结合等新的因素
   D. 从操作过程看，国际人力资源的绩效考核具体实施步骤与传统的绩效考核基本相同
   E. 从操作过程看，国际人力资源的绩效考核比传统的考核更加注重管理者和员工的沟通

2. 一般来说，只要绩效管理体系满足( )就可以认为它是有效的。
   A. 实用性　　　　　　B. 准确性
   C. 可靠性　　　　　　D. 敏感性
   E. 可接受性

3. 绩效考核结果的应用主要体现在( )。
   A. 为人员调配提供依据
   B. 员工的培训与开发
   C. 为奖金分配提供依据
   D. 应用于员工养老保险
   E. 应用于员工职业生涯发展规划

4. 下列有关战略性绩效管理中追随者战略的说法正确的有( )。
   A. 靠模仿生存，通过复制探索者战略取得成功
   B. 核心是学习
   C. 在绩效考核方法的选择上，可以考虑选择标杆超越法
   D. 总是不断地开发新产品，挖掘新市场，寻找更广阔的市场机会
   E. 在绩效考核中，管理者选择以结果为导向的评价方法

5. 不适用于取得竞争优势战略的绩效管理有( )。
   A. 防御者战略　　　　B. 差异化战略
   C. 成本领先战略　　　D. 探索者战略
   E. 跟随者战略

6. 绩效反馈面谈需要达到的目的有( )。
   A. 根据绩效，对员工进行奖惩
   B. 向员工传递组织远景目标
   C. 弄清员工绩效不合格的原因
   D. 向员工反馈绩效考核的结果
   E. 为下一个绩效周期工作的展开做好准备

7. 有效的绩效反馈面谈的作用体现在( )。
   A. 帮助员工解决当前绩效实施过程中出现的问题
   B. 它能够使员工客观地了解自己工作中的不足，有利于改善绩效
   C. 可以通过主管人员和员工的真实沟通，消除组织目标与个人目标之间的冲突，增强组织的竞争力
   D. 它为评价者和被评价者提供了沟通的平台，使考核公开化
   E. 随时发现员工工作中出现的问题并及时加以调整

8. 下列属于绩效反馈面谈实施阶段内容的是( )。
   A. 准备面谈提纲
   B. 选择合适的时间和地点
   C. 分析绩效差距的症结所在
   D. 注意绩效反馈面谈的原则与技巧
   E. 协商解决办法

9. 绩效反馈面谈的内容主要包括( )。
   A. 把重点放在解决问题上
   B. 商讨来年的工作目标
   C. 探讨绩效中可改进之处，并确定行动计划
   D. 鼓励员工积极参与到反馈过程中
   E. 就绩效现状达成一致

10. 面谈中评价者可能走入的误区有( )。
    A. 理解不足　　　　　B. 不适当发问
    C. 首因效应　　　　　D. 盲点效应
    E. 期待逾期的结果

11. 关于绩效考核和绩效管理，说法正确的是( )。
    A. 绩效考核和绩效管理既有联系又有区别
    B. 绩效管理是一个完整的过程
    C. 绩效管理是绩效考核的一个过程
    D. 有效的绩效考核是对绩效管理的有力支撑
    E. 两者毫无关系

12. 适用于不同竞争态势战略的绩效管理包括( )战略。
    A. 防御者　　　　　　B. 探索者
    C. 追随者　　　　　　D. 集中
    E. 差异化

13. 制订绩效计划时需要遵循的原则有( )。
    A. 系统化原则　　　　B. 可控性原则
    C. 职位特色原则　　　D. 价值驱动原则
    E. 全员参与原则

14. 辅导时要不断地给员工灌输提高绩效的愿望，应考虑的是( )。
    A. 员工的绩效水平　　B. 自我感受

C. 自我效能感　　　D. 强烈的信心
E. 绩效沟通
15. 系统的绩效考核方法包括(　　)。
A. 排序法　　　　　B. 配对比较法
C. 强制分布法　　　D. 目标管理法
E. 平衡计分卡法
16. 下面对于绩效管理与绩效考核之间的关系中描述正确的是(　　)。
A. 绩效考核是绩效管理的重要组成部分
B. 绩效考核的顺利实施不仅取决于评价过程本身，更取决于与评价相关的整个绩效管理过程
C. 有效的绩效考核是对绩效管理的有力支撑
D. 成功的绩效管理亦会推动绩效考核的顺利开展
E. 绩效管理侧重于绩效的识别、判断和评估
17. 下列对绩效计划概念的描述，正确的有(　　)。
A. 它的制订是一个自上而下的过程，也是将组织绩效分解成个人绩效目标的过程
B. 是主管人员与员工在绩效年开始之初围绕绩效目标进行反复沟通的过程
C. 要求组织与员工对绩效目标有明确的认识，并将这种共识落实为绩效计划书
D. 是绩效管理的第一个环节，也是绩效管理过程的起点
E. 它包括组织对员工工作成果的期望，但不包括组织希望员工使用的技能
18. 下列关于各种绩效考核方法的描述，正确的是(　　)。
A. 无法应用于绩效反馈面谈的有排序法、配对比较法、强制分布法
B. 目标管理法、关键绩效指标法、平衡计分卡法的设计成本较高
C. 行为锚定法的可执行性很好、评价误差低，但设计成本很高、设计周期很长
D. 不良事故评估法同关键事件法一样，他能够提供丰富的绩效反馈信息
E. 标杆超越法有利于激发组织的斗志
19. 知识型团队的绩效考核指标主要有(　　)。
A. 效益型指标　　　B. 效率型指标
C. 递延型指标　　　D. 风险型指标
E. 关键型指标
20. 绩效管理在组织管理中的作用有(　　)。
A. 有助于管理者成本的节约
B. 有助于组织内部的沟通

C. 有助于促进员工的自我发展
D. 有助于建立和谐的组织文化
E. 可以用来评估人员招聘、员工培训等计划的执行效果

参考答案及解析

一、单项选择题

1.【答案】A
【解析】绩效是对工作行为以及工作结果的一种反映，也是员工内在素质和潜能的一种体现。答案选A。

2.【答案】D
【解析】生产研发的成本不是绩效管理的影响因素，ABC三个选项都属于其影响因素，因此答案选D。

3.【答案】D
【解析】绩效管理在人力资源管理中的作用包括帮助组织更有效地实施员工开发。答案选D。

4.【答案】B
【解析】管理者对绩效管理的认识是影响绩效考核效果的重要因素。答案选B。

5.【答案】D
【解析】成本领先战略的组织强调在内部加强成本控制，如在研发、生产、销售、服务等领域内都力将成本降到最低，从而成为行业的成本领先者。答案选D。

6.【答案】C
【解析】差异化战略的核心是独特的产品与服务。答案选C。

7.【答案】A
【解析】绩效计划是绩效管理的第一个环节，也是绩效管理过程的起点。答案选A。

8.【答案】D
【解析】在绩效合同中不包括管理者的期望。答案选D。

9.【答案】B
【解析】通过管理者与员工持续的沟通，观测、预防或解决绩效周期内可能存在的问题，更好地完成绩效计划的过程称为绩效监控。答案选B。

10.【答案】A
【解析】绩效辅导贯穿于绩效实施的整个过程中，是一种经常性的管理行为，它帮助员工解决当前绩效实施过程中出现的问题。答案选A。

11.【答案】D

【解析】绩效管理是管理者与员工通过持续开放的沟通，就组织目标和目标实现方式达成共识的过程，也是促进员工做出有利于组织的行为、达成组织目标、取得卓越绩效的管理实践。绩效管理的主要目的是建立客观、简洁的绩效优化体系，实现组织与个人绩效的紧密融合。绩效考核与绩效管理两个概念既有联系又存在区别。绩效考核是绩效管理的重要组成部分，绩效考核的顺利实施不仅取决于评价过程本身，更取决于与评价相关的整个绩效管理过程。

12.【答案】D

【解析】基于组织的发展战略的绩效计划是绩效管理的出发点。

13.【答案】A

【解析】绩效考核是一套正式的、结构化的制度，它用来衡量、评价、反馈并影响员工的工作特性、行为和结果。

14.【答案】C

【解析】成本领先战略是指组织在内部加强成本控制，如在研发、生产、销售、服务等领域内都力图将成本降到最低，从而成为行业的成本领先者。其考核周期的选择也不宜过短，避免增加组织的管理成本。

15.【答案】C

【解析】有效的绩效管理应当具备敏感性、可靠性、准确性、可接受性和实用性五个特征。

16.【答案】A

【解析】组织通常会选择防御者战略、探索者战略或者跟随者战略这三种不同的战略需要搭配不同的绩效管理策略。其中跟随者战略模式，在绩效考核方法的选择上，可以考虑选择标杆超越法。其绩效考核的结果可以更多地用于员工绩效的改进和与标杆组织的对比，为下一绩效考核周期新目标的设定奠定基础。

17.【答案】B

【解析】探索者战略绩效管理模式在绩效管理的各种沟通环节中，管理者的重点是将组织目标融入员工的个人发展目标，使组织和员工的利益趋向一致。而绩效考核的结果应当更多地应用于薪酬分配，刺激员工最大限度地发挥潜能。

18.【答案】D

【解析】绩效管理在组织管理中的作用主要体现在有助于组织内部的沟通；有助于管理者成本的节约；有助于促进员工的自我发展；有助

于建立和谐的组织文化；是实现组织战略的重要手段。

19.【答案】B

【解析】绩效监控指的是在绩效考核期间管理者为了掌握下属的工作绩效情况而进行的一系列活动。绩效监控通过管理者和员工持续的沟通，观测、预防或解决绩效周期内可能存在的问题，以更好地完成绩效计划。

20.【答案】B

【解析】绩效计划是一个确定组织对员工的绩效期望并得到员工认可的过程。它是绩效管理的第一个环节，也是绩效管理过程的起点。

21.【答案】D

【解析】绩效计划的制订原则有：价值驱动原则、战略相关性原则、系统化原则、职位特色原则、突出重点原则、可测量性原则和全员参与原则。

22.【答案】C

【解析】绩效辅导指的是在掌握了下属工作绩效的前提下，为了提高员工绩效水平和自我效能感而进行的一系列活动。

23.【答案】A

【解析】绩效计划的制订要与组织追求的提升组织价值的宗旨相一致，指的是绩效计划制订原则的价值驱动原则。

24.【答案】C

【解析】平衡计分卡法的特点是更加全面反映组织的绩效，它不仅包含用财务指标来揭示组织的经营结果，还增加了组织长远发展所必备的客户指标、内部流程指标和学习与发展指标。

25.【答案】B

【解析】晕轮效应指对一个人进行评价时，往往会因为对他的某一特质的强烈、清晰的感知，而掩盖了该人其他方面的品质。在这种效应下，主管通常会给自己信任和宠爱的部下较高的分数，而对不喜欢的员工给予较低的评价，这会导致评价结果的失真。

26.【答案】B

【解析】绩效评价中的趋中倾向指有些主管由于不愿意得罪人或所辖范围过大，很难全面了解所有员工工作表现时，将员工的考核分数集中在某一固定范围的变动中，使评价的结果没有好坏的差别。

27.【答案】C

【解析】在绩效评价中，评价者的主观意识（某种偏见或错误)可能会影响评价结果的公正性。主管倾向给予那些服务年资较久、担任职务较高的被评价者较高的分数的现象称作年资或职位倾向。

28.【答案】B

【解析】排序法是一种非系统的绩效考核方法，该方法将员工的业绩按照从高到低的顺序进行排列。运用排序法进行绩效考核，优点是简单、实用，缺点是容易给员工造成心理压力。

29.【答案】B

【解析】系统的考核方法包括目标管理法、平衡计分卡法、关键绩效指标法和标杆超越法。

30.【答案】C

【解析】绩效改进是指通过找出组织或员工工作绩效中的差距，制订并实施有针对性的改进计划来提高员工绩效水平的过程。

二、多项选择题

1.【答案】ACDE

【解析】国际人力资源绩效考核的特点包括：从绩效考核的目标看，国际人力资源的绩效考核不但关注业绩，而且突出战略方向，因此选项A正确；从绩效考核的侧重点看，国际人力资源更倾向于基于结果的绩效考核而不是基于员工特征的绩效考核，因此选项B错误；从目的看，国际人力资源的绩效考核还加入了个人、团队和公司目标的密切结合等新的因素，因此选项C正确；从绩效考核的操作过程看，国际人力资源的绩效考核具体实施步骤与传统的绩效考核基本相同，只是在绩效的评价与反馈的过程中，比传统的考核更加注重管理者和员工的沟通，因此DE描述正确。正确答案选ACDE。

2.【答案】BCD

【解析】本题考查有效的绩效管理的特征。一般来说，只要绩效管理体系满足准确性、敏感性和可靠性就可以认为它是有效的。本题正确答案为BCD。

3.【答案】ABCE

【解析】绩效考核结果可以用于衡量招聘结果；可以为人员调配提供依据；可以为奖金分配提供依据；可以应用于员工的培训与开发；可以应用于员工职业生涯发展规划。本题正确答案为ABCE。

4.【答案】ABC

【解析】跟随型组织靠模仿生存，通过复制探索者战略取得成功。实行这种战略的核心是学习。

在绩效考核方法的选择上，跟随者可以考虑选择标杆超越法，通过树立标杆组织来确定绩效指标和衡量标准。在考核主体的选择上也要尽量多元化。DE属于探索者战略。

5.【答案】BC

【解析】组织在处于不同的环境中时，会选择不同的战略适应市场竞争，通常他们会选择防御者战略、探索者战略或跟随者战略这三种不同的战略并搭配不同的绩效管理策略。本题正确答案为BC选项。

6.【答案】BCDE

【解析】绩效反馈面谈需要达到的目的不包括根据绩效，对员工进行奖惩。排除A选项，答案选择BCDE。

7.【答案】BCDE

【解析】有效的绩效反馈面谈的作用体现在它能够使员工客观地了解自己工作中的不足，有利于改善绩效；可以通过主管人员和员工的真实沟通，消除组织目标与个人目标之间的冲突，增强组织的竞争力；它为评价者和被评价者提供了沟通的平台，使考核公开化；可随时发现员工工作中出现的问题并及时加以调整是绩效监控的优点。答案选BCDE。

8.【答案】CDE

【解析】分析绩效差距的症结所在、注意绩效反馈面谈的原则与技巧、协商解决办法属于绩效反馈面谈实施阶段的内容，是绩效监控的优点。答案选择CDE。

9.【答案】BCE

【解析】绩效反馈面谈的内容主要包括商讨来年的工作目标；探讨绩效中可改进之处，并确定行动计划；就绩效现状达成一致。答案选择BCE。

10.【答案】ABE

【解析】面谈中评价者可能走入的误区有理解不足、不适当发问、期待逾期的结果。答案选ABE。

11.【答案】ABD

【解析】绩效考核与绩效管理两个概念既有联系又存在区别。绩效考核是绩效管理的重要组成部分，绩效考核的顺利实施不仅取决于评价过程本身，更取决于与评价相关的整个绩效管理过程。有效的绩效考核是对绩效管理的有力支撑，成功的绩效管理亦会推动绩效考核的顺利开展。绩效管理是一个完整的管理过程，而绩效考核只是绩效管理中的一个环节。本题正确答案为ABD。

12.【答案】ABC

【解析】组织在处于不同的环境中时，会选择不同的战略来适应市场竞争，通常他们会选择防御者战略、探索者战略或者跟随者战略这三种不同的战略并搭配不同的绩效管理策略。

13.【答案】ACDE

【解析】绩效计划是一个确定组织对员工的绩效期望并得到员工认可的过程。制订绩效计划的原则有价值驱动原则、战略相关性原则、系统化原则、职位特色原则、突出重点原则、可测量性原则和全员参与原则。

14.【答案】AC

【解析】绩效辅导指的是在掌握了下属工作绩效的前提下，为了提高员工绩效水平和自我效能感而进行的一系列活动。本题正确答案为AC。

15.【答案】DE

【解析】系统的考核方法包括目标管理法、平衡计分卡法、关键绩效指标法和标杆超越法四种。本题正确答案为DE。

16.【答案】ABCD

【解析】选项ABCD都是对绩效管理与绩效考核的正确描述，选项E描述不准确，绩效考核侧重于绩效的识别、判断和评估，绩效管理侧重于信息的沟通和绩效的提高，排除不选，答案选ABCD。

17.【答案】ABCD

【解析】绩效计划是绩效管理的第一个环节，也是绩效管理过程的起点。绩效计划是一个确定组织对员工的绩效期望并得到员工认可的过程。它不但要包括组织对员工工作成果的期望，还要包括组织希望员工表现的行为和使用

的技能。绩效计划还是主管人员与员工在绩效年开始之初围绕绩效目标进行反复沟通的过程。它要求组织与员工对绩效目标有清晰、明确的认识，并将这种共识落实为绩效计划书。绩效计划的制订是一个自上而下的过程，也是将组织绩效分解成个人绩效目标的过程。本题正确答案为ABCD。

18.【答案】ABCE

【解析】排序法、配对比较法、强制分布法等考核方法主要是针对员工的整体绩效水平给出比较，但不能应用于绩效反馈面谈；关键事件法设计成本很低，但是可执行性不高；不良事故评估法可以帮助企业避免员工工作失误引起的巨大损失，但不能提供丰富的绩效反馈信息；行为锚定法的可执行性很好、评价误差低，能够反映员工各个维度的绩效表现，非常适合于绩效反馈面谈，但这种方法的设计成本很高、设计周期很长；目标管理法、关键绩效指标法、平衡计分卡法都能提供一种组织绩效的系统化解决方案，但设计成本较高；标杆超越法可以为组织提供明确的赶超目标，有利于激发组织的斗志。本题正确答案为ABCE。

19.【答案】ABCD

【解析】知识型团队的绩效考核需要综合四个角度的指标进行：效益型指标、效率型指标、递延型指标、风险型指标。本题正确答案为ABCD选项。

20.【答案】ABCD

【解析】绩效管理在组织管理中的作用主要体现在：有助于组织内部的沟通；有助于管理者成本的节约；有助于促进员工的自我发展；有助于建立和谐的组织文化几个方面。本题正确答案为ABCD。

第九章　薪酬福利管理

　　本章主要讲述有关薪酬福利管理的相关知识。从近几年的考题情况来看，薪酬福利管理考试的重点是掌握薪酬管理、全面薪酬战略的基本概念以及开展薪酬设计；考试的难点在于了解、掌握奖金、福利管理的基本概念和方法、形式，并能够实施有效的奖励和福利管理；特殊群体的薪酬模式；薪酬预算和薪酬成本控制的方法，并能够运用这些知识和方法进行有效的薪酬、福利管理。

　　因此，应用基本概念和原理进行有效的薪酬福利管理是考试的一个热点和趋势。考查形式以单项选择题和多项选择题为主。

本章重要考点分析

　　本章涉及15个考点，如图9-1所示。

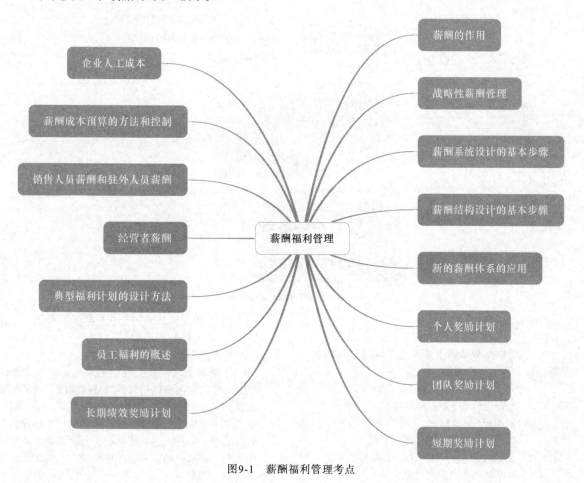

图9-1　薪酬福利管理考点

本章近三年题型及分值总结

本章内容在近三年的考试中出现的题型以单项选择题和多项选择题为主，在2013年出现了案例分析题，总体所占分值比例较高，分值在12分左右，如表9-1所示。

表9-1　薪酬福利管理题型及分值

年　份	单项选择题	多项选择题	案例分析题
2014年	5题	2题	0题
2013年	4题	2题	4题
2012年	6题	2题	0题

第一节　薪酬管理概述

战略性薪酬管理实际上是一种看待薪酬管理职能的全新理念，它的核心是在企业不同战略下做出的一系列的战略性薪酬决策。全面薪酬战略是一种摒弃了原有的科层体系和官僚结构，以客户满意度为中心，鼓励创新精神和可持续的绩效改进，并对娴熟的专业技能提供奖励，从而在员工和企业之间营造出一种双赢的工作环境的薪酬战略，其特点是战略性、激励性、灵活性、创新性和沟通性。

思维导图

该节涉及多个知识点和概念，如图9-2所示。

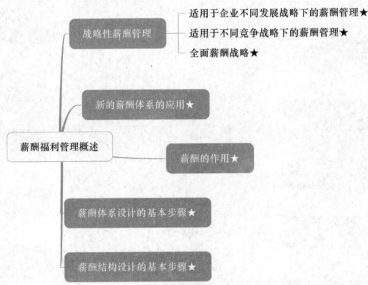

图9-2　薪酬福利管理概述

知识点测试

【2014年单选题】关于企业战略和薪酬管理策略的说法，正确的是(　　)。

A. 采用成长战略的企业，在薪酬管理中应强调企业与员工共同承担风险、共享收益

B. 采用稳定战略的企业，在薪酬结构中，基本薪酬和福利所占比重应较低

C. 采用收缩战略的企业，在薪酬结构中，基本薪酬和福利所占比重应较高

D. 采用创新战略的企业，其基本薪酬水平应低于劳动力市场的平均水平

【答案】A

【解析】采用成长战略的企业，企业的薪酬方案是在短期内提供相对低的基本薪酬，而从长期来讲，企业将实行奖金或股票选择权等计划，能够使员工得到较为慷慨的回报。采用稳定战略或集中战略的企业，在薪酬管理方面，薪酬决策的集中度比较高，薪酬的确定基础主要是员工从事的职位本身，在薪酬结构上基本薪酬和福利所占的比重较

大，从薪酬水平来说一般采取市场跟随或略高于市场水平的薪酬，但长期内不会有太大的增长。采用收缩战略的企业，其薪酬管理的指导思想主要是将企业的经营业绩与员工收入挂钩，因此在薪酬结构上基本薪酬所占的比例相对较低，一些企业还尝试实行员工股份所有权计划，以鼓励员工共担风险。采用创新战略的企业，其基本薪酬以劳动力市场的通行水平为准且略高于市场水平。

【2014年单选题】 对于采用创新战略的企业而言，薪酬管理最突出的特点是( )。

A. 对于产品和技术方面的创新给予足够的奖励
B. 将企业的经营业绩与员工收入挂钩，鼓励员工与企业共担风险
C. 基本薪酬比市场平均水平略低
D. 在薪酬结构方面，基本薪酬和福利所占比重相对较高

【答案】 A

【解析】 与创新战略相对的薪酬体系非常注重对产品创新、技术创新和新的生产方法给予足够的报酬或奖励，其基本薪酬以劳动力市场的通行水平为准且略高于市场水平。

【2012年单选题】 实现薪酬内部公平的手段是( )。

A. 工作分析   B. 绩效考核
C. 职位评价   D. 薪酬调查

【答案】 C

【解析】 本题间接考查薪酬管理体系设计的步骤。薪酬管理体系设计步骤的第二步"工作分析及职位评价"指出，职位评价主要是为了解决薪酬的内部公平性问题。

【2010年单选题】 职位等级越高，相邻两职位差异比率越大是( )。

A. 恒定绝对级差法   B. 变动级差法
C. 恒定差异比率法   D. 变动差异比率法

【答案】 D

【解析】 恒定绝对级差法即各职位等级中的最高点之间的差相等，A选项不选。变动级差法即职位等级越高，相邻的两个职位等级的最高点之间的差异就越大，B选项不选。恒定差异比率法即绝对级差与下一职位等级最高点之间的比例是恒定的，C选项不选。

【2012年单选题】 在薪酬等级的变动幅度一定的情况下，薪酬等级的区间中值极差越大，则( )。

A. 薪酬变动率越大
B. 薪酬区间渗透度越大
C. 薪酬区间的重叠区域越小
D. 薪酬比较比率越小

【答案】 C

【解析】 薪酬等级的区间中值极差越大，薪酬区间的重叠区域越小。

第二节　奖　金

奖金又称浮动薪酬，是指企业根据员工的工作绩效或工作目标的完成情况而支付的报酬。奖金是薪酬体系中与绩效直接挂钩的部分。主要包括个人奖励计划，即奖励员工达到了与职位有关的绩效标准；团队奖励计划；短期奖励计划和长期绩效奖励计划等内容。

 思维导图

该节涉及多个知识点和概念，如图9-3所示。

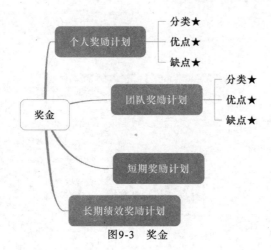

图9-3　奖金

知识点测试

【2014年多选题】关于佣金制的说法，正确的是(   )。

A. 佣金制是所有职位普遍使用的一种鼓励制度

B. 单纯佣金制是指销售人员的收入完全来自佣金

C. 混合佣金制是指销售人员的薪酬包括基本工资和佣金两个部分

D. 超额佣金制是指销售人员在销售额超过一定水平之后才能获得佣金

E. 混合佣金制适用于销售难度较大的行业

【答案】BCDE

【解析】佣金制是销售职位普遍使用的一种奖励制度，所以A错误。随着佣金制的不断发展，逐渐演变出三种形式，即单纯佣金制、混合佣金制和超额佣金制。单纯佣金制是指销售人员的收入完全来自佣金。混合佣金制是指销售人员的薪酬包括基本工资和佣金两个部分，这种形式尤其适合一些销售难度较大的行业。一些相对较稳定的行业则可以采用超额佣金制，此时销售人员获得的不是全部佣金，而是扣除既定额度后的差额。

【2010年单选题】团队奖励计划的优点是(   )。

A. 较易操作，易于沟通

B. 使企业员工产生较强的团队凝聚力

C. 能更好地预测和控制劳动力成本

D. 不会累加到员工的基本薪酬中

【答案】B

【解析】团队奖励计划的优点是在绩效考核标准的制订上，比个人奖励计划要相对简单，同时团队奖励计划可以使企业员工产生较强的团队凝聚力，B选项正确。

【2012年单选题】斯坎伦计划、拉克收益分享计划及改造生产盈余计划三者的相同点是(   )。

A. 都以提高生产率为目标

B. 都能够很好地节约原材料成本

C. 都要求很好地节约原材料成本

D. 都是按月支付奖金

【答案】A

【解析】提高生产率是斯坎伦计划、拉克收益分享计划及改造生产盈余计划三者的相同点。

第三节　员工福利管理

福利有可以吸引企业所需要的员工、降低员工的流动率等作用。员工福利是企业基于雇佣关系，依据国家的强制法令及相关规定，以企业自身的支付能力为依托，向员工所提供的、用以改善其本人和家庭生活质量的各种以非货币薪酬和延期支付形式为主的补充性报酬与服务；福利同时还可以激励员工、提高员工的士气以及对企业的认可度与忠诚度。员工福利的相关内容包括构成、管理和成本控制等。

 思维导图

该节涉及多个知识点和概念，如图9-4所示。

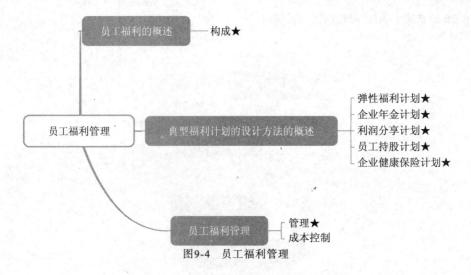

图9-4　员工福利管理

知识点测试

【2012年单选题】下列员工福利中，不属于法定福利的是（　　）。

A.社会保险　　　B.法定假期

C.收入保障计划　D.住房公积金

【答案】C

【解析】法定福利包括社会保险、法定假期和住房公积金。

【2012年单选题】关于企业年金的陈述，错误的是（　　）。

A.企业年金属于强制性保险计划

B.政府对企业年金不承担直接责任

C.企业年金有较强的激励性

D.企业年金可通过资本市场进行管理和运营

【答案】A

【解析】企业年金计划是一项企业向员工提供的养老保险计划，是员工退休后可获得的收入。企业年金的特点有：企业自愿，并自主选择管理运作方式；政府对企业年金不承担直接责任；企业年金采用个人积累制，实行个人自保；企业年金以效率原则为基础，不存在再分配的含义，因此有较强的激励作用；企业年金通过资本市场进行管理和运营，投资手段更加多样。

【2011年单选题】在员工福利计划的实施方式中，员工可以按照自己的意愿在企业提供的福利领域中决定每种福利的多少，但是总福利水平不变，这称为（　　）。

A.附加福利计划　　B.标准福利计划

C.核心福利计划　　D.混合匹配福利计划

【答案】D

【解析】混合匹配福利计划是指在员工福利计划的实施方式中，员工可以按照自己的意愿在企业提供的福利领域中来决定每种福利的多少，但是总福利水平不变。

【2010年单选题】最大限度地满足员工的不同需要，同时也能根据企业经营状况和财务状况适时作出调整，这体现福利计划的（　　）。

A.亲和性　　　B.灵活性

C.可操作性　　D.特色性

【答案】B

【解析】亲和性是指福利计划应建立在亲情、平等和信任的基础上，体现企业的人文关怀，以增强员工的归属感和凝聚力，A选项不选。可操作性是指福利计划切实可行，能够较容易地被员工所理解，同时对企业来说，其管理难度和管理成本也相对较低，C选项不选。特色性是指福利计划体现企业的经营哲学和战略目标，有利于塑造企业文化，D选项不选。

第四节　特殊群体的薪酬管理

经营者薪酬包括年薪制和股票期权计划两种主要形式，销售人员的薪酬主要是以结果为导向的，其常用的薪酬方式有纯佣金制、基本薪酬加佣金制、基本薪酬加奖金制、基本薪酬加佣金加奖金、高佣金加低基本薪酬、高基本薪酬加低佣金或奖金等几种，驻外人员薪酬包括基本薪酬、激励薪酬和福利等。

 思维导图

该节涉及多个知识点和概念，如图9-5所示。

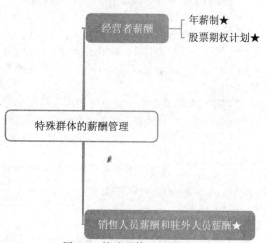

图9-5　特殊群体的福利管理

 知识点测试

【2010年单选题】以下（　　）是一揽子型年薪的薪酬结构。

A.基薪+津贴+养老金计划

B.单一固定数量年薪

C.基本薪酬+津贴+风险收入（效益收入和奖金）+养老金计划

D.基本薪酬+津贴+含股权、股票期权等形式的风险收入+养老金计划

【答案】B

【解析】基薪+津贴+养老金计划是准公务员型年薪的薪酬结构，A选项不选。基本薪酬+津贴+风险收入(效益收入和奖金)+养老金计划是非持股多元化型年薪的薪酬结构，C选项不选。基本薪酬+津贴+含股权、股票期权等形式的风险收入+养老金计划是持股多元化型年薪的薪酬结构，D选项不选。

【2012年多选题】关于股票期权计划的陈述，正确的是(   )。

A. 对于上市公司和非上市公司，都可以采用股票期权计划

B. 股票期权获益人到期可以行权也可以放弃

C. 股票期权既是员工的权利又是员工的义务

D. 股票期权行使期限一般超过10年

E. 只有在行权价低于行权时本企业股票的市场价格的情况下，股票期权才有价值

【答案】BE

【解析】本题考查股票期权计划。股票期权有一定的局限性，即只适用于上市公司，所以选项A错误。股票期权是一种权利而非义务，所以选项C错误。股票期权行使期限一般不超过10年，强制持有期为3～5年不等，所以选项D错误。本题正确答案为BE选项。

【2012年单选题】专业软件销售人员由于需要较高的专业知识且销售工作的周期较长，所以其薪酬应采用(   )。

A. 纯佣金制

B. 高基薪加低佣金或奖金

C. 低基薪加高佣金或奖金

D. 纯基薪制

【答案】B

【解析】对技术含量较高，市场较为狭窄，销售周期较长的产品来说，对其销售人员的素质及其稳定性要求都很高，因此采取"高基本薪酬加低佣金或奖金"的薪酬制度比较适合。

第五节 薪酬成本预算与控制

薪酬成本预算主要包括自上而下的薪酬成本预算方法和自下而上的薪酬成本预算方法两种。薪酬成本的控制包括控制雇佣量、控制基本薪酬、控制奖金、控制福利支出和利用适当的薪酬技术五种手段。

思维导图

该节涉及多个知识点和概念，如图9-6所示。

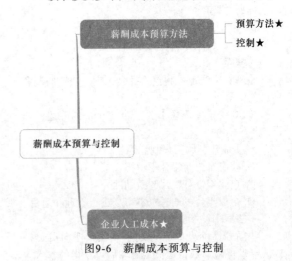

图9-6 薪酬成本预算与控制

知识点测试

【2012年单选题】人工成本结构指标反映了(   )。

A. 企业员工人均收入的高低

B. 企业人工成本的构成情况及其合理性

C. 企业的劳动生产率

D. 一定时期内企业人工成本的变动幅度

【答案】B

【解析】人工成本结构指标反映了企业人工成本的构成情况及其合理性。

考题预测及强化训练

一、单项选择题

1. 薪酬对员工的作用不包括(   )。

A. 个人价值体现　　　B. 支持企业变革

C. 心理激励功能　　　D. 基本生活保障

2. 对于追求(   )的企业来说，其薪酬管理的指导思想是企业与员工共担风险，共享收益。

A. 成长战略　　　　　B. 稳定战略

C. 集中战略　　　　　D. 收缩战略

3. 确定薪酬体系的基础是(   )。

A. 薪酬水平　　　　　B. 工作分析

C. 薪酬控制　　　　　D. 薪酬调查

4. (   )主要是为了解决薪酬的外部竞争性问题。
  A. 工作分析　　　　　B. 工作评价
  C. 薪酬调查　　　　　D. 薪酬预算
5. (   )是指企业根据员工的工作绩效或工作目标的完成情况而支付的报酬。
  A. 福利　　　　　　　B. 津贴
  C. 奖金　　　　　　　D. 补助
6. (   )是销售职位普遍使用的一种奖励制度。
  A. 计时制　　　　　　B. 佣金制
  C. 行为鼓励计划　　　D. 管理奖励计划
7. 个人奖励计划的优点不包括(   )。
  A. 降低了监督成本
  B. 有利于员工个人技能的发展
  C. 较易操作，易于沟通
  D. 能够更好地预测和控制劳动力成本
8. (   )是指通过企业奖励的方式直接赠予或是参照股票的当前市场价值向员工出售股票。
  A. 现股计划　　　　　B. 期货计划
  C. 期权计划　　　　　D. 期股计划
9. 下列关于福利的描述错误的是(   )。
  A. 以国家的强制法令及相关规定为依据
  B. 以企业的盈利能力为依托
  C. 以非货币薪酬和延期支付形式为主
  D. 向员工提供的
10. 一套好的福利计划应具备的特征不包括(   )。
  A. 亲和性　　　　　　B. 灵活性
  C. 战略性　　　　　　D. 特色性
11. 在短期内提供相对低的基本薪酬，从长期实行奖金或股票选择权的计划是(   )战略下的薪酬管理制度。
  A. 稳定　　　　　　　B. 收缩
  C. 成长　　　　　　　D. 客户中心
12. 薪酬确定的基础主要是员工从事的职位本身，基本薪酬和福利所占比重较大的是(   )战略下的薪酬管理制度。
  A. 稳定　　　　　　　B. 收缩
  C. 成长　　　　　　　D. 客户中心
13. 如果新的薪酬低于原有职位，应该(   )。
  A. 按照新的薪酬发放
  B. 降低原有薪酬
  C. 对于新的薪酬水平低于原有的部分采用津贴或保留工资的形式
  D. 不需要向这些"红圈职位"的员工进行培训
14. 薪酬水平以竞争对手薪酬为准，在薪酬结构方面奖金部分所占的比例相对较大是(   )竞争

战略下的薪酬管理特点。
  A. 创新战略　　　　　B. 成本领先战略
  C. 客户中心战略　　　D. 以上都不是
15. 关于斯坎伦计划的陈述，(   )是错误的。
  A. 斯坎伦计划是一种团队奖励计划
  B. 斯坎伦计划强调员工参与
  C. 斯坎伦计划以产品销售价格与成本价格之间的附加值来衡量生产率
  D. 斯坎伦比率等于劳动力成本与产品销售价值的比值
16. 以下不属于奖金的是(   )。
  A. 技能工资　　　　　B. 效益工资
  C. 业绩工资　　　　　D. 佣金
17. (   )不属于斯坎伦计划。
  A. 强调员工参与
  B. 员工愿意承担责任
  C. 员工应参与效率提高后的利润分享
  D. 员工无法进行自我管理
18. (   )不是长期奖励计划。
  A. 现股计划　　　　　B. 绩效加薪
  C. 期股计划　　　　　D. 期权计划
19. 短期奖励计划不包括(   )。
  A. 一次性奖金　　　　B. 期权计划
  C. 绩效加薪　　　　　D. 月/季度奖金
20. 关于佣金制，下列说法正确的是(   )。
  A. 佣金制是个人奖励计划
  B. 佣金制是团队奖励计划
  C. 单纯佣金制包括基本工资和佣金两部分
  D. 混合佣金制适合于销售难度较小的行业
21. (   )不是企业年金的特点。
  A. 企业自愿
  B. 采用个人积累制
  C. 通过资本市场进行管理和运营
  D. 以公平为原则
22. 企业为员工提供一些标准的福利项目组合，员工可以自由选择不同的组合，但不能自行构建福利组合的是(   )。
  A. 附加福利计划　　　B. 混合匹配福利计划
  C. 核心福利计划　　　D. 标准福利计划
23. 福利的功能不包括(   )。
  A. 满足员工社交与休闲的需要
  B. 满足员工基本生活的需要
  C. 满足员工安全需要
  D. 满足员工自我发展的需要

24. 经营者薪酬不包括(   )。
   A. 准公务员型
   B. 非持股多元化型
   C. 纯佣金制
   D. 持股多元化

25. 关于企业人工成本结构指标,正确的说法是(   )。
   A. 它是指一组能将人工成本与经济效益联系起来的相对数
   B. 它是指人工成本各组成部分占人工成本总额的比例
   C. 它可以衡量企业对劳动的投入和收益
   D. 人均人工成本指标属于人工成本结构指标

26. 具有既可以行使权利,又可以放弃这种权利特征的长期奖励计划形式是(   )。
   A. 现股计划
   B. 期股计划
   C. 期权计划
   D. 期货计划

27. 以下不属于社会保险福利的是(   )。
   A. 失业保险
   B. 工伤保险
   C. 生育保险
   D. 住房公积金

28. 为了解决薪酬的内部公平性问题,应进行(   )。
   A. 薪酬调查
   B. 工作分析
   C. 工作评价
   D. 薪酬预算

29. 下列属于自上而下的薪酬成本预算方法优点的是(   )。
   A. 缺乏灵活性
   B. 受主观因素影响较大
   C. 降低了预算的准确性
   D. 可以很好地控制企业的整体薪酬成本和部门薪酬成本

30. 短期奖励计划中一次性奖金的特点不包括(   )。
   A. 一次性奖金减少了因基本薪酬的累加效应所引起的固定薪酬成本的增加
   B. 一次性奖金保障企业各等级薪酬范围的固定性,不至出现大量超过薪酬范围之外的员工
   C. 从长期来看,企业长期以一次性奖金代替基本薪酬的增加,可能导致员工的消极行为
   D. 从长期来看,企业长期以一次性奖金代替基本薪酬的增加,会让员工更加积极的工作

二、多项选择题

1. 当企业采取不同战略时企业的薪酬管理是不同的,下列说法中正确的有(   )。
   A. 采用稳定战略的企业,在薪酬结构上基本薪酬所占的比例相对较低
   B. 采取收缩战略的企业,在薪酬结构上基本薪酬和福利所占的比重较大
   C. 采取创新战略的企业,其基本薪酬以劳动力

市场的通行水平为准且略高于市场水平
   D. 采取成本领先战略的企业,其在薪酬结构方面奖金部分所占的比例相对较大
   E. 采取客户中心战略的企业,其薪酬体系会根据员工向客户所提供服务的数量和质量来支付

2. 与传统薪酬管理相比全面薪酬战略更强调(   )。
   A. 灵活性
   B. 激励性
   C. 战略性
   D. 沟通性
   E. 敏感性

3. 薪酬结构设计的步骤包括(   )。
   A. 确定薪酬等级数量及级差
   B. 确定薪酬水平变化范围
   C. 确定薪酬变动范围与薪酬变动比率
   D. 确定薪酬区间中值与薪酬区间的渗透度
   E. 确定相邻薪酬等级之间的交叉与重叠

4. 全面薪酬战略的特点是(   )。
   A. 战略性
   B. 激励性
   C. 灵活性
   D. 创新性
   E. 原则性

5. 下列属于短期奖励计划的有(   )。
   A. 绩效加薪
   B. 一次性奖金
   C. 月/季度奖金
   D. 现股计划
   E. 期股计划

6. 法定福利主要包括(   )。
   A. 收入保障计划
   B. 员工服务计划
   C. 社会保险
   D. 法定假日
   E. 住房公积金

7. 福利管理的流程包括(   )。
   A. 福利计划
   B. 福利预算
   C. 福利执行
   D. 福利沟通
   E. 福利评价和反馈

8. 下列关于年薪制的五种模式的适用企业表述正确的有(   )。
   A. 准公务员型——承担政策目标的大型、特大型国有企业
   B. 一揽子型——各类企业
   C. 非持股多元化型——追求企业效益最大化的非股份制企业
   D. 持股多元化型——股份制企业
   E. 分配权型——面临特殊问题亟待解决的企业

9. 驻外人员的激励薪酬包括(   )。
   A. 基本薪酬
   B. 困难补助
   C. 驻外津贴
   D. 流动津贴
   E. 福利

10. 在薪酬成本的控制中,控制基本薪酬主要是要

控制(　　)。
A. 加薪的时间　　　　B. 加薪的规模
C. 工时数量　　　　　D. 员工数量
E. 员工的覆盖面

11. 确定薪酬等级数量及级差的指标有(　　)。
A. 关键比率法　　　　B. 中位数
C. 恒定绝对级差法　　D. 变动级差法
E. 恒定差异比率法

12. 薪酬对企业的作用包括(　　)。
A. 生活保障
B. 心理激励功能
C. 个人价值体现
D. 塑造和强化企业文化
E. 改善经营效率

13. 长期绩效奖励计划有(　　)。
A. 一次性奖金　　　　B. 现股计划
C. 期股计划　　　　　D. 月奖金
E. 期权计划

14. 常见的个人奖励包括(　　)。
A. 计件制　　　　　　B. 计时制
C. 佣金制　　　　　　D. 技术奖励计划
E. 行为鼓励计划

15. 收益分享计划包括(　　)。
A. 斯坎伦计划　　　　B. 拉克收益分享计划
C. 改进生产盈余计划　D. 现股计划
E. 期股计划

16. 弹性福利计划的实施方式包括(　　)。
A. 基本福利计划　　　B. 附加福利计划
C. 核心福利计划　　　D. 标准福利计划
E. 混合匹配福利计划

17. 股票期权赠予时机是(　　)。
A. 经理人解聘时　　　B. 经理人受聘时
C. 经理人退休时　　　D. 经理人晋升时
E. 每年一次业绩评定时

18. 下列对于销售人员的薪酬分配方案主要有(　　)。
A. 纯佣金制
B. 基本薪酬加佣金制
C. 基本薪酬加奖金制
D. 基本薪酬加佣金加奖金
E. 半佣金制

19. 下列对团队奖励计划的描述，正确的是(　　)。
A. 斯坎伦计划强调员工参与，认为员工不会主动承担责任
B. 拉克收益分享计划以产品销售价格的附加值来衡量生产率

C. 改进生产盈余计划在于用更少的劳动时间制造出更多的产品，重点是激励员工完成绩效目标
D. 团队奖励计划在绩效考核标准的制订上，比个人奖励计划要相对复杂
E. 团队奖励计划会导致优秀员工的流动，较容易产生"搭便车"效应

20. 在福利的评价与反馈中，好的福利计划应具备的特征有(　　)。
A. 亲和性　　　　　　B. 成本效能
C. 竞争性　　　　　　D. 激励性
E. 特色性

参考答案及解析

一、单项选择题

1.【答案】B
【解析】薪酬对员工的作用体现在基本生活保障、心理激励功能和个人价值体现。答案选B。

2.【答案】A
【解析】成长战略是一种关注市场开发、产品开发、创新等内容的战略，其包括类型有内部成长战略和外部成长战略；其指导思想是企业与员工共担风险，共享收益。其薪酬方案是指在短期内提供相对低的基本薪酬，而在长期中实行奖金或股票选择权等计划，能够使员工得到较为慷慨的回报。答案选A。

3.【答案】B
【解析】薪酬体系设计的步骤包括明确企业基本现状及战略目标，制订薪酬政策，搞清进行薪酬决策的重要前提条件。工作分析及职位评价，工作分析是确定薪酬体系的基础，职位评价主要是为了解决薪酬的内部公平性问题。薪酬调查，解决薪酬的外部竞争性问题。确定薪酬水平，应结合企业所处的内、外部环境确定薪酬水平。薪酬结构设计是薪酬的内部一致性和外部竞争性，这两种薪酬是有效性标准之间进行平衡的一种结果。完整的薪酬结构中包含薪酬等级、薪酬等级内部变动范围和相邻薪酬等级间的关系等。薪酬预算与控制：保证薪酬体系的有效实施还要进行薪酬预算与控制。答案选B。

4.【答案】C
【解析】薪酬调查主要是为了解决薪酬的外部竞争性问题。答案选C。

5.【答案】C

【解析】奖金是指企业根据员工的工作绩效或工作目标的完成情况而支付的报酬。答案选C。

6.【答案】B

【解析】佣金制是销售职位普遍使用的一种奖励制度。答案选B。

7.【答案】B

【解析】个人奖励计划是为了奖励员工达到了与职位有关的绩效标准。优点包括降低了监督成本，能够更好地预测和控制劳动力成本，较易操作，易于沟通；个人奖励性薪酬不累加到员工的基本薪酬中。缺点包括一些职位很难再以物质产出的方式区分员工的个人绩效；可能会导致员工只做有利于其获得报酬的事情，不利于员工个人技能的发展。答案选B。

8.【答案】A

【解析】现股计划是指通过企业奖励的方式直接赠予或是参照股票的当前市场价值向员工出售股票。答案选A。

9.【答案】B

【解析】福利是指企业基于雇佣关系，依据国家的强制法令及相关规定，以企业自身的支付能力为依托，向员工所提供的、用以改善其本人和家庭生活质量的各种以非货币薪酬和延期支付形式为主的补充性报酬与服务。福利可以起到吸引企业所需的员工、降低员工的流动率等作用，同时还可以激励员工、提高员工的士气以及对企业的认可度与忠诚度。因此B选项中以企业的盈利能力为依托是错误的，应该是以企业自身的支付能力为依托。答案选B。

10.【答案】C

【解析】一套好的福利计划应具备的特征包括亲和性、灵活性、竞争性、成本效能、可操作性、特色性，答案选C。

11.【答案】C

【解析】成长战略是一种关注市场开发、产品开发、创新等内容的战略，可以分为内部成长战略和外部成长战略。对于追求成长战略的企业来说，其薪酬管理的指导思想就应是企业与员工共担风险、共享收益。企业的薪酬方案是在短期内提供相对低的基本薪酬，在长期中实行奖金或股票选择权等计划。

12.【答案】A

【解析】稳定战略是一种强调市场份额或者运营成本的战略。采用稳定战略的企业一般都处于比较稳定的环境，从人力资源管理的角度来讲，就是要稳定现有的、掌握相关工作技能的员工。因此在薪酬管理方面，薪酬决策的集中度比较高，薪酬的确定基础主要是员工从事的职位本身，在薪酬结构上基本薪酬和福利所占的比重较大。

13.【答案】C

【解析】在薪酬体系引用中，对于新的薪酬水平低于原有薪酬的职位，即通常被称为"红圈职位"的那些职位，不能降低其原有薪酬，否则就可能会激起这些员工的不满情绪。应当在新的薪酬体系执行的时候，保留这部分员工的原有薪酬，对于新的薪酬水平低于原有薪酬的那部分金额，则可以采用津贴或保留工资的形式处理。

14.【答案】B

【解析】成本领先战略(成本最低战略)下，薪酬水平以竞争对手薪酬为准，在薪酬结构方面奖金部分所占的比例相对较大。答案选B。

15.【答案】C

【解析】收益分享计划指一个团队的成员，通常是一个部门或单位，由于生产率的提高而得到奖励。斯坎伦计划是一种重要的收益分享计划，其特点在于强调员工参与。在斯坎伦计划中，斯坎伦比率等于劳动力成本除以产品的销售价值。

16.【答案】A

【解析】奖金又称浮动薪酬，是指企业根据员工的工作绩效或工作目标的完成情况而支付的报酬。根据奖金的定义，技能工资不属于奖金的内容。

17.【答案】D

【解析】斯坎伦计划的特点在于强调员工参与，它相信如果员工提出了企业的目标，那么在工作中就能进行自我管理、自我控制，并相信如果给予员工工作机会，员工就会愿意接受并主动承担责任。当由于员工的建议而导致生产成本的降低，即当期斯坎伦比率低于基期标准时，节省下来的资金即在员工中进行分配。

18.【答案】B

【解析】长期奖励计划的主要形式包括现股计划、期股计划以及期权计划。

19.【答案】B

【解析】短期奖励计划的主要方式有：绩效加薪、一次性奖金、月/季度奖金和特殊绩效奖励计划。

20. 【答案】A

【解析】佣金制是个人奖励计划的一种，按照销售数量或是销售额的一定比率来计算奖金。它有三种形式，即单纯佣金制、混合佣金制和超额佣金制。其中单纯佣金制是指销售人员的收入完全来自佣金，所获得的佣金等于销售量与佣金率的乘积；混合佣金制是指销售人员的薪酬包括基本工资和佣金两部分，这种形式尤其适合一些销售难度较大的行业；一些相对较为稳定的行业则可以采用超额佣金制，此时销售人员获得的不是全部佣金，而是扣除了既定额度后的差额。

21. 【答案】D

【解析】企业年金的特点有：企业自愿并自主选择管理运作方式；政府对企业年金不承担直接责任；企业年金采用个人积累制，实行个人自保；企业年金以效率原则为基础，不存在再分配的含义，因此有较强的激励作用；企业年金通过资本市场进行管理和运营，投资手段更加多样。

22. 【答案】D

【解析】标准福利计划是企业为员工提供一些标准的福利项目组合，员工可以自由选择不同的组合，但不能自行构建福利组合。

23. 【答案】B

【解析】福利是企业基于雇佣关系，依据国家的强制法令及相关规定，以企业自身的支付能力为依托，向员工所提供的、用以改善其本人和家庭生活质量的各种以非货币薪酬和延期支付形式为主的补充性报酬与服务。

24. 【答案】C

【解析】经营者薪酬包括：年薪制和股票期权计划。其中年薪制又包括五种形式，分别是准公务员型、一揽子型、非持股多元化型、持股多元化型和分配权型。

25. 【答案】B

【解析】人工成本结构指标是指人工成本各组成部分占人工成本总额的比率，它能够反映人工成本投入构成的情况与其合理性。

26. 【答案】C

【解析】期权计划具有到期后既可以行使权利，又可以放弃权利的特征。

27. 【答案】D

【解析】社会保险一般包括养老保险、医疗保险、工伤保险、失业保险及生育保险。

28. 【答案】C

【解析】工作评价主要是为了解决薪酬的内部公平性问题。

29. 【答案】D

【解析】自上而下的薪酬成本预算方法可以很好地控制企业的整体薪酬成本和部门薪酬成本，便于调控人力成本开支与企业支付能力及企业绩效的对称性。

30. 【答案】D

【解析】该方法减少了因基本薪酬的累加效应所引起的固定薪酬成本的增加，保障企业各等级薪酬范围的固定性，不至出现大量超过薪酬范围之外的员工。但从长期来看，企业长期以一次性奖金代替基本薪酬的增加，可能导致员工的消极行为，因此选项D的描述是错误的，答案选D。

二、多项选择题

1. 【答案】CDE

【解析】当企业采取创新战略时，其基本薪酬以劳动力市场的通行水平为准且略高于市场水平。采取成本领先战略的企业，在薪酬结构方面奖金部分所占的比例相对较大。采取客户中心战略的企业，其薪酬体系会根据员工向客户所提供服务的数量和质量来支付薪酬。答案选择CDE。

2. 【答案】ABCD

【解析】与传统薪酬管理相比全面薪酬战略更强调灵活性、激励性、战略性和沟通性，答案选ABCD。

3. 【答案】ACDE

【解析】薪酬结构设计的步骤包括：确定薪酬等级数量及级差；确定薪酬变动范围与薪酬变动比率；确定薪酬区间中值与薪酬区间的渗透度；确定相邻薪酬等级之间的交叉与重叠。答案选择ACDE。

4. 【答案】ABCD

【解析】全面薪酬战略的特点是战略性、激励性、灵活性、创新性和沟通性，答案选ABCD。

5. 【答案】ABC

【解析】短期奖励计划主要包括：绩效加薪，将基本薪酬的增加与员工的绩效评价等级联系在一起的短期奖励计划，绩效加薪所产生的基本薪酬增加额具有累积作用；一次性奖金，在绩效评价结束后，根据员工的年度绩效评价结果一次性给予员工一定数量的奖金，同时不累加员工的基本薪酬；月或季度奖金，根据月或季度绩效评价结果，以月度绩效奖金或季度绩效奖金的形式对员工的业绩加以认可；特殊绩效奖励计划，为了奖励那些绩效超出预期水平很多的个人以及团队，在绩效加薪额外给予必要的奖励，该方法具有非常高的灵活性。所以正确答案选ABC。

6.【答案】CDE

【解析】法定福利主要包括：社会保险，一般包括养老保险、医疗保险、工伤保险、失业保险及生育保险；法定假期，包括法定节假日、公休假日、带薪年假及探亲假、婚丧假、产假、配偶生育假等其他假期；住房公积金，包括员工个人缴存的住房公积金和员工所在企业为员工缴存的住房公积金。答案选择CDE。

7.【答案】ABDE

【解析】福利管理主要包括：福利计划；福利预算；福利沟通；福利的评价与反馈。答案选择ABDE。

8.【答案】ACD

【解析】关于年薪制的五种模式的适用企业表述正确的是ACD。

9.【答案】BCD

【解析】驻外人员的激励薪酬包括困难补助、驻外津贴和流动津贴。答案选择BCD。

10.【答案】ABE

【解析】在薪酬成本的控制中，控制基本薪酬的措施主要是要控制加薪的时间、加薪的规模、员工的覆盖面。答案选择ABE。

11.【答案】CDE

【解析】确定薪酬等级数量及级差的指标有：恒定绝对级差法，即各职位等级中的最高点之间的差相等；变动级差法，即职位等级越高，相邻的两个职位等级的最高点之间的差异就越大；恒定差异比率法，即绝对级差与下一职位等级最高点之间的比率是恒定的；变动差异比率法，即职位等级越高，相邻的两个职位等级之间的差异比率越大。本题正确答案为CDE。

12.【答案】DE

【解析】薪酬对企业的作用主要有改善经营绩效、塑造和强化企业文化以及支持企业变革3个方面。本题正确答案为DE。

13.【答案】BCE

【解析】长期绩效奖励计划是指绩效衡量周期在一年以上的对既定绩效目标达成提供奖励的计划。其主要形式包括现股计划、期股计划以及期权计划。本题正确答案为BCE。

14.【答案】ABCE

【解析】常见的个人奖励计划有：计件制、计时制、佣金制、管理奖励计划和行为鼓励计划。本题正确答案为ABCE。

15.【答案】ABC

【解析】收益分享计划根据企业绩效的改善，包括生产力增加、顾客满意度增加、成本的降低等给团队中的员工支付奖金。较为重要的收益分享计划有斯坎伦计划、拉克收益分享计划以及改进生产盈余计划。

16.【答案】BCDE

【解析】弹性福利计划的实施方式包括4种类型，分别是附加福利计划、混合匹配福利计划、核心福利计划和标准福利计划。本题正确答案为BCDE。

17.【答案】BDE

【解析】在股票期权计划中，一般经理人在受聘、晋升和每年一次的业绩评定后，获赠股票期权。受聘时与晋升时获赠的股票期权数量较多。本题正确答案为BDE。

18.【答案】ABCD

【解析】在实践中销售人员的薪酬分配方案是多种多样的，总的来说可以分为四种：纯佣金制、基本薪酬加佣金制、基本薪酬加奖金制、基本薪酬加佣金加奖金。本题正确答案为ABCD。

19.【答案】CE

【解析】团队奖励计划的优点是在绩效考核标准的制订上，比个人奖励计划要相对简单，但较容易产生"搭便车"效应；团队奖励计划中，斯坎伦计划的特点在于强调员工参与，相信如果员工提出了企业的目标，员工在工作中就会愿意接受并主动承担责任；拉克收益分享计划以产品销售价格与成本价格之间的附加值来衡量生产率；改进生产盈余计划旨在用更少的劳动时间制造出更多的产品，其重点是激励员工完成绩效目标。本题正确答案为CE选项。

20.【答案】ABCE

【解析】一套好的福利计划应具备6个基本特征：亲和性、灵活性、竞争性、成本效能、可操作性和特色性。本题正确答案为ABCE选项。

第十章 培训与开发

　　本章应重点掌握的内容是职业生涯管理的基本方法、管理效果评估的指标、培训与开发的相关内容以及职业生涯管理中的注意事项。

　　从近几年的考题情况来看，注意事项中的职业兴趣，职业生涯的不同发展阶段和相应的任务，以及职业生涯锚的相关概念是考试中比较容易出现的知识点，也是考试的热点。考查形式以单项选择题和多项选择题为主。

本章重要考点分析

　　本章涉及9个考点，如图10-1所示。

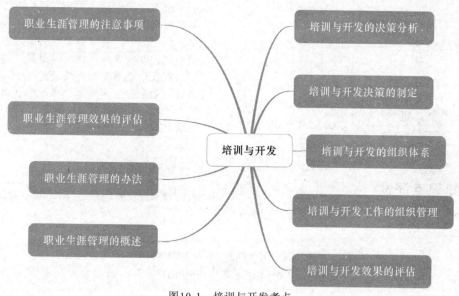

图10-1　培训与开发考点

本章近三年题型及分值总结

　　本章内容在近三年的考试中出现的题型以单项选择题和多项选择题的考查形式为主，如表10-1所示。

表10-1　培训与开发题型及分值

年　份	单项选择题	多项选择题	案例分析题
2014年	1题	1题	0题
2013年	0题	2题	0题
2012年	1题	1题	0题

第一节　培训与开发决策分析

培训与开发的决策分析指的是组织在决定是否进行某项培训与开发活动之前对成本—收益进行的权衡考虑，培训与开发是一种对人力资源的投资。

思维导图

该节涉及多个知识点和概念，如图10-2所示。

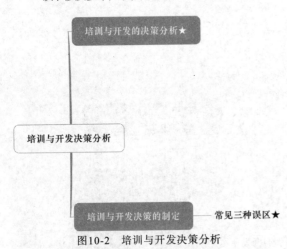

图10-2　培训与开发决策分析

知识点测试

【2012年多选题】影响组织培训与开发收益的因素包括(　　)。

A. 受训员工可能的服务年限
B. 受训员工技能可能提高的程度
C. 受训员工的努力程度
D. 受训员工对组织的忠诚度
E. 受训员工参加工会活动的积极性

【答案】ABCD

【解析】本题考查影响组织培训与开发收益的因素，主要有四点。本题正确答案为ABCD。

第二节　培训与开发的组织管理

组织在设立培训与开发机构时，要考虑组织的规模和人力资源管理在组织中的地位和作用两个方面的因素。各级管理层需要对培训与开发承担不同程度的管理责任，但对员工进行培训与开发的责任最终落实到直线经理身上，包括关注下属员工的职业生涯发展，提供给下属员工发展其能力的机会，并在日常工作中鼓励员工持续不断地学习。

思维导图

该节涉及多个知识点和概念，如图10-3所示。

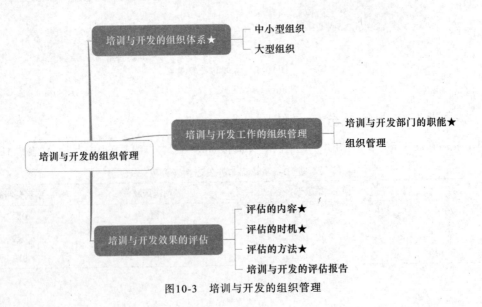

图10-3　培训与开发的组织管理

知识点测试

【2014年多选题】关于培训与开发效果评估的说法，正确的是(   )。

A. 效果评估是培训与开发体系中最难实现的一个环节

B. 效果评估中应用最广的是层次评估模型

C. 反应评估是效果评估中最基本、最常用的评估方法

D. 结果评估中的硬指标包括产出、质量、工作满意度等

E. 学习评估的内容包括知识、技能、态度三个方面

【答案】ABCE

【解析】由于培训与开发效果的滞后性，以及员工个体的差异性，要客观、科学地评估培训与开发的效果相当困难，因此，效果评估是培训与开发体系中最难实现的一个环节。效果评估中应用最广的是层次评估模型。反应评估易于进行，也是最基本、最常用的评估方式。结果评估中的硬指标包括产出、质量、成本、时间等四大类，所以D错误。学习评估的内容包括知识、技能、态度三个方面。

【2012年单选题】关于培训与开发组织体系的陈述，错误的是(   )。

A. 在设立培训与开发机构时，需要考虑组织规模和人力资源管理在组织中的地位和作用

B. 培训与开发机构隶属于人力资源部的优点是有利于形成协调统一的培训开发计划

C. 培训与开发机构作为独立部门的优点是不易受其他工作干扰，易于保证培训与开发的力度和连续性

D. 企业大学是非独立的培训与开发机构的一种扩展模式

【答案】D

【解析】本题考查培训与开发的组织体系。企业大学是独立的培训与开发机构的一种扩大发展的模式。

【2010年单选题】(   )可以确定员工绩效的改善确实是由培训与开发所引发的，而不是由企业的其他方面变化引起的。

A. 控制实验法 　　　B. 问卷调查法

C. 直接观察 　　　　D. 绩效监测

【答案】A

【解析】常用的培训与开发效果的评估方法是问卷调查法，B选项不选。直接观察、绩效监测是工作行为评估的方法，CD选项不选。

【2011年单选题】培训与开发效果评估中应用最广的是层次评估模型，把评估内容分为反应、学习、行为、结果、投资收益等五个方面。其中最基本、最常用的评估方式是(   )。

A. 反应评估

B. 学习评估

C. 工作行为评估

D. 结果评估

【答案】A

【解析】反应评估是最基本、最常用的评估方式。

【2011年单选题】关于培训与开发效果评估的陈述，错误的是(   )。

A. 问卷调查法是常用的培训与开发效果的评估方法

B. 反应评估是最基本、最常用的评估方式

C. 效果评估是培训与开发体系中最易实施的一个环节

D. 工作行为评估的重点是评价培训与开发是否带来了受训人员行为上的改变

【答案】C

【解析】效果评估是培训与开发体系中最难实施的一个环节。

【2012单选题】关于培训与开发效果评估的陈述，正确的是(   )。

A. 控制实验法是培训与开发效果评估中最常用的方法

B. 效果评估是培训与开发体系中最难实施的一个环节

C. 反应评估的重点是评价培训与开发是否带来了受训人员行为上的改变

D. 控制实验法适用于难以找到量化评估指标的培训与开发项目

【答案】B

【解析】本题考查培训与开发效果的评估。问卷调查法是常用的培训与开发效果的评估方法，而控制实验法是评估培训与开发效果最好、最正规的方法。反映评估的重点是评估受训人员对培训与开发的主观感受和看法，而工作行为评估的重点是评价培训与开发是否带来了受训人员行为上的改变。控制实验法不适用于那些难于找到量化绩效指标的培训与开发项目。

第三节　职业生涯管理

　　组织职业生涯管理是指组织和员工个人共同对员工职业生涯进行设计、规划、执行、评估和反馈的一个综合性过程。职业生涯管理包括由组织主动实施的职业生涯管理，简称组织职业生涯管理，又包括由个人主动进行的职业生涯管理，简称个体职业生涯管理。

　　职业生涯管理的方法分为组织层次的职业生涯管理方法和个人层次的职业生涯管理方法。职业生涯管理的注意事项主要有以下几个方面：职业生涯管理

活动要与组织的人力资源战略、招聘、绩效评估等人力资源管理环节相互配合，统筹考虑；要得到组织高层的支持，特别是在政策、经费等方面；鼓励直线经理参与职业生涯发展活动；要充分考虑员工的个体差异，包括技能与能力、职业兴趣、职业生涯发展阶段及主要任务、职业生涯锚等方面的内容。

 思维导图

　　该节涉及多个知识点和概念，如图10-4所示。

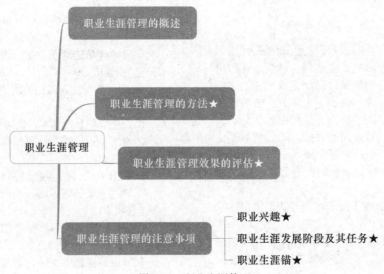

图10-4　职业生涯管理

 知识点测试

　　【2014年单选题】关于职业生涯锚的说法，错误的是(　　)。

A. 职业生涯锚产生于职业生涯早期

B. 职业生涯锚强调个体能力、动机和价值观的相互作用和整合

C. 职业生涯锚可以根据各种测试进行预测

D. 职业生涯并不是完全固定不变的

【答案】C

【解析】职业生涯锚，是指个人不得不做出选择的时候，他/她无论如何都不会放弃的职业生涯中的那种至关重要的东西或价值观。职业生涯锚具有以下四个特点：(1)产生于早期职业生涯阶段，以个体习得的工作经验为基础；(2)强调个人能力、动机和价值观三方面的相互作用与整合；(3)不

可能根据各种测试提前进行预测；(4)并不是完全固定不变的。

　　【2014年多选题】组织层次的职业生涯管理方法包括(　　)。

A. 公布空缺职位信息

B. 建立职业生涯信息中心

C. 成立潜能评价中心

D. 工作轮换

E. 实行利润分享

【答案】ABCD

【解析】组织层次的职业生涯管理方法包括：(1)提供内部劳动力市场信息，主要采取的方法有公布职位空缺信息，介绍组织内的职业生涯通道，建立职业生涯信息中心。(2)成立潜能评价中心，常用的方法有评价中心、心理测验、替换或继任规划。(3)实施培训与发展项目，这些培训与发展项目具体

包括工作轮换，利用公司内、外人力资源发展项目对员工进行培训，参加组织内部或外部的专题研讨会，专门对管理者进行培训或实行双通道职业生涯设计。

【2012年单选题】 在典型的职业生涯通道类型中，描述员工在同一管理层级或技术、技能等级上不同工种之间变动路径的是( )。

A. 横向通道　　　　　B. 纵向通道

C. 双通道　　　　　　D. 职业生涯锚

【答案】 A

【解析】 横向通道即员工在同一管理层级或技术、技能等级上不同工种之间的变动路径。

【2011年单选题】 组织层次的职业生涯管理方法中( )方法主要用于对专业人员、管理人员、技术人员提升的可能性评价。

A. 提供内部劳动力市场信息

B. 成立潜能评价中心

C. 实施培训与发展项目

D. 职业生涯指导与咨询

【答案】 B

【解析】 组织层次的职业生涯管理方法中潜能评价中心主要用于对专业人员、管理人员、技术人员提升的可能性评价。

【2011年单选题】 具有喜欢和人互动、自信、有支配能力、追求权力和地位特点的职业兴趣类型是( )。

A. 常规型　　　　　B. 现实型

C. 社会型　　　　　D. 企业型

【答案】 D

【解析】 本题考查霍兰德的职业兴趣类型中的企业型。

【2011年多选题】 关于霍兰德的职业兴趣类型理论的表述正确的有( )。

A. 企业型的人喜欢和人互动、自信、有支配能力

B. 六种职业兴趣类型标注在六角形上，离的越近的类型，拥有越多的相同之处

C. 现实型与常规型和研究型的相邻，与艺术型的对立

D. 社会型的人善于和人相处，喜欢教导

E. 职业兴趣是指个体对某种活动或某种职业的喜好

【答案】 ABDE

【解析】 现实型与常规型和研究型的相邻，与社会型的对立。所以选项C错误。本题正确答案为

ABDE。

【2012年多选题】 关于职业生涯锚的陈述，正确的是( )。

A. 职业生涯锚产生于职业生涯的中期阶段，以个体习得的工作经验为基础

B. 职业生涯锚由个人能力、动机和价值观相互作用与整合而成

C. 职业生涯锚可以根据各种测试提前进行预测

D. 职业生涯锚并不是完全固定不变的

E. 职业生涯锚清楚地反映个人的职业追求与抱负

【答案】 BDE

【解析】 职业生涯锚是指一个人在不得不作出选择的时候，他/她无论如何都不会放弃的职业生涯中的那种至关重要的东西或价值观。它清楚地反映个人的职业追求与抱负。职业生涯锚具有四个特点：产生于早期职业生涯阶段，以个体习得的工作经验为基础；强调个人能力、动机和价值观三方面的相互作用与整合；不可能根据各种测试提前进行预测；并不是完全固定不变的。本题正确答案为BDE选项。

【例题 单选题】 职业生涯发展阶段建立期的发展任务是( )。

A. 确定兴趣、能力，让自我与工作匹配，更新技能

B. 晋升、成长、安全感

C. 生涯类型的确立，维持成就感

D. 退休计划，改变工作与非工作之间的平衡

【答案】 B

【解析】 职业生涯发展阶段中，确定兴趣、能力，让自我与工作匹配，更新技能是探索期的发展任务，排除A选项；生涯类型的确立，维持成就感，是维持期的发展任务，排除C选项；退休计划，改变工作与非工作之间的平衡是衰退期的发展任务，排除D选项。晋升、成长、安全感是建立期的发展任务，因此正确答案选B。

考题预测及强化训练

一、单项选择题

1. 组织对员工进行培训与开发的投资，需要考虑( )。

A. $B-S>C$　　　　　B. $C+S>B$

C. $S-B>C$　　　　　D. 以上都不对

2. 对培训开发效果进行评估的最好且最正规的方法是( )。
   A. 问卷调查法　　　　B. 控制实验法
   C. 观察法　　　　　　D. 分析法

3. 在培训开发部门的主要职能中，不包括( )。
   A. 制订企业的年度培训开发计划
   B. 审批年度培训开发预算
   C. 制订支持经营战略达成的培训开发战略
   D. 实施各类培训开发计划

4. 对员工进行培训开发的责任最终应落实到( )身上。
   A. 被培训员工本人
   B. 客户
   C. 过去接受过培训开发的人员
   D. 直线经理

5. 培训开发工作在目标上具有( )。
   A. 合理性　　　　　　B. 科学性
   C. 多样性　　　　　　D. 规范性

6. 当企业员工规模不大时，需要采用( )培训与开发机构模式。
   A. 隶属于人力资源部门
   B. 设置成独立的部门
   C. 建立企业大学
   D. 以上都不是

7. 培训与开发效果的评估不包括( )。
   A. 能力评估　　　　　B. 学习评估
   C. 反应评估　　　　　D. 投资收益评估

8. 最基本、最常用的评估是( )。
   A. 学习评估　　　　　B. 反应评估
   C. 结果评估　　　　　D. 工作行为评估

9. 在城堡型组织中，员工职业生涯管理模式的特点是( )。
   A. 对外部劳动力市场的开放程度高，内部晋升竞争程度也高，员工就业安全受到来自外部竞争和内部竞争的双重威胁
   B. 对外部劳动力市场的开放程度高，而内部晋升竞争程度低，员工就业安全的主要威胁来自外部竞争
   C. 对外部劳动力市场的开放程度低，内部晋升竞争程度也低，员工就业安全受到的威胁很小
   D. 对外部劳动力市场的开放程度低，但是内部晋升竞争程度高，员工的就业安全主要取决于其在组织中的表现

10. 组织实施职业生涯管理对个人的重要意义有( )。
    A. 帮助员工树立正确的人生观
    B. 帮助员工解决生活难题
    C. 促进员工团队的建设
    D. 增强员工自身的竞争力

11. 对外部劳动力市场的开放程度高，而内部晋升程度也高的是( )类型的职业生涯管理模式。
    A. 城堡型组织　　　　B. 棒球队型组织
    C. 俱乐部型组织　　　D. 学院型组织

12. 对外部劳动力市场的开放程度低，但内部晋升程度高的是( )职业生涯管理模式。
    A. 堡垒型　　　　　　B. 棒球队型
    C. 俱乐部型　　　　　D. 学院型

13. 职业生涯管理中最关键的过程是( )。
    A. 职业生涯规划　　　B. 职业生涯发展
    C. 管理层继任规划　　D. 招募

14. 职业生涯规划的焦点是放在( )的配合上。
    A. 个人目标与可行的机会
    B. 个人目标
    C. 实现可行的机会
    D. 获得职业生涯的发展

15. 喜欢和人互动、自信、有支配能力、追求权力和地位。具有这样特点的职业兴趣类型是( )。
    A. 社会型　　　　　　B. 现实型
    C. 艺术型　　　　　　D. 企业型

16. 下列关于培训与开发决策分析的表述错误的是( )。
    A. 只有 $B-S>C$ 时，培训与开发才会提高组织的利润
    B. 培训与开发是一种投资或一项工福利
    C. 培训与开发的预算经常落后于经营战略计划
    D. 管理层不愿意做那些难于衡量或反馈周期长的培训与开发投资

17. 具有分析能力、人际沟通能力和情绪控制能力的强强组合特点的职业生涯锚是( )。
    A. 技术/职能能力型　　B. 管理能力型
    C. 自主独立型　　　　D. 创造型

18. 在霍兰德的"职业兴趣类型理论"中，与现实型差异最大的是( )。
    A. 研究型　　　　　　B. 艺术型
    C. 社会型　　　　　　D. 企业型

19. 一个人在不得不作出选择的时候，他/她无论如

何都不会放弃的职业生涯中的那种至关重要的东西和价值观称为（　　）。

A. 职业生涯管理

B. 职业生涯通道

C. 职业生涯发展阶段

D. 职业生涯锚

20. 在职业生涯锚的类型中，（　　）职业锚员工的驱动力和价值观是追求安全、稳定的职业前途。

A. 安全稳定型　　　B. 自主独立型

C. 创造型　　　　　D. 技术/技能型

二、多项选择题

1. 人力资源培训与开发的评估方法大致分为（　　）大类。

A. 访谈法　　　　　B. 面试法

C. 控制实验法　　　D. 岗位轮换法

E. 问卷调查法

2. 霍兰德的职业兴趣类型理论包含的职业兴趣类型有（　　）。

A. 艺术型　　　　　B. 管理型

C. 现实型　　　　　D. 技术型

E. 常规型

3. 潜能评价中心常用的方法包括（　　）。

A. 评价中心　　　　B. 职业生涯锚

C. 心理测验　　　　D. 替换或继任规划

E. 职业生涯研讨会

4. 为了使职业生涯管理活动取得成功，应注意的事项有（　　）。

A. 参加组织内部或外部的专题研讨会

B. 得到组织高层的支持，特别是在政策、经费等方面

C. 鼓励直线经理参与职业生涯发展活动

D. 要充分考虑员工的个体差异

E. 职业生涯管理活动要与组织的人力战略、招聘、绩效评估等人力资源管理环节相互配合，统筹考虑

5. 组织在培训与开发的决策中，管理层出现决策误区的表现有（　　）。

A. 组织的规模限制了培训与开发的组织和管理

B. 在一定程度上，视培训开发为一种开支或一种员工福利

C. 管理层不愿意做那些难于衡量或反馈周期长的培训与开发投资

D. 由于人力资源投资的回报难以量化，从而更容易遭到管理层的反对

E. 培训与开发的预算经常落后于经营战略计划

6. 下列关于培训与开发组织体系的说法，正确的有（　　）。

A. 在中小型组织中，由于员工规模不大，培训与开发工作通常是某个人力资源管理岗位的一项职责

B. 在大型组织中，培训与开发机构可以与人力资源部并列，是组织的一个独立部门

C. 在大型组织中，培训与开发机构不可以隶属于人力资源部门

D. 培训与开发隶属于人力资源部，无法体现培训与开发在组织中的战略地位

E. 企业大学并不是独立的培训与开发机构

7. 下列关于培训与开发效果学习评估的说法，正确的有（　　）。

A. 学习评估是最基本、最常用的评估方式

B. 受训人员在参加培训与开发结束后，知识、技能或态度是否有了提高和改变，是学习评估的主要内容

C. 学习包含知识、技能、态度等三大类，需要采用不同的评估方法

D. 学习评估是评估受训人员"学到了什么"

E. 通常采用访谈、问卷调查等方法

8. 培训与开发效果结果评估指标中的硬指标包括（　　）。

A. 主动性　　　　　B. 产出

C. 成本　　　　　　D. 质量

E. 顾客服务

9. 下列关于培训与开发效果评估方法的表述，错误的有（　　）。

A. 控制实验法是评估培训与开发效果不佳的方法

B. 问卷调查法是评价培训与开发效果最正规的方法

C. 控制实验法是最常用的评价方法

D. 控制实验法是评价培训与开发效果最好的方法

E. 控制实验法适合于评价管理技能培训与开发

10. 下列属于回任工作评估内容的有（　　）。

A. 培训质量是否达标

B. 工作效率有无提高

C. 工作效率提高程度如何

D. 工作态度有无改变

E. 工作态度改变的程度如何

11. 组织实施职业生涯管理对个人的重要性表现在（　　）。

A. 使员工与组织共同发展，以适应组织发展与变革

B. 员工能更好地认识自己，为发挥自己的潜力奠定基础

C. 可在组织中学到各种有用的知识，锻炼能力，从而增加员工自身的竞争力

D. 满足员工的发展需要，增强员工对组织的承诺，留住员工

E. 能满足员工高层次的需求，进而提高个体的工作、生活质量

12. 组织实施职业生涯管理对组织的重要性表现在（　　）。

A. 员工能更好地认识自己，为发挥自己的潜力奠定基础

B. 从组织内部培养的员工在组织适应性方面比外面招聘的强

C. 为组织培养后备人才，特别是高级技术人才

D. 使员工与组织共同发展，以适应组织发展与变革

E. 满足员工的发展需要，增强员工对组织的承诺，留住员工

13. 组织的员工职业生涯管理模式可分为（　　）组织。

A. 独立型　　　　B. 棒球队型

C. 学院型　　　　D. 堡垒型

E. 俱乐部型

14. 组织层次的职业生涯管理方法包括（　　）。

A. 成立潜能评价中心

B. 职业生涯指导与咨询

C. 提供内部劳动力市场信息

D. 给个人提供自我评估工具和机会

E. 实施培训与发展项目

15. 实施职业生涯指导与咨询的人员主要来自（　　）。

A. 公司的高级管理人才和高级技术人才

B. 优秀员工

C. 人力资源部的专业人员或具体负责人

D. 组织外的专业指导师或咨询师

E. 员工的直接主管

16. 职业生涯锚的内容包括（　　）。

A. 自省的态度与价值观

B. 自省的职业生涯规划

C. 自省的才干与能力

D. 自省的兴趣

E. 自省的动机与需要

17. 下列关于职业生涯锚类型的表述，正确的有（　　）。

A. 技术/职能能力型追求一般性管理工作，且责任越大越好

B. 管理能力型具有强烈的升迁动机，以提升等级和收入作为衡量成功的标准

C. 安全稳定型的驱动力和价值观是追求安全、稳定的职业前途

D. 自主独立型的视自主为第一需要

E. 创造型的有强烈的创造需求和欲望，发明创造是他们工作的强大驱动力

18. 在个人职业发展或组织的职业生涯管理中，职业生涯锚发挥着重要作用，表现在（　　）。

A. 有助于识别个体的职业生涯目标和职业生涯成功的标准

B. 能够促进员工预期心理契约的发展，有利于个体与组织稳固地相互接纳

C. 有助于增强个体职业技能和工作经验，提高个体和组织的绩效

D. 强调个人能力、动机和价值观三方面的相互作用与整合

E. 为个体中后期职业生涯发展奠定基础

19. 关于培训与开发的组织体系，说法正确的是（　　）。

A. 大型组织中，一般设置专门的培训与开发机构

B. 大型组织中，培训与开发机构可以隶属于人力资源部

C. 大型组织中，培训与开发机构可以是一个独立部门

D. 大型组织中，培训与开发机构不能是一个独立部门

E. 大学是独立的培训与开发机构的一种扩大发展的模式

20. 培训与开发部门的职能包括（　　）。

A. 制订企业季度的培训与开发计划

B. 确定企业内部和外部的培训与开发资源

C. 制订年度培训与开发预算

D. 实施各类培训与开发计划

E. 制订支持企业经营战略的培训与开发计划

参考答案及解析

一、单项选择题

1.【答案】A

【解析】在决定是否进行某项培训与开发活动时，组织需要考虑三个方面的因素：(1)培训与开发的支出C；(2)员工参加培训与开发将会给组织带来的收益B；(3)组织支付给员工的加薪S，因为员工通过培训与开发获得了提升。只有$B-S>C$，培训与开发才会提高组织的收益。

2.【答案】B
【解析】对培训开发效果评估有多种方法可供选择，大致可以概括为控制实验法和问卷调查法这两大类。其中控制实验法是评估培训与开发效果最好、最正规的方法。用这种方法可以确定员工绩效的改善确实是由培训与开发所引发的，而不是企业的其他方面变化引起的。

3.【答案】B
【解析】培训与开发部门的职能包括：制订支持企业经营战略的培训与开发计划；制订企业年度的培训与开发计划；制订各类培训开发计划等，但是不包括审判年度培训开发预算，因此正确答案选B。

4.【答案】D
【解析】尽管各级管理层需要对培训与开发承担不同程度的管理责任，但对员工进行培训与开发的责任最终落实到直线经理身上，这包括关注下属员工的职业生涯发展，提供给下属员工发展其能力的机会，并在日常工作中鼓励员工持续不断地学习。

5.【答案】C
【解析】培训与开发工作在目标上会体现出其多样性。

6.【答案】A
【解析】在中小型组织中，由于员工规模不大，一般不需要设置专门的培训与开发机构，培训与开发工作通常是某个人力资源管理岗位的一项职责。

7.【答案】A
【解析】在培训与开发效果评估中应用最广的是层次评估模型，把评估内容分为反应、学习、行为、结果、投资收益等五个方面的内容来评估。

8.【答案】B
【解析】在培训与开发效果的评估内容中，反应评估是指评估受训人员对培训与开发的主观感受和看法，包括对培训与开发的内容、方法、形式、培训师、设施等。它易于进行，是最基本、最常用的评估方式。

9.【答案】B
【解析】组织的员工职业生涯管理模式中的城堡型，其特点是对外部劳动力市场的开放程度高，而内部晋升竞争程度低，员工就业安全的主要威胁来自于外部竞争。

10.【答案】D
【解析】组织实施职业生涯管理对组织和个人的发展都具有十分重要的意义。对个人的重要性表现在：第一，通过参加职业生涯管理活动，员工能更好地认识自己，为发挥自己的潜力奠定基础；第二，可在组织中学到各种有用的知识、锻炼能力，从而增加员工自身的竞争力；第三，能满足员工高层次的需求，如尊重的需要、自我实现需要等，进而提高个体的工作、生活质量。

11.【答案】B
【解析】棒球队型职业生涯管理模式的特点是对外部劳动力市场的开放程度高，内部晋升竞争程度也高，员工就业安全和职业前程受到来自外部竞争和内部竞争的双重威胁。

12.【答案】D
【解析】在职业生涯管理的模式中，学院型模式的特点是对外部劳动力市场的开放程度低，但是内部晋升竞争程度高，员工的就业安全和职业前程主要取决于其在组织中的表现。

13.【答案】A
【解析】职业生涯规划是职业生涯管理的重要内容，也是其最关键的过程。

14.【答案】A
【解析】职业生涯规划是一个人制订职业目标，确定实现目标手段的不断发展过程。其焦点是放在个人目标与现实可行机会的匹配上。

15.【答案】D
【解析】本题考查霍兰德的职业兴趣类型中的企业型。

16.【答案】B
【解析】培训与开发是一种开支或一项员工福利，而不是一项投资。答案选B。

17.【答案】B
【解析】具有分析能力、人际沟通能力和情绪控制能力的强强组合特点的职业生涯锚是管理能力型。答案选B。

18.【答案】C
【解析】在霍兰德的"职业兴趣类型理论"中，与现实型差异最大的是社会型。答案选C。

19.【答案】D
【解析】职业生涯锚的定义是指一个人在不得不作出选择的时候，他/她无论如何都不会放弃的职业生涯中的那种至关重要的东西和价值观。因此答案选D。

20.【答案】A
【解析】在职业生涯锚的类型中，安全稳定型职业锚员工的驱动力和价值观是追求安全、稳定的职业前途。答案选A。

二、多项选择题

1.【答案】CE
【解析】人力资源培训与开发的评估有多种方法可供选择，在选择时要考虑企业的实际以及时间、费用的因素，大致可以概括为控制实验法和问卷调查法两大类。本题正确答案为CE。

2.【答案】ACE
【解析】美国职业心理学家霍兰德提出的职业兴趣类型理论认为大多数人的职业兴趣可以被分为现实型、研究型、艺术型、社会型、企业型和常规型六种。本题正确答案为ACE。

3.【答案】ACD
【解析】潜能评价中心常用的方法包括评价中心、心理测验和替换或继任规划。

4.【答案】BCDE
【解析】为了使职业生涯管理活动取得成功，应注意以下四个事项：职业生涯管理活动要与组织的人力资源战略、招聘、绩效评估等人力资源管理环节相互配合，统筹考虑；得到组织高层的支持，特别是在政策、经费等方面；鼓励直线经理参与职业生涯发展活动；要充分考虑员工的个体差异。本题正确答案为BCDE。

5.【答案】BCDE
【解析】培训与开发决策的误区主要体现在三个方面：首先，由于人力资源投资的回报比其他类型的投资回报更难量化，从而更容易遭到管理层的反对；其次，由于培训与开发效果评估的滞后性等因素，管理层更愿意投资到那些容易衡量或反馈时间短的培训与开发课程，而不愿意做那些难于衡量或反馈周期长的培训与开发投资；最后，在一定程度上，视培训开发为一种开支或一种员工福利，而不是一项投资。培训与开发的预算经常落后于经营战略计划。本题正确答案为BCDE。

6.【答案】ABD
【解析】本题考查培训与开发的组织体系。在大型组织中，培训与开发机构可以隶属于人力资源部门。企业大学是独立的培训与开发机构的一种扩大发展的模式。本题正确答案为ABD。

7.【答案】BCD
【解析】选项对应的是反应评估。本题正确答案为BCD。

8.【答案】BCD
【解析】结果评估硬指标包括：产出、质量、成本、时间四大类。本题正确答案为BCD。

9.【答案】ABCE
【解析】本题考查培训与开发效果的评估方法。控制实验法是评估培训与开发效果最好、最正规的方法，但该方法并不适用于管理技能培训与开发。问卷调查法是最常用的评估方法。

10.【答案】BCDE
【解析】回任工作评估的内容有：工作态度有无改变、改变的程度如何、维持时间多久、工作效率有无提高、提高程度如何、培训开发目标是否达成等。本题正确答案为BCDE。

11.【答案】BCE
【解析】实施职业生涯管理对个人的重要性表现在：通过参加职业生涯管理活动，员工能更好地认识自己，为发挥自己的潜力奠定基础；可在组织中学到各种有用的知识、锻炼能力，从而增加员工自身的竞争力；能满足员工高层次的需求。本题正确答案为BCE。

12.【答案】BCDE
【解析】本题考查职业生涯管理对组织的重要性，其体现在BCDE四个选项中。

13.【答案】BCDE
【解析】可以将组织的员工职业生涯管理模式划分为四个类型，分别是堡垒型、棒球队型、俱乐部型、学院型。本题正确答案为BCDE选项。

14.【答案】ACE
【解析】组织层次的职业生涯管理方法包括：提供内部劳动力市场信息、成立潜能评价中心、实施培训与发展项目。本题正确答案为ACE选项。

15.【答案】CDE
【解析】实施职业生涯指导与咨询的人员主要来自三个方面：一是人力资源部的专业人员或具体负责人；二是员工的直接主管；三是组织外的专业指导师或咨询师。本题正确答案为CDE选项。

16.【答案】ACE
【解析】职业生涯锚的内容包括：自省的才干与能力，以各种作业环境中的实际成功为基础；自省的动机与需要，在实际情境中的自我测试和自我诊断的机会、以他人的反馈为基础；自省的态度与价值观，以自我与雇佣组织和工作环境的准则和价值观之间的实际遭遇为基础。本题正确答案为ACE选项。

17.【答案】BCDE
【解析】本题考查职业生涯锚的类型。技术/职能能力型拒绝一般性管理工作，但愿意在其技术/职能领域管理他人。本题正确答案为BCDE选项。

18.【答案】ABCE

【解析】职业生涯锚的作用体现在：有助于识别个体的职业生涯目标和职业生涯成功的标准；能够促进员工预期心理契约的发展，有利于个体与组织稳固地相互接纳；有助于增强个体职业技能和工作经验，提高个体和组织的绩效；为个体中后期职业生涯发展奠定基础。本题正确答案为ABCE选项。

19.【答案】ABCE

【解析】在大型组织中，由于员工数量多，培训与开发任务繁重，一般设置专门的培训与开发机构，具体有两种模式：一种是培训与开发机构隶属于人力资源部，是其中的一个部门；另一种是培训与开发机构和人力资源部并列，是组织的一个独立部门。在一些大型的、实行分权化管理的组织，有时会建立企业大学来负责组织的培训与开发，企业大学是独立的培训与开发机构的一种扩大发展的模式。本题正确答案为ABCE选项。

20.【答案】BCDE

【解析】培训与开发部门的主要职能如下：制定支持企业经营战略的培训与开发计划；分析并明确公司各类职位、各级各类人员的培训与开发需要；形成如何满足这些需要的建议和计划；制订企业年度的培训与开发计划；制订年度培训与开发预算；确定企业内部和外部的培训与开发资源；实施各类培训与开发计划，具体安排各种培训与开发课程或活动；帮助和指导员工个人职业发展计划；管理好员工培训与开发的档案；维护培训与开发的场地和设施，充分开发与利用各类培训与开发的资源。本题正确答案为BCDE选项。

第十一章 劳动关系

　　本章主要讲述劳动关系系统中的相关知识。重点考查劳动关系的基本概念和主体构成，其中劳动关系运行及其矛盾处理方式、建立和谐劳动关系的途径等是比较难的知识点。

　　从近两年的考试情况来看，劳动关系的基本概念、主体构成的理解，劳动关系运行及矛盾处理方式、劳动关系经典理论以及在各国的发展历史、我国劳动关系的现状、建立和谐劳动关系的途径是比较容易考查的内容。同时分析劳动关系问题的能力是考试的热点和一个重要趋势。

本章重要考点分析

　　本章涉及14个考试点，单项选择题和多项选择题仍然是比较重要的考查形式，同时不排除出现案例分析题的可能，如图11-1所示。

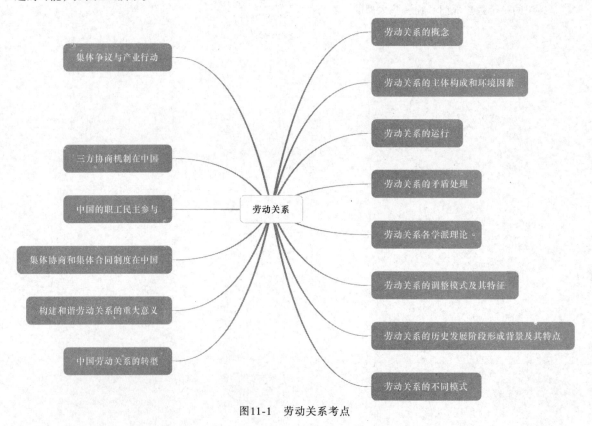

图11-1　劳动关系考点

本章近三年题型及分值总结

　　本章内容为2013年新增，近两年考试中出现的题型以单项选择题和多项选择题的考查形式为主，如表11-1所示。

表11-1 劳动关系题型及分值

年　份	单项选择题	多项选择题	案例分析题
2014年	3题	2题	0题
2013年	5题	1题	0题
2012年	0题	0题	0题

第一节　劳动关系基本概念和主要框架

劳动关系通常是指生产关系中直接与劳动有关的那部分社会关系，或者说是指整个社会关系系统中与劳动过程直接相关的社会关系系统。具体地说，劳动关系是指劳动者与劳动力使用者以及相关组织为实现劳动过程所构成的社会关系。在劳动力市场上，资本的稀缺性和独占性使其在劳动力市场上占有绝对优势，而劳动者为谋生而出卖劳动力，在劳动过程中处于被支配和管理的地位，这使得他们不得不从属于资本。

劳动关系的层级结构主要由个别劳动关系、集体劳动关系和社会劳动关系所构成。

 思维导图

该节涉及多个知识点和概念，如图11-2所示。

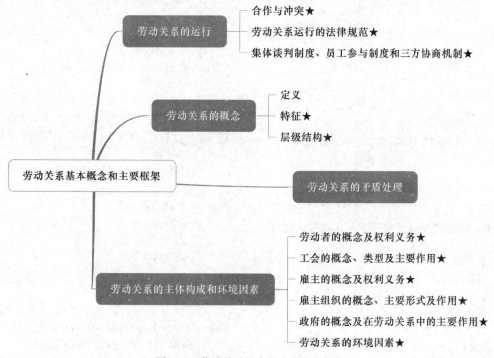

图11-2 劳动关系基本概念和主要框架

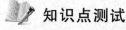 **知识点测试**

【2014年单选题】在金融危机期间，我国推行"五缓四减"政策，该政策规定，企业如果出现经营困难，可以申请缓缴半年到一年的五项社会保险，同时四项社会保险的缴费费率也有相应的下调。此时政府在劳动关系中扮演的角色是(　　)。

A. 保护者　　　　　　B. 促进者
C. 调停者　　　　　　D. 雇佣者

【答案】A

【解析】政府在劳动关系的作用中，保护者的主要内容有劳动合同、劳动标准、劳工保险、劳工福利、劳工教育，题目中政府的态度是积极、主动的，符合这一要求的是保护者和规划者，针对社会保险方面的援助属于保护者的业务内容。

【2014年单选题】某跨国公司关闭了某市的门店并单方解除所有员工的劳动关系，该店工会以没有事先告知和协商为由向当地相关部门申请劳动仲裁。该店工会依据的法律属于劳动法律体系中的（ ）。

A. 劳动标准法
B. 劳动关系法
C. 劳动保障法
D. 劳动行政法

【答案】B
【解析】

劳动法律体系
- 劳动标准法
  - 工资法
  - 工作时间和休假法
  - 职业安全与卫生法
  - 特殊群体的劳动保护法
- 劳动关系法
  - 劳动合同法
  - 集体合同法
  - 工会和雇主组织法
  - 劳动争议处理法
- 劳动保障法
  - 就业法
  - 职业介绍与培训法
  - 社会保险法
- 劳动行政法
  - 劳动行政法
  - 劳动监督检查法

【2014年多选题】雇主组织的主要形式包括（ ）。

A. 职业协会
B. 行业协会
C. 地区雇主协会
D. 消费者协会
E. 国家级雇主联合会

【答案】BCE
【解析】雇主组织是由雇主依法组成的组织，其目的是通过一定的组织形式，使单个雇主形成一种群体力量，在产业和社会层面通过这种群体优势同工会组织抗衡，最终促进并维护每个雇主成员的具体利益。雇主组织的形式多样，但主要有以下三种类型：行业协会、地区雇主协会、国家级雇主联合会。

【2014年多选题】金融危机期间，许多女员工通过怀孕避免裁员，这一现象说明（ ）因素对劳动关系产生了影响。

A. 经济环境
B. 技术环境
C. 法律与制度环境
D. 生态环境
E. 自然环境

【答案】AC
【解析】影响劳动关系的因素除了就业组织内部的因素外，还有许多环境因素，这些环境因素可以归纳为以下五个方面：经济环境、技术环境、政策环境、法律和制度环境、社会文化环境。经济环境能够改变劳动关系主体双方的力量对比，既包括宏观经济状况也包括微观经济状况。金融危机属于宏观经济环境。劳动合同法规定，对于在孕期、产期、哺乳期的女职工，用人单位依法不得解除劳动合同，这属于法律与制度环境因素。

【例题 单选题】劳动关系最主要的特点是（ ）。

A. 社会经济关系
B. 利益分配关系
C. 雇佣关系
D. 从属关系

【答案】C
【解析】在市场经济条件下，劳动者是一种具有"从属性特点的雇用劳动者"，雇佣关系是劳动关系最主要的特点。

【例题 多选题】劳动关系的层级结构主要由（ ）构成。

A. 个别劳动关系
B. 劳动者
C. 集体劳动关系
D. 社会劳动关系
E. 雇主

【答案】ACD
【解析】劳动关系的层级结构主要由个别劳动关系、集体劳动关系和社会劳动关系所构成。

【例题 单选题】劳动者权利根据（ ）不同，可以分为个别劳权和集体劳权。

A. 内容及实现方式
B. 特点
C. 实现方式
D. 实现对象

【答案】A
【解析】劳动者权利根据内容及实现方式不同，

可以分为个别劳权和集体劳权。

【例题 单选题】劳动关系的环境因素包括经济环境、技术环境、政策环境、(　　)及社会文化环境。

A. 就业环境

B. 自然环境

C. 法律和制度环境

D. 国际环境

【答案】C

【解析】劳动关系的环境因素包括经济环境、技术环境、政策环境、法律和制度环境及社会文化环境。

【例题 单选题】合作的根源主要有两方面，包括(　　)。

A. 被迫与自我实现

B. 市场状况与被迫

C. 工作本身特性与获得满足

D. 被迫与获得满足

【答案】D

【解析】合作的根源包括如下两个方面。被迫，指雇员要谋生，就不得不与雇主建立雇佣关系。获得满足，主要包括：首先，获得满足主要建立在雇员对雇主的信任基础之上；其次，大多数工作都有积极的一面，如成就感或自我实现，这是劳动者从工作中获得满足的更重要的原因；最后，管理方在实践中为了提高员工士气也努力使雇员获得满足。

【例题 单选题】以下哪项不属于冲突的根本根源(　　)。

A. 异化的合法化

B. 客观的利益差异

C. 雇佣关系的性质

D. 广泛的社会不平等

【答案】D

【解析】冲突的根本根源有：异化的合法化、客观的利益差异、雇佣关系的性质。D项中的广泛的社会不平等属于冲突的背景根源。

【例题 单选题】用法律手段调整劳动关系的目的是(　　)。

A. 减少社会不公平

B. 提高社会经济效益

C. 救济处于弱势地位的劳动者

D. 以上都不是

【答案】C

【解析】劳动关系法律规范是指以法律为手段对劳动关系进行规范，对劳动关系进行法律调整，通过法律手段调整劳动关系，可使劳动关系调整法制化。用法律手段调整劳动关系的目的是救济处于弱势地位的劳动者，促进劳动关系和谐稳定。

【例题 单选题】(　　)是调整集体劳动关系的有效方式。

A. 集体谈判

B. 员工参与

C. 三方协商机制

D. 法律手段

【答案】A

【解析】集体谈判是指工人通过自己的组织或代表与相应的雇主或雇主组织为签订集体合同进行谈判的行为。集体谈判是调整集体劳动关系的一种有效方式。

【例题 单选题】(　　)是指劳资关系当事人之间因为对薪酬、工作时间、福利、解雇及其他待遇等工作条件的主张不一致而产生的纠纷。

A. 劳动争议

B. 权利争议

C. 利益争议

D. 所有权争议

【答案】A

【解析】权利争议是指劳动关系当事人之间因约定或法定权利而产生的纠纷，它是对既定的、现实的权利发生争议，因为权利已由约定产生或者已由法律规定确立；利益争议是指劳动关系当事人就如何确定双方的未来权利义务关系发生的争议，它不是现实的权利争议，而是对如何确定期待的权利而发生的争议。

第二节　劳动关系的各学派理论、历史和在各国的发展

劳动关系有不同的几种学派理论，包括韦伯夫妇的产业民主理论、康芒斯的集体行动理论和邓洛普的劳动关系系统理论。

世界上不同国家的劳动关系模式不同，以德国、日本、美国、俄罗斯和东欧国家、发展中国家的劳动关系比较典型。

思维导图

该节涉及多个知识点和概念，如图11-3所示。

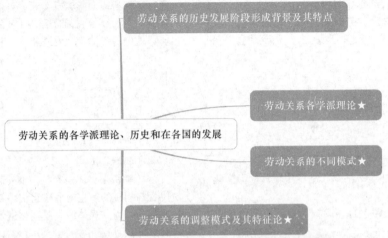

图11-3　劳动关系的各学派理论、历史和在各国的发展

 知识点测试

【例题 单选题】(　　)从制度体系中劳资冲突的化解和合作规则建立的视角,创立了劳动关系系统理论。

A. 韦伯夫妇

B. 邓洛普

C. 康芒斯

D. 泰勒

【答案】B

【解析】邓洛普从制度体系中劳资冲突的化解和合作规则建立的视角,创立了劳动关系系统理论。

【例题 单选题】劳动关系调整模式的统合模式的形式不包括(　　)。

A. 社会统合模式

B. 经营者统合模式

C. 国家统合模式

D. 国际统合模式

【答案】D

【解析】劳动关系调整模式的统合模式的形式有:社会统合模式、经营者统合模式、国家统合模式。

【例题 单选题】集体谈判制度开始得到国家法律的承认和保护始于哪一时期(　　)。

A. 自由竞争资本主义时期

B. 垄断资本主义时期

C. 两次世界大战之间

D. 第二次世界大战以后

【答案】B

【解析】在垄断资本主义时期,工会代表劳工与雇主谈判的方式开始出现,集体谈判制度也开始得到国家法律的承认和保护。

【例题 单选题】下列不属于新时期劳动关系特点的是(　　)。

A. 劳资关系时而紧张,时而缓和,总的趋势是向缓和、合作发展

B. 非正规就业劳动者的处境日益严峻

C. 发展中国家面临新问题

D. 发达市场经济国家的工会也面临着知识经济的挑战

【答案】A

【解析】A中的劳资关系时而紧张,时而缓和,总的趋势是向缓和、合作发展方向迈进,是第二次世界大战以后劳动关系的新特点。

【例题 单选题】日本劳资关系的三大支柱有终身雇佣制、年功序列工资制和(　　)。

A. 员工参与制

B. 政府调整

C. 企业工会

D. 自由化

【答案】C

【解析】日本劳资关系的三大支柱有终身雇佣制、年功序列工资制和企业工会。

【例题 多选题】德国劳资关系的特点有(　　)。

A. 劳资双方的组织都具有集中程度高、实力强大的特点

B. 政府的宏观调节受到重视

C. 工会企业化

D. 强势的劳动法律法规、有效的制约机制

E. 制度化的工人参与制度、劳动与资本之间的社会契约

【答案】ABDE

【解析】德国劳资关系的特点有：劳资双方的组织都具有集中程度高、实力强大的特点；政府的宏观调节受到重视；强势的劳动法律法规、有效的制约机制、制度化的工人参与制度、劳动与资本之间的社会契约。工会企业化为日本的劳资关系的特征。

第三节　我国建立和谐劳动关系的路径

构建和谐劳动关系是深化企业改革和调整经济结构的客观要求，是规范劳动力市场运行秩序，建立健全市场就业机制的客观要求，也是维护职工队伍稳定和社会稳定的客观要求。

 思维导图

该节涉及多个知识点和概念，如图11-4所示。

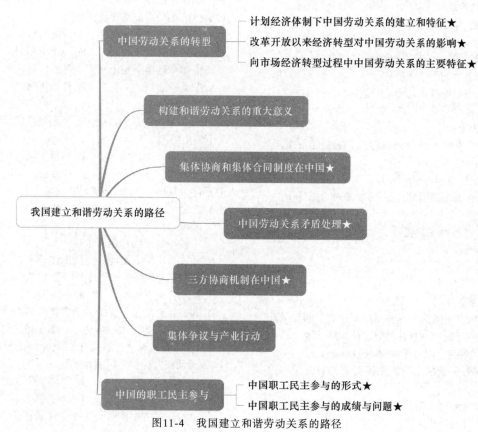

图11-4　我国建立和谐劳动关系的路径

 知识点测试

【2014年单选题】某私企独创了员工代表"一票否决制"，即在进行员工利益有关的决策时，如果员工代表不同意，那么公司的议案就不能通过，这项制度类似于职工民主参与制度中的(　　)。

A. 职工代表大会制度

B. 职工合理化建议制度

C. 职工持股会

D. 职工董事和监事制度

【答案】A

【解析】中国职工民主参与的形式主要包括：职工代表大会制度(中国职工民主参与管理的基本形式)、厂务公开制度(国企较常见)、集体协商与签订集体合同制度、职工合理化建议活动制度、职工持股会(适用于职工持股的公司制企业)、职工董事

和监事制度等。

【例题 多选题】向市场经济转型过程中中国劳动关系的主要特征有( )。

A. 劳动关系的市场化
B. 劳动关系的法制化
C. 劳动关系的国际化
D. 劳动关系的国家化
E. 劳动关系的自由化

【答案】ABCD

【解析】向市场经济转型过程中中国劳动关系的主要特征有：劳动关系的市场化、劳动关系的法制化、劳动关系的国际化、劳动关系的国家化。

【例题 单选题】下列不属于中国职工民主参与制度创新的有( )。

A. 职工民主参与理论创新
B. 职工参与形式多样化
C. 工会组织变革与形象再造
D. 工会企业化

【答案】D

【解析】中国职工民主参与制度创新的内容有：职工民主参与理论创新；职工参与形式多样化；工会组织变革与形象再造。

【例题 单选题】我国三方协商机制发展的主要特色为( )。

A. 快速跳跃式的发展
B. 政府主导
C. 形式多样
D. 机制法制化

【答案】B

【解析】中国的三方协商机制体现了明显的政府主导特色。三方协商机制的这种发展状况，是与中国的政治制度、社会管理体制紧密相关的。

【例题 多选题】当前中国劳资冲突的缓解途径为( )。

A. 以保障劳工权益为中心制定劳动政策
B. 完善劳动法律体系
C. 推动劳工工资标准与国际靠近
D. 贯彻劳工标准，发挥工会作用
E. 大力发展科技

【答案】ABD

【解析】当前中国劳资冲突的缓解途径有：以保障劳工权益为中心制定劳动政策；完善劳动法律体系；贯彻劳工标准，发挥工会作用。

【例题 单选题】我国劳动关系当事人所采取的特殊产业行动经典方式是( )。

A. 集体信访   B. 联合抵制
C. 罢工   D. 组织护厂纠察队

【答案】C

【解析】特殊的产业行动方式有：集体信访，政权机关前的静坐、请愿，封堵道路，组织护厂纠察队或者联合抵制等。其中也包括产业行动的经典方式——罢工。

考题预测及强化训练

一、单项选择题

1. 集体劳动关系的主要特征是( )。
   A. 工会代表   B. 冲突与合作并存
   C. 雇主追求最大利润 D. 以上都不对

2. 下面哪个选项不是个别劳动者的权利( )。
   A. 劳动就业权   B. 劳动报酬权
   C. 休息休假权   D. 民主参与权

3. 政府在劳动关系中扮演保护者角色时应采取的态度为( )。
   A. 中立不干预   B. 积极主动
   C. 合法化   D. 企业化

4. 集体劳权由( )代表劳动者具体行使。
   A. 工会   B. 工人自己
   C. 经理   D. 以上都不是

5. 员工参与制度的作用不包括( )。
   A. 激发员工个人潜能，提高工作效率
   B. 将民主的生活方式延伸到产业领域及工作场所
   C. 保障劳动者权益，建立和谐的劳资关系
   D. 确立工会地位，保护劳动者合法利益

6. 在劳动关系运行中，劳动者、雇主和政府通过自愿的互动和对话，致力于劳动标准的发展完善和劳动权益保护的机制指的是( )。
   A. 三方协商机制   B. 集体谈判制度
   C. 员工参与制度   D. 以上都不是

7. 员工参与的方式有劳资协商、共同管理、自我管理及( )。
   A. 集体谈判   B. 三方协商
   C. 获得资讯   D. 参加工会

8. 下面哪个选项不属于劳动争议处理的方法( )。
   A. 讨论   B. 斡旋
   C. 调解   D. 仲裁

9. 当前中国劳资冲突的直接原因是( )。
   A. 劳动者的权益受到侵害又不能适时合理解决
   B. 企业改制

C. 裁员

D. 劳动立法和执法的不健全

10. 我国三方协商机制发展的特色为(　　)。

 A. 快速跳跃式的发展　　B. 政府主导

 C. 形式多样　　　　　　D. 机制法制化

二、多项选择题

1. 下面叙述中有关劳动关系主体的描述中正确的是(　　)。

 A. 劳动者和劳动力的使用者为基本主体，相关的社会组织不可或缺

 B. 狭义的劳动关系主体包括员工和雇主以及他们的组织

 C. 广义的劳动关系主体包括员工和雇主以及他们的组织，还包括政府

 D. 狭义的劳动关系主体只包括员工

 E. 以上都不对

2. 劳动者关系的主体构成包括(　　)。

 A. 政府　　　　　　B. 劳动者

 C. 雇主　　　　　　D. 行业协会

 E. 工会

3. 工会在市场经济体系中的作用有(　　)。

 A. 参与立法和政策制定

 B. 在总体上提高工资福利水平

 C. 推动产业民主的进步

 D. 为企业生产效率的提高提供了可能

 E. 在维护社会公正方面发挥了积极作用

4. 雇主组织的主要形式有(　　)。

 A. 行业协会　　　　　　B. 地区雇主协会

 C. 国家级雇主联合会　　D. 国际雇主联合会

 E. 以上都正确

5. 冲突的根本根源包括(　　)。

 A. 异化的合法化　　B. 客观的利益差异

 C. 雇佣关系的性质　　D. 广泛的社会不平等

 E. 工作场所的不平等

6. 集体谈判的特征有(　　)。

 A. 集体谈判制度承认劳动关系的双方在谈判中的法律地位和权利是平等的

 B. 集体谈判制度体现了其在劳动关系调整中的自治性和灵活性

 C. 集体谈判是调整既有劳动关系的有效方式

 D. 集体谈判是促进产业和谐的重要手段

 E. 集体谈判是通过民主协商进行的

7. 劳动关系调整模式的统合模式的形式有(　　)。

 A. 社会统合模式　　B. 经营者统合模式

 C. 国家统合模式　　D. 国际统合模式

 E. 劳动者统合模式

8. 下面有关劳动关系的描述中正确的是(　　)。

 A. 在劳动关系中，雇主追求利润最大化，劳动者追求工资最大化

 B. 通过劳资双方的博弈来寻求一个双方都能接受的平衡点就成为保障劳动关系正常运行的基本要求

 C. 冲突与合作贯穿于劳动关系的整个过程

 D. 在劳动关系中，雇主追求利润最大化，劳动者在一定条件下可以与雇主利润一致

 E. 以上都正确

9. 中国职工民主参与制度创新的内容有(　　)。

 A. 职工民主参与理论创新

 B. 职工参与形式多样化

 C. 工会组织变革与形象再造

 D. 工会企业化

 E. 工会国际化

10. 政府在劳动关系中主要扮演哪几种角色(　　)。

 A. 保护者　　　　　　B. 促进者

 C. 调停者　　　　　　D. 规划者

 E. 受雇者

参考答案及解析

一、单项选择题

1.【答案】A

【解析】工会代表是集体劳动关系的主要特征，答案选A。

2.【答案】D

【解析】民主参与权属于集体劳动者的权利，其他几个选项都是个别劳动者的权利，答案选D。

3.【答案】B

【解析】政府在劳动关系中扮演五种角色，在扮演保护者时，应采取的态度为积极主动。

4.【答案】A

【解析】集体劳权由劳动者集体享有并由劳动者的组织——工会代表劳动者具体行使，答案选A。

5.【答案】D

【解析】选项D确立工会地位，保护劳动者合法利益是三方协商机制的作用，因此不属于员工参与制度的作用，答案选D。

6.【答案】A

【解析】题干描述的概念是三方协商机制，答案选A。

7.【答案】C
【解析】员工参与主要是指员工以受雇者身份参与企业的决策制订，这些决策主要涉及员工的待遇和工作条件，根据国际劳工组织的分类，员工参与的方式有获得资讯、劳资协商、共同管理和自我管理四种不同层次的参与。

8.【答案】A
【解析】讨论不是劳动争议处理的方法，其他几个选项都是正确的，答案选A。

9.【答案】A
【解析】当前中国劳资冲突的直接原因是劳动者的权益受到侵害又不能适时合理解决。在国有企业中出现的劳资冲突，主要是由于企业改制、关闭破产和裁员过程中劳动者权益受损所致，并不是劳资冲突的直接原因，因此选项BC不对，劳动立法和执法的不健全，是劳资冲突的法律原因，因此选项D不对，答案选A。

10.【答案】B
【解析】中国的三方协商机制体现了明显的政府主导特色。三方协商机制的这种发展状况，是与中国的政治制度、社会管理体制紧密相关的。

二、多项选择题

1.【答案】ABC
【解析】劳动者和劳动力的使用者为基本主体，相关的社会组织不可或缺；狭义的劳动关系主体包括员工和雇主以及他们的组织；广义的劳动关系主体还包括政府，因此选项D描述错误。答案选ABC。

2.【答案】ABCE
【解析】劳动者关系的主体构成包括：劳动者、工会、雇主、政府。

3.【答案】BCDE
【解析】工会的作用主要有如下几个方面：首先，工会在总体上提高了工资福利水平；其次，工会推动了产业民主的进步，同时也促进了企业管理水平的提高；再次，工会为企业生产效率的提高提供了可能；最后，工会在维护社会公正方面也发挥了积极作用。

4.【答案】ABC
【解析】雇主组织是由雇主依法组成的组织，其目的是使单个雇主形成一种群体力量，在产业和社会层面通过这种群体优势同工会组织抗衡，最终促进并维护每个雇主成员的具体利益。雇主组织的主要形式有以下三种类型：行业协会、地区雇主协会、国家级雇主联合会。

5.【答案】ABCDE
【解析】冲突的根本根源包括以下内容：异化的合法化；客观的利益差异；雇佣关系的性质；广泛的社会不平等；工作场所的不平等。

6.【答案】AB
【解析】集体谈判的特征包括：集体谈判制度承认劳动关系的双方在谈判中的法律地位和权利是平等的；谈判制度体现了其在劳动关系调整中的自主性和灵活性。CD为集体谈判制度的作用。

7.【答案】ABC
【解析】劳动关系调整模式的统合模式的形式有：社会统合模式；经营者统合模式；国家统合模式。

8.【答案】ABC
【解析】在劳动关系中，雇主追求利润最大化，劳动者追求工资最大化，双方利益不同，必然导致矛盾的发生。与此同时，通过劳资双方的博弈来寻求一个双方都能接受的平衡点就成为保障劳动关系正常运行的基本要求。冲突与合作贯穿于劳动关系的整个过程，形成劳动关系运行的两种基本形式。答案选ABC。

9.【答案】ABC
【解析】中国职工民主参与制度创新的内容有：职工民主参与理论创新；职工参与形式多样化；工会组织变革与形象再造。

10.【答案】ABCD
【解析】政府在劳动关系中主要扮演保护者、促进者、调停者、规划者和雇佣者的角色，选项E错误，答案选ABCD。

第三部分

劳动力市场

第十二章　劳动力市场

本章主要讲述劳动力供给、个人劳动力供给的基本原理；家庭生产理论以及劳动力供给的周期性；企业和行业劳动力供给曲线的基本形状；经济周期和生命周期中的劳动力供给情况。从近几年的考试情况来看，考查的重点为劳动力需求决定的基本原理以及劳动力需求曲线的形状和含义的掌握情况；同时对于劳动力需求弹性与派生需求定理、劳动力市场的均衡与非均衡的考查也是热点之一。

本章重要考点分析

本章涉及8个考点，内容虽不多但却是历年考查的重点，如图12-1所示。

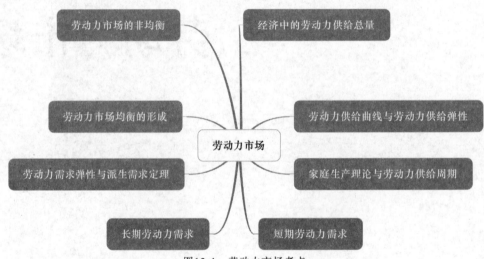

图12-1　劳动力市场考点

本章近三年题型及分值总结

本章内容在近三年的考试中出现的题型以单项选择题、多项选择题、案例分析题为主，如表12-1所示。

表12-1　劳动力市场题型及分值

年　份	单项选择题	多项选择题	案例分析题
2014年	4题	2题	3题
2013年	5题	1题	4题
2012年	6题	1题	4题

第一节 劳动力供给理论

劳动力供给质量主要是指劳动力队伍的身体健康状况以及受教育和训练的程度，其中主要表现为劳动者的知识、技能和经验等方面的水平，这方面的因素主要可以通过人力资本投资理论来加以解释；另外劳动力供给曲线与劳动力供给弹性是劳动力供给理论中比较重要的组成部分。

家庭生产理论实际上是把劳动者放在家庭的背景下去分析他们的劳动力供给决策的一种方法。经济周期中的劳动力供给和生命周期中的劳动力供给也是属于劳动力供给理论中的重要内容。

 思维导图

该节涉及多个知识点和概念，如图12-2所示。

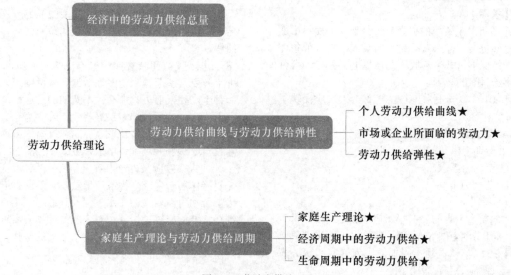

图12-2 劳动力供给理论

 知识点测试

【2011年单选题】个人劳动力供给曲线揭示的是劳动者个人的劳动力供给意愿随( )变动而变动的规律。

A. 市场

B. 工资率

C. 劳动者对于闲暇和收入的偏好程度

D. 企业对于闲暇和收入的偏好程度

【答案】B

【解析】个人劳动力供给曲线揭示的是劳动者个人的劳动力供给意愿随工资率变动而变动的规律。

【2011年单选题】对个人劳动力供给而言，工资率上升的收入效应会导致劳动者( )。

A. 减少劳动收入

B. 减少劳动力供给时间

C. 减少享受闲暇

D. 增加劳动力供给时间

【答案】B

【解析】对个人劳动力供给而言，工资率上升的收入效应会导致劳动者减少劳动力供给时间。

【2010年单选题】工资率提高的替代效应会导致( )。

A. 增加劳动力供给时间

B. 提高闲暇的机会成本

C. 增加闲暇时间的消费

D. 减少市场劳动力供给时间

【答案】B

【解析】工资率的提高使得如果多从事一个小时的市场工作，能够比过去从事同样一小时的工作获得更高的工资，因此现在享受闲暇就比过去享受闲暇的代价更高了，B选项正确。

【2012年单选题】工资率提高对劳动力供给产生的收入效应导致( )。

A. 劳动力供给时间减少

B.劳动力供给时间增加

C.劳动力供给人数减少

D.劳动力供给人数增加

【答案】A

【解析】工资率提高对劳动力供给产生的收入效应导致劳动力供给时间减少。

【2012年单选题】在其他条件不变的情况下，( )必然导致劳动力供给时间的减少。

A.非劳动收入的增加　B.非劳动收入的减少

C.市场工资率的上升　D.市场工资率的下降

【答案】A

【解析】工资率的提高导致劳动者即使不增加劳动时间也会比原来获得更高的收入，在其他条件不变的情况下，非劳动收入的增加会导致劳动者劳动力供给时间的减少。

【2010年单选题】灰心丧气的工人效应反映了( )。

A.劳动力供给的经济周期

B.劳动力供给的生命周期

C.劳动力需求

D.劳动力市场

【答案】A

【解析】灰心丧气的工人效应是指失业者成为非劳动力，属于劳动力供给的经济周期效应，A选项正确。

【2012年单选题】附加的工人效应和灰心丧气的工人效应的存在表明了( )。

A.劳动力供给是有生命周期性的

B.劳动力需求是有生命周期性的

C.劳动力供给是有经济周期性的

D.劳动力需求是有经济周期性的

【答案】C

【解析】本题考查劳动力供给的经济周期。在经济衰退时期，可能会对劳动力供给产生两种并行的效应，即附加的工人效应和灰心丧气的工人效应。这两种并行效应的存在，反过来证明：劳动力供给是有经济周期性的。

第二节　劳动力需求理论

短期劳动力需求主要包括边际收益递减规律与劳动力边际产出量、竞争性企业的短期劳动力需求曲线。

边际收益递减规律的基本思想是：如果把一种生产要素逐渐越来越多地增加到数量固定的另外一种生产要素上去，那么，不断增加的这种生产要素所带来的边际产出量最终将会下降，甚至会变为零。劳动力的边际产出收益(MRPL)(简称劳动力边际收益)，是指每增加一个工人所带来的收益增量。

而规模效应又称产出效应，是指工资率变动首先直接作用于生产规模或产出规模，然后再进一步影响劳动力需求量的作用过程及其结果。工资率变动在长期中能够比短期中对企业的劳动力需求产生更大的影响，主要是因为工资率变动的替代效应和规模效应能够得到充分的实现。

 思维导图

该节涉及多个知识点和概念，如图12-3所示。

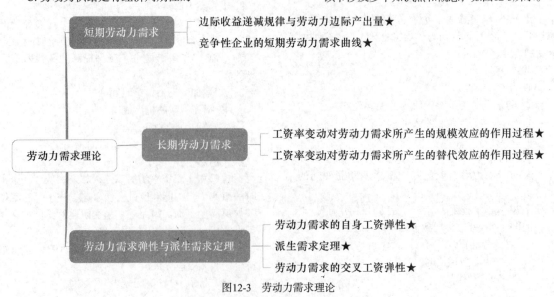

图12-3　劳动力需求理论

知识点测试

【2014年单选题】工资率的提高意味着劳动者享受闲暇的机会成本上升，从而促使劳动者增加劳动力供给时间。这种效应称为(　　)。

A. 收入效应

B. 替代效应

C. 规模效应

D. 产出效应

【答案】B

【解析】工资率的提高同时也提高了消费闲暇的机会成本(闲暇的机会成本就是为获得闲暇而放弃的劳动收入)，因为现在如果多从事一个小时的市场工作，能够比过去从事同样的一小时的工作获得更高的工资，因此现在享受闲暇就比过去享受闲暇的代价更高了，这种情况会促使劳动者减少闲暇时间的消费，转而增加市场劳动力供给时间，从而获得更高的收入。相反，在工资率下降的情况下，替代效应则会导致劳动者增加闲暇时间的消费，而减少市场劳动力供给时间。替代效应：工资率的提高意味着劳动者享受闲暇的机会成本上升，从而促使劳动者增加劳动力供给时间。

【2014年单选题】某市制鞋工人工资率为每小时40元，该市制鞋工人的劳动力总供给人数为2万人，当工资率提高到每小时50元，该市制鞋工人的劳动力总供给人数上升到3万人，则该市制鞋工人的劳动力供给是(　　)。

A. 缺乏弹性的

B. 富有弹性的

C. 单位单行的

D. 无弹性的

【答案】B

【解析】劳动力供给曲线所显示的是劳动者劳动力供给意愿与经济刺激之间的关系。当然，这种经济刺激除了工资之外，还包括劳动条件和其他非货币因素。然而，为了分析上的方便，通常仅仅从劳动力供给量与市场工资率之间的函数关系入手来进行研究。根据供给弹性公式可得：供给弹性=[(3-2)/2]/[(50-40)/40]=2，而劳动力供给弹性大于1时，劳动经济学把这种情形称为劳动力供给曲线富有弹性。所以选项B正确。

【2014年多选题】关于长期劳动力需求的说法，正确的是(　　)。

A. 工资率上升的收入效应导致劳动力需求量的上升

B. 工资率下降的替代效应导致劳动力需求量的上升

C. 工资率和劳动力需求量是同方向变化

D. 工资率上升的替代效应和规模效应都会导致劳动力需求量下降

E. 工资率下降的替代效应和规模效应都会导致劳动力需求量上升

【答案】BDE

【解析】工资率变动的替代效应和规模效应对劳动力需求的影响方向是相同的，即在长期内，工资率上升的替代效应和规模效应都使劳动力需求减少，工资率下降的替代效应和规模效应都使劳动力需求增加。

【2012年单选题】为了实现利润最大化目标，企业在决定自己的劳动力需求数量时应遵循的决策原则是(　　)。

A. 劳动力的边际成本大于边际收益

B. 劳动力的边际成本等于边际收益

C. 劳动力的边际成本小于边际收益

D. 劳动力的平均成本小于平均收益

【答案】B

【解析】企业获得利润最大化的决策原则是劳动力的边际成本等于边际收益。

【2012年多选题】关于长期劳动力需求的说法，正确的是(　　)。

A. 市场工资率上升的规模效应会导致劳动力需求减少

B. 市场工资率上升的替代效应会导致劳动力需求减少

C. 在其他条件不变的情况下，市场工资率下降必然会导致劳动力需求的增加

D. 市场工资率下降可能会导致劳动力需求减少，也可能导致劳动力需求的增加

E. 工资率变动在长期中比在短期中对劳动力需求产生的影响更小

【答案】ABC

【解析】在长期内，工资率上升的替代效应和规模效应都使劳动力需求减少，工资率下降的替代效应和规模效应都使劳动力需求增加，所以选项D错误。工资率变动在长期中能够比短期中对企业的劳动力需求产生更大的影响，所以选项E错误。

【2011年多选题】影响劳动力需求自身工资弹性的因素有(　　)。

A. 最终产品的需求价格弹性

B. 其他生产要素的供给弹性

C. 其他生产要素的需求弹性

D. 要素替代的难易度

E. 产品总成本中劳动力成本所占的比重

【答案】ABDE

【解析】影响劳动力需求自身工资弹性的因素有四个，即选项ABDE。

【2012年单选题】在其他条件一定的情况下，若( )，则劳动力需求的自身工资弹性就越小。

A. 劳动力所生产的最终产品的需求价格弹性越大

B. 其他生产要素替代劳动力的难度越小

C. 其他生产要素的供给弹性越大

D. 劳动力成本在总成本中所占的比重越小

【答案】D

【解析】本题考查派生需求定理。ABC选项都会使劳动力需求的自身工资弹性越大。

【2010年单选题】一种劳动力的工资率提高会促使另一种劳动力的就业量减少，这说明两者之间是( )关系。

A. 总替代

B. 总互补

C. 关联度高

D. 互相影响

【答案】B

【解析】一种劳动力的工资率提高会促使另一种劳动力的就业量减少，这说明两者之间是一种总互补关系，B选项正确。

第三节 劳动力市场的均衡与非均衡

劳动力市场均衡，是指在某一市场工资率下，劳动力需求正好等于劳动力供给这样一种状况。此时的工资率即为均衡工资率或市场出清工资率，在这一工资率下通过市场实现的就业量即为均衡就业量。

在现实的劳动力市场上存在着各种各样的阻碍甚至阻止劳动力市场均衡实现的因素，劳动力供求双方都有可能会面临这种导致劳动力市场不能无摩擦运行的力量。因此，劳动力市场也存在非均衡的表现方面。

 思维导图

该节涉及多个知识点和概念，如图12-4所示。

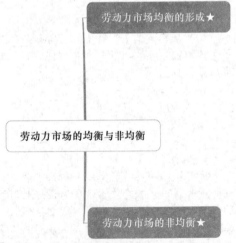

图12-4 劳动力市场的均衡与非均衡

 知识点测试

【2014年单选题】关于效率工资的说法，正确的是( )。

A. 效率工资是指法定最低工资

B. 效率工资是企业自愿提供的高于市场水平的工资

C. 效率工资降低了企业的竞争力

D. 效率工资是工会通过与企业进行集体谈判确定的工资

【答案】B

【解析】一些企业为了激励员工的工作积极性，会有意提供高于（而不是等于）市场通行工资水平的工资率——效率工资，但是这种做法并未降低企业在产品市场上的竞争力，起到了强化企业竞争力的作用。

【例题 单选题】劳动力市场均衡是( )。

A. 静态的

B. 动态的

C. 一成不变的

D. 部分静态、部分动态

【答案】B

【解析】劳动力市场的均衡形成之后，并不是一成不变的，有一些因素的变化会打破劳动力市场的原有均衡状态，促使劳动力供给曲线或劳动力需求曲线，甚至两者同时发生位移，从而形成新的均衡并产生新的均衡工资率和均衡就业量。劳动力市场的均衡就是在不断建立、不断被打破、然后再重新建立这样一种循环中运行的。

考题预测及强化训练

一、单项选择题

1. 在以纵轴代表工资率，横轴代表劳动力供给数量的坐标系中，代表欠发达国家所存在的无限劳动力供给情形的劳动力供给曲线是(　　)。
   A. 向后弯曲的
   B. 与横轴平行的
   C. 与纵轴平行的
   D. 自左下方向右上方倾斜的

2. 产品总成本中劳动力成本所占的比重对于劳动力自身需求工资弹性的影响是(　　)。
   A. 总成本中劳动力成本所占的比重越大，劳动力需求的自身工资弹性越高
   B. 总成本中劳动力成本所占的比重越大，劳动力需求的自身工资弹性越低
   C. 总成本中劳动力成本所占的比重越大，劳动力需求的自身工资弹性不变
   D. 以上都不对

3. 家庭生产理论认为，夫妻双方之间的劳动力供给决策是(　　)。
   A. 独立决策　　　　　B. 联合决策
   C. 家庭决策　　　　　D. 个人决策

4. 家庭生产理论将家务劳动看成是一种(　　)。
   A. 休闲活动　　　　　B. 生产性劳动
   C. 家庭消费活动　　　D. 服务性劳动

5. 劳动力参与率是指在(　　)岁以上人口中就业人口与失业人口之和所占的百分比。
   A. 14　　B. 16　　C. 18　　D. 20

6. 在以纵轴代表工资率、横轴代表劳动力供给数量的坐标系中，反映市场工资率的变动对于市场上的劳动力供给数量完全没有影响的是(　　)。
   A. 向后弯曲的
   B. 与横轴平行的
   C. 与纵轴平行的
   D. 自左下方向右上方倾斜的

7. 在劳动力的边际收益递减规律中，通常(　　)。
   A. 将劳动力视为可变要素，将资本(或土地)视为不变要素
   B. 将劳动力视为不变要素，将资本(或土地)视为可变要素
   C. 将劳动力和资本(或土地)均视为可变要素
   D. 将劳动力和资本(或土地)均视为不变要素

8. 一个人工资率较高的时期是在(　　)。
   A. 早年阶段　　　　　B. 中年阶段

9. 下列关于一个人在中年时期所具有的特点，表述错误的是(　　)。
   A. 市场生产率较高
   B. 很少进行时间密集型的闲暇消费活动
   C. 时间的机会成本较低
   D. 能够获得较高的工资率

10. 劳动力供给弹性是指(　　)。
    A. 劳动力供给的数量随着工资率变动而发生变动的灵敏程度
    B. 它不会通过改变工资水平来改变劳动力供给水平
    C. 工资率的上升总是会带来劳动力供给量的增长
    D. 工资率变动不会带来劳动工时的任何变动

11. 当工时变动百分比大于工作率变动百分比时，劳动力供给弹性(　　)。
    A. 大于1　　　　　　B. 小于1
    C. 等于1　　　　　　D. 等于或大于1

12. 如果劳动力需求曲线是(　　)，则当工资率上升时，该类劳动力的工资总量保持不变。
    A. 富有弹性的　　　　B. 缺乏弹性的
    C. 没有弹性的　　　　D. 单位弹性的

13. 当家庭中的主要收入获取者失去工作以后，其他的家庭成员将临时性地进入劳动力队伍，以力图通过找到工作而缓解家庭收入的下降，指的是(　　)。
    A. 附加的工人效应
    B. 灰心丧气的工人效应
    C. 正常的工人效应
    D. 以上都不对

14. 当工资率上升时，劳动力需求下降的速度会超过工资率上升的速度，该类劳动力的工资总量将会下降，反之，工资率下降，则该类劳动力的工资总量则上升，这是指(　　)。
    A. 劳动力需求曲线缺乏弹性
    B. 劳动力需求曲线是单位弹性的
    C. 劳动力需求曲线是自身工资弹性的
    D. 劳动力需求曲线是富有弹性的

15. 造成工资率变动在长期中能够比短期中对企业的劳动力需求产生影响的是因为(　　)。
    A. 工资率变动的替代效应和规模效应不能够得到充分的实现
    B. 经济学通常重视弹性的绝对值
    C. 工资率变动的替代效应和规模效应能够得到充分的实现

D. 企业是否增雇工人主要取决于新增一个工人所带来的收益增量能否超过雇用他们带来的成本增量

16. 为了找到企业劳动力需求规律，需要的概念是（　　）。

A. 劳动力的边际产出收益

B. 劳动力边际产出量所表示的产品增量

C. 增加收益是否增加成本

D. 劳动力需求之间存在一种负相关的关系

17. 利润最大化的雇用水平都是由（　　）。

A. 企业的劳动力边际收益曲线就是它的劳动力需求曲线

B. 是由劳动力边际收益曲线上 $MRPL=W$ 的那一点所决定的

C. 竞争性企业的短期劳动力需求曲线就是劳动力边际收益曲线的下降部分

D. 资本的数量不能随工资率的变化而改变

18. 劳动力需求的交叉工资弹性是指一种劳动力的工资率变化（　　）所引起的另一类劳动力需求量变化的百分比。

A. 1%　　　B. 2%　　　C. 3%　　　D. 4%

19. 关于劳动力市场均衡的表述，正确的是（　　）。

A. 劳动力需求略大于劳动力供给

B. 劳动力需求正好等于劳动力供给

C. 劳动力需求略小于劳动力供给

D. 以上都不对

20. 基尼系数所要衡量的是（　　）。

A. 个人或家庭之间收入分配的不平等程度

B. 劳动力市场的均衡程度

C. 劳动力供给和需求之间的差距大小

D. 失业率水平的高低

二、多项选择题

1. 家庭生产理论认为（　　）。

A. 家务劳动也是一种生产性劳动

B. 家庭产品可以采取时间密集型方式生产出来

C. 家庭产品可以采取商品密集型方式生产出来

D. 在家庭生产中，比较优势原理是适用的

E. 一个家庭只能将时间用在市场工作与闲暇两个方面

2. 家庭生产理论的主要内容包括（　　）。

A. 夫妻双方在劳动力供给决策方面是一种联合决策

B. 丈夫首先作出自己的劳动力供给决策，妻子随后根据丈夫的决策作出自己的劳动力供给决策

C. 家庭的所有时间可以被用在市场工作、闲暇以及家务劳动三个方面

D. 不同的家庭成员在不同的生产活动中的效率是不同的

E. 夫妻双方的劳动力供给决策是各自独立进行的

3. 关于劳动力供给陈述，正确的是（　　）。

A. 工资率上升，劳动力供给增加

B. 工资率下降，劳动力供给减少

C. 工资率上升，如果收入效应大于替代效应，劳动力供给时间减少

D. 个人劳动力供给曲线向后弯曲

E. 劳动力供给与工资率变化无关

4. 女性劳动力参与率提高的主要影响因素有（　　）。

A. 女性的相对工资率上升

B. 女性对劳动力市场工作的偏好和态度发生了改变

C. 养老金福利的增加

D. 出生率的下降

E. 离婚率的上升

5. 家庭生产理论认为，可以利用的时间总和，可以被花费在（　　）方面。

A. 市场工作　　　　　　B. 闲暇

C. 家务劳动　　　　　　D. 义务劳动

E. 农业劳动

6. 下列关于劳动力供给生命周期的表述，正确的是（　　）。

A. 当一个人得到工资报酬的能力高于家庭生产率的时候，倾向于从事更多的市场工作

B. 一个人的时间密集型闲暇消费活动主要发生在早年和晚年

C. 工资率较高的中年阶段，人们把较多的时间用在有酬的工作上

D. 已婚妇女的劳动力参与率下降

E. 处于生育期的妇女在劳动力市场上的生产率仍然高于在家庭中的生产率

7. 关于工资率变动对劳动力需求的短期和长期影响的论述，正确的是（　　）。

A. 工资率的变动对劳动力需求只能产生规模效应

B. 工资率的变动对劳动力需求只能产生替代效应

C. 在短期中，工资率的变化只能对劳动力需求产生替代效应，不会产生规模效应

D. 在长期中，工资率的变化会同时对劳动力需求产生替代效应和规模效应

E. 工资率的变化在短期和长期中都会对劳动力需求产生替代效应和规模效应，只不过在长期中的影响更充分一些

8. 影响劳动力自身需求工资弹性的因素有( )。
   A. 最终产品的需求价格弹性
   B. 中间产品的需求价格弹性
   C. 要素替代的难易程度
   D. 其他要素的供给弹性
   E. 产品总成本中劳动力成本所占的比重

9. 边际产出量最终下降的原因是( )。
   A. 新增加的工人本身技术较差
   B. 随着劳动力数量增加
   C. 资本变得相对短缺
   D. 新增加的工人给企业带来负担
   E. 生产过程本身无法容纳这么多劳动力

10. 劳动力需求自身工资弹性主要有( )。
    A. 工资率变动反映敏感性
    B. 富有弹性的情况
    C. 缺乏弹性的情况
    D. 单位弹性的情况
    E. 自身工资的弹性

11. 在向后弯曲的个人劳动力供给曲线上,具有正斜率的向右上方倾斜的部分,当工资率上升时,( )。
    A. 劳动者更愿意享受闲暇
    B. 工资率上升对劳动力供给的替代效应大于收入效应
    C. 工资率上升对劳动力供给的收入效应大于替代效应
    D. 劳动者愿意提供的工作时间增加
    E. 劳动者会减少劳动力供给时间

12. 关于劳动力供给弹性,说法正确的是( )。
    A. 可用工时变动量与工资率变动量的比率来表示
    B. 劳动力供给弹性大于1时,称为富有弹性
    C. 劳动力供给弹性一般为负
    D. 劳动力供给弹性一般为正
    E. 水平的劳动力供给曲线具有无限弹性

13. 下列有关向上倾斜的劳动力供给曲线的表述,不正确的是( )。
    A. 个人劳动力供给曲线
    B. 行业市场的劳动力供给曲线
    C. 无限供给的劳动力供给曲线
    D. 短期劳动力供给曲线
    E. 在短期内无法提供劳动力供给

14. 垂直形状的劳动力供给曲线形成的原因是( )。
    A. 在短期内,个人来不及调整他们的工作计划
    B. 某些职业或技能的培训期较长
    C. 劳动者适应新的经济刺激需要有一段时间

   D. 某些职业或技能的培训期较短
   E. 在封闭条件下,如果一国的劳动者已经实现了充分就业,那么即使工资率增加也不可能再增加劳动力供给

15. 影响个人之间出现收入差距的原因有( )。
    A. 正规教育的数量和质量
    B. 个人能力
    C. 在职培训
    D. 企业在行业中的地位
    E. 家庭背景

16. 劳动力边际收益曲线的高度取决于( )。
    A. 资本数量　　　　　B. 产品的价格
    C. 工人的技能　　　　D. 工人的动机
    E. 厂商的动机

17. 下列选项中属于收入政策范畴的是( )。
    A. 政府力劝员工和企业各自限制自己提高工资或价格的动机
    B. 实行工资、物价管制
    C. 扩大政府支出,增加转移支付
    D. 降低政府支出
    E. 采取工资—物价的指导方针

18. 在政府促进就业的宏观经济政策中,扩张性的财政政策有助于( )。
    A. 刺激总需求的增加　　B. 降低失业率
    C. 促进就业水平的提高　D. 降低通货膨胀率
    E. 降低政府支出

19. 利润最大化的雇佣水平都是由劳动力边际收益曲线上$MRPL=W$这一点所决定的,这告诉我们的重要情况有( )。
    A. 在短期中,企业的劳动力边际收益曲线就是它的劳动力需求曲线
    B. 在短期中,企业的劳动力边际收益曲线不是它的劳动力需求曲线
    C. 长期劳动力需求曲线的走向是向右下方倾斜的
    D. 竞争性企业的短期劳动力需求曲线就是劳动力边际收益曲线的上升部分
    E. 竞争性企业的短期劳动力需求曲线就是劳动力边际收益曲线的下降部分

20. 市场或企业所面临的劳动力供给曲线的情况是( )。
    A. 垂直形状　　　　　B. 向上倾斜
    C. 水平形状　　　　　D. 向后弯曲
    E. 向前弯曲

参考答案及解析

一、单项选择题

1.【答案】B

【解析】水平形状的市场劳动力供给曲线说明两种不同类型的情况：首先，它可以反映欠发达国家具有无限劳动力供给的情形；其次，它可以反映在完全竞争的劳动力市场上，单个劳动力需求者(单个企业)所面对的劳动力供给情况。

2.【答案】A

【解析】总成本中劳动力成本所占的比重越大，劳动力需求的自身工资弹性越高，答案选A。

3.【答案】B

【解析】家庭生产理论认为，对于一个家庭来说，夫妻双方之间的劳动力供给决策是一种联合决策，而不是彼此独立的两种决策。

4.【答案】B

【解析】家庭生产理论认为，对于一个家庭来说，其可以利用的时间总和可以被花费在三个方面，即除了市场工作和闲暇，还可以把时间用在家务劳动上，其将家务劳动也看成是一种生产性劳动。

5.【答案】B

【解析】劳动力参与率是指在16岁以上人口中就业人口与失业人口之和所占的百分比。因此正确答案选B。

6.【答案】C

【解析】垂直形状的劳动力供给曲线所反映的是市场工资率的变动对于市场上的劳动力供给数量完全没有影响的情况。

7.【答案】A

【解析】边际收益递减规律的基本思想是，如果把一种生产要素逐渐越来越多地增加到数量固定的另外一种生产要素上去，那么，不断增加的这种生产要素所带来的边际产出量最终将会下降，甚至会变为零。通常把劳动力视为可变要素，把资本(或土地)视为不变要素，以便用抽象方法研究追加劳动后的经济后果。

8.【答案】B

【解析】通常一个人的中年阶段工资率较高，而在早年和晚年阶段工资率较低。

9.【答案】C

【解析】通常情况下，一个人的市场生产率在年轻的时候往往比较低，但是会随着年龄的增加而不断上升，但是到了晚年时生产率又出现停滞甚至下降的情况。一个人的时间密集型闲暇消费活动主要发生在早年和晚年，而在工资率较高的中年阶段，人们往往会把较多的时间用在有酬的工作上。

10.【答案】A

【解析】劳动力供给弹性，是指劳动力供给的数量随着工资率的变动而发生变动的灵敏程度，一般可以用工时变动百分比同工资率变动百分比之间的比率来显示。其计算公式为：劳动力供给弹性=劳动工时变动百分比/工资率变动百分比。

11.【答案】A

【解析】劳动力供给弹性=劳动工时变动百分比/工资率变动百分比。可见当工时变动百分比大于工作率变动百分比时，劳动力供给弹性大于1。

12.【答案】D

【解析】如果劳动力需求曲线是单位弹性的，那么无论工资率是上升还是下降，劳动力需求量在相反方向变动的速度都会与工资率的变动速度相同，因而最终该类劳动力的工资总量不会发生任何变化。

13.【答案】A

【解析】附加的工人效应是指当家庭中的主要收入获取者失去工作以后，其他的家庭成员将临时地进入劳动力队伍，以力图通过找到工作而缓解家庭收入的下降。

14.【答案】D

【解析】如果劳动力需求曲线是富有弹性的，那么当工资率上升时，劳动力需求量下降的速度会超过工资率上升的速度，该类劳动力的工资总量(工资率×劳动力需求总水平或总就业量)下降，反之工资率下降，则该类劳动力的工资总量上升。

15.【答案】C

【解析】工资率变动在长期中能够比短期中对企业的劳动力需求产生更大的影响，主要是因为工资率变动的替代效应和规模效应能够得到充分的实现。

16.【答案】A

【解析】为了找到企业劳动力需求规律，需要一个重要概念，即劳动力的边际产出收益。

17.【答案】B

【解析】在劳动力的边际产出收益等于工资率时，即$MRPL=W$时，企业实现利润最大化的雇佣水平。

18.【答案】A

【解析】劳动力需求的交叉工资弹性是指一种劳动力的工资率变化1%所引起的另一类劳动力需求量变化的百分比。

19.【答案】B

【解析】劳动力市场均衡是指在某一市场工资率下，劳动力需求正好等于劳动力供给这样一种状况。

20.【答案】A

【解析】基尼系数衡量的是个人或者家庭之间收入分配的不平等程度。

二、多项选择题

1.【答案】ABCD

【解析】家庭生产理论认为，对于一个家庭来说，其可以利用的时间总和可以被花费在三个方面，即除了市场工作和闲暇，还可以把时间用在家务劳动上，该理论将家务劳动也看成是一种生产性劳动，通过家务劳动所生产出来的家庭产品既可以采取时间密集型的生产方式(花费较多的时间而使用较少的半成品或利用较少的辅助设备)生产出来，也可以用商品密集型的生产方式(大量使用半成品或利用辅助设备，而只投入较少的时间)生产出来。在这种情况下，一个家庭中的全体成员就要作出这样一种决定，即如何在市场工作、家庭物品的生产以及闲暇之间进行分配。而分配的原则采取比较优势的原理，即每位家庭成员都应当选择其个人的、相对效率最高的那种时间利用方式。本题正确答案为ABCD。

2.【答案】ACD

【解析】家庭生产理论认为，对于一个家庭来说，其可以利用的时间总和可以被花费在三个方面，即除了市场工作和闲暇，还可以把时间用在家务劳动上，因此选项C正确。它倾向于将夫妻双方之间的劳动力供给决策看成是一种联合决策，而不是彼此独立的两种决策，因此选项A正确，选项BE错误。由于不同的家庭成员在年龄、性别、受教育程度、工作经验以及非劳动力市场经验方面存在一定的差距，因此，他们在不同的生产性活动中的效率是不同的，因此选项D正确。本题正确答案为ACD。

3.【答案】CD

【解析】个人劳动力供给曲线揭示的是劳动者个人劳动力供给意愿随工资率变动而变动的规律。这一曲线的形状是向后弯曲的。当工资率上升的

时候，如果收入效应大于替代效应时，那么劳动者的个人劳动力供给时间减少；反之，如果替代效应大于收入效应，那么，劳动者的个人劳动力供给时间增加。与工资率上升的情况相对应，当工资率下降的时候，如果收入效应大于替代效应时，那么劳动者的个人劳动力供给时间增加；反之，如果替代效应大于收入效应，那么，劳动者的个人劳动力供给时间则减少。本题正确答案为CD。

4.【答案】ABDE

【解析】养老金福利的增加属于老年劳动力参与率变化的主要影响因素之一，排除，其他几个选项都属于女性劳动力参与率提高的因素。

5.【答案】ABC

【解析】家庭生产理论认为，对于一个家庭来说，其可以利用的时间总和可以被花费在三个方面，即市场工作、闲暇和家务劳动。本题正确答案为ABC。

6.【答案】ABC

【解析】根据劳动力供给的生命周期理论，当一个人得到工资报酬的能力高于家庭生产率的时候，倾向于从事更多的市场工作，相反，当获得工资报酬的能力比较低时，他们将从事家庭生产。一般情况下，一个人的时间密集型闲暇消费活动主要发生在早年和晚年，而在工资率较高的中年阶段，人们往往会把较多的时间用在有酬的工作上。本题正确答案为ABC。

7.【答案】DE

【解析】工资率变动在短期和长期中对劳动力需求都会产生替代效应和规模效应，但对两者的影响不同，即在长期内，工资率上升的替代效应和规模效应都使劳动力需求减少，工资率下降的替代效应和规模效应都使劳动力需求增加。所以，工资率变动对长期劳动力需求的影响是两种效应所引起的变化之和，影响较短期情况更为充分。本题正确答案为DE。

8.【答案】ACDE

【解析】派生需求定理认为，影响劳动力自身需求工资弹性的因素主要有四种：分别是最终产品的需求价格弹性；要素替代的难易度；其他生产要素的供给弹性；产品总成本中劳动力成本所占的比重。本题正确选项为ACDE。

9.【答案】BCE

【解析】边际产出量最终将要下降，是因为随着劳动力数量的增加，资本变得相对短缺，生产过

程本身无法容纳这么多劳动力。本题正确答案为BCE。

10.【答案】BCD

【解析】劳动力需求自身工资弹性主要可以划分为三种情况：一是富有弹性的情况；二是缺乏弹性的情况；三是单位弹性的情况。本题正确答案为BCD。

11.【答案】BD

【解析】在个人劳动力供给曲线上，具有正斜率的向右上方倾斜的部分，替代效应大于收入效应的作用力度，此时劳动者愿意提供的工作时间增加，相应地减少了闲暇消费。本题正确答案为BD。

12.【答案】BDE

【解析】劳动力供给弹性一般用工时变动百分比同工资率变动百分比之间的比率来表示，所以A选项错误。劳动力供给弹性一般为正，所以C选项错误。本题正确答案为BDE选项。

13.【答案】ACDE

【解析】向上倾斜的劳动力供给曲线反映的是比较常见的行业市场劳动力供给状况。本题正确答案为ACDE。

14.【答案】ABCE

【解析】垂直形状的劳动力供给曲线首先可能与某些短期情况有关，即在短期内，尽管由于某种原因造成了某一类劳动力的需求大增，工资率上升，但由于个人来不及调整他们的工作计划，或者某些职业或技能的培训期较长，在短期内无法提供劳动力供给，因而劳动力供给总量不能增加。这时劳动力供给状况是由过去而不是现在的经济刺激所决定的，劳动者适应新的经济刺激需要一段时滞。此外，在封闭条件下，如果一国的劳动者已经实现了充分就业，那么即使工资率增加也不可能再增加劳动

力供给了。本题正确答案为ABCE。

15.【答案】ABCE

【解析】个人之间出现收入差距的原因表现在：正规教育的数量和质量、在职培训、个人能力、家庭背景、歧视造成的收入差距。本题正确答案为ABCE。

16.【答案】ABCD

【解析】劳动力边际收益曲线的高度取决于边际产出量的所有要素(资本数量、工人的技术和动机)和产品的价格。本题正确答案为ABCD。

17.【答案】ABE

【解析】收入政策最普遍的做法是，政府力劝劳动者约束自己提高工资以及企业提高价格的动机。最极端的做法是实行工资、物价管制，即政府有关部门将工资和价格增长纳入政府的行政管理范围之内。介乎两者之间的是采取工资—物价的指导方针。本题正确答案为ABE。

18.【答案】ABC

【解析】扩张性的财政政策是指通过降低税率、增加转移支付、扩大政府支出的方法刺激总需求的增加，进而降低失业率的政策。本题正确答案为ABC。

19.【答案】AE

【解析】短期劳动力需求曲线告诉我们两个非常重要的情况：一是在短期中，企业的劳动力边际收益曲线就是它的劳动力需求曲线；二是竞争性企业的短期劳动力需求曲线就是劳动力边际收益曲线的下降部分。本题正确答案为AE。

20.【答案】ABC

【解析】市场或企业所面临的劳动力供给曲线有三种情况：向上倾斜的劳动力供给曲线、垂直形状的劳动力供给曲线和水平形状的劳动力供给曲线。本题正确答案为ABC。

第十三章　人力资本投资理论

　　本章考试的重点是掌握人力资本投资理论的基本概念和基本原理，以及人力资本投资的重要性。

　　从近几年的考试情况来看，本章的难点在于掌握理解人力资本投资的基本形式、成本收益分析方式，并能够运用人力资本投资理论分析和解决在职培训和劳动力流动等问题。另外，机会成本、在职培训相关内容、高等教育的信号模型、人力资本投资理论、教育的社会收益、一般培训的成本与收益分布方式等也是考查的重点，需要考生掌握。

本章重要考点分析

　　本章涉及12个考点，以单项选择题和多项选择题的考查形式为主，如图13-1所示。

劳动力的跨产业流动及产业内流动

劳动力的跨职业流动

劳动力的跨地区流动

人力资本投资理论

劳动力流动的主要影响因素

劳动力流动及其利弊

在职培训对企业及员工行为的影响

人力资本投资理论的产生及其发展

人力资本投资的基本模型

高等教育投资决策的基本模型

教育投资的收益估计及高等教育的信号模型

在职培训及其基本类型

在职培训的成本与收益及其安排

图13-1　人力资本投资理论考点

本章近三年题型及分值总结

　　本章内容在近三年的考试中出现的题型以单项选择题为主，多项选择题几乎每年都出现一道，如表13-1所示。

表13-1　人力资本投资理论题型及分值

年　份	单项选择题	多项选择题	案例分析题
2014年	5题	1题	0题
2013年	6题	1题	0题
2012年	6题	1题	0题

第一节 人力资本投资的一般原理

人力资本投资是指任何就其本身来说是用来提高人的生产能力从而提高人在劳动力市场上的收益能力的初始性投资。根据人力资本投资理论，不仅各级正规教育和在职培训活动所花费的支出属于人力资本投资，而且增进健康、加强学龄前儿童营养、寻找工作、工作流动等活动也同样属于人力资本投资活动。

 思维导图

该节涉及多个知识点和概念，如图13-2所示。

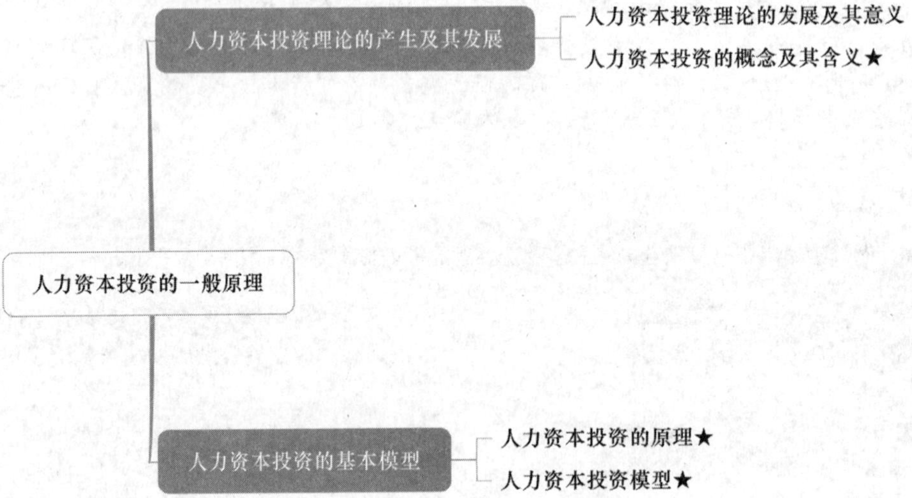

人力资本投资的一般原理
- 人力资本投资理论的产生及其发展
  - 人力资本投资理论的发展及其意义
  - 人力资本投资的概念及其含义★
- 人力资本投资的基本模型
  - 人力资本投资的原理★
  - 人力资本投资模型★

图13-2　人力资本投资的一般原理

 知识点测试

【2014年多选题】下列费用中，属于人力资本投资的是（　　）。

A.上大学交的费用

B.中小学生课外补习班交的学费

C.加入健身俱乐部缴纳的会员费

D.企业为员工提供在职培训的费用

E.企业为购买专利而支付的知识产权转让费

【答案】ACD

【解析】从投资本身的定义上来说，它实际上是指某人希望在过了一定的时期之后再从中获得补偿的一笔初始性成本支出。而人力资本投资则可以被定义为任何就其本身来说是用来提高人的生产能力从而提高人在劳动力市场上的收益能力的初始性投资。这样，不仅各级正规教育和在职培训活动所花费的支出属于人力资本投资，而且增进健康、加强学龄前儿童营养、寻找工作、工作流动等活动也同样属于人力资本投资活动。

【2012年多选题】下列支出中，属于人力资本投资支出的有（　　）。

A.上大学交的学费

B.为换工作而支付的费用

C.为改善身体状况而交纳的健身俱乐部会费

D.日常应酬中请朋友吃饭的花费

E.为参加在职研究生班学习而支付的费用

【答案】ABCE

【解析】本题考查人力资本投资支出的具体形式。人力资本投资的形式有各级正规教育和在职培训所花费的支出、增进健康、加强学龄前儿童营养、寻找工作、工作流动等活动支出。本题正确答案为ABCE。

【2012年单选题】人力资本投资和物质资本投资的共同点在于（　　）。

A.都不需要付出成本

B.所产生的收益都一定大于成本

C.都是在成本付出一段时间之后才能获得收益

D.都是在当前投资，当前获益

【答案】C

【解析】人力资本投资的重点在于它的未来导向性，人力资本投资的利益就如同任何投资一样发生在未来，并且通常情况下，这些利益要持续一段时间，而其成本则产生在目前。

第二节　人力资本投资与高等教育

高等教育投资是人力资本投资的一个非常重要

的类型，教育不仅能够产生较高的私人收益率，还能带来较高的社会收益或外部收益，而教育投资的私人收益估计也存在一些偏差。

思维导图

该节涉及多个知识点和概念，如图13-3所示。

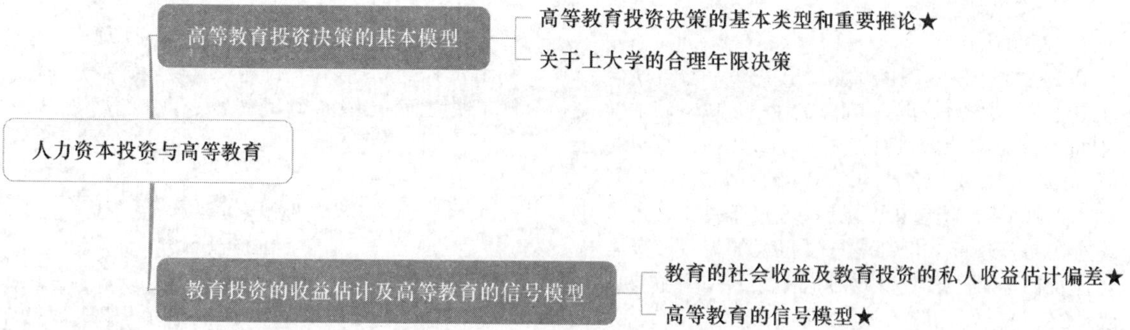

高等教育投资决策的基本模型
├─ 高等教育投资决策的基本类型和重要推论★
└─ 关于上大学的合理年限决策

人力资本投资与高等教育

教育投资的收益估计及高等教育的信号模型
├─ 教育的社会收益及教育投资的私人收益估计偏差★
└─ 高等教育的信号模型★

图13-3　人力资本投资与高等教育

知识点测试

【2014年单选题】上大学的总收益是指(　　)。

A. 大学生在上大学期间因兼职工作获得的工资性报酬

B. 大学生在大学毕业后到退休前获得的全部工资性报酬

C. 大学毕业生比高中毕业生在一生中多获得的那部分工资性报酬

D. 大学毕业生和高中毕业生多获得的工资性报酬的总和

【答案】C

【解析】上大学的总收益是指一个人在接受大学教育之后的终身职业生涯中获得的超过高中毕业生的工资性报酬，因此如果仅仅根据大学刚刚毕业的几年中所得到的工资性报酬状况来判断上大学是否值得就会出现误差。然而，同样令人遗憾的是，在现实中，很多人恰恰是依据大学毕业生与高中毕业生之间的短期工资性报酬差别来推算两者之间的终身工资性报酬差异的。上大学的总收益是指一个人在接受大学教育之后的终身职业生涯中获得的超过高中毕业生的工资性报酬。

【2014年单选题】关于教育投资的说法，错误的是(　　)。

A. 教育投资有助于提高劳动生产率

B. 教育投资会带来国民收入和社会财富的增长

C. 教育投资的全部收益应当归投资者个人所有

D. 教育投资的主体包括国家、劳动者个人及其家庭等多个方面

【答案】C

【解析】教育不仅能够产生较高的私人收益率，还能带来较高的社会收益或外部收益，这种收益也许是被投资者本人没有直接获益，但是整个社会却能够获得的利益，这主要表现在以下几个方面：第一，教育投资直接导致国民收入水平的提高和社会财富的增长，从而提高整个国家和社会的福利水平；第二，教育投资有助于降低失业率，从而减少失业福利支出，同时起到预防犯罪的作用，减少了执行法律的支出；第三，较高的教育水平有助于提高政策决策过程的质量和决策效率；第四，父母的受教育水平在很大程度上会影响下一代的健康以及受教育状况；第五，教育水平的提高还有助于提高整个社会的道德水平和信用水平，降低社会以及经济中的交易费用，提高市场效率。所以选项C错误。

【2010年单选题】小张因读大学不去就业，放弃了7万元收入，这一收入属于(　　)。

A. 直接成本　　　　　B. 机会成本

C. 非货币成本　　　　D. 沉没成本

【答案】B

【解析】某人因上大学而不得不放弃的收入是机会成本，B选项正确。

【2012年单选题】2009年，很多高中毕业生由于对大学毕业以后的就业前景感到担忧，放弃了参加高考，对此，正确的观点是(　　)。

A. 这些人不去上大学一定是错误的

B. 这些人本来就不应该去上大学

C. 如果大学毕业时找不到工作，确实不该去上大学

D. 上大学的收益并不仅仅发生在刚毕业时，而是长期的，如果仅仅根据大学毕业时能否找到工作来作出决策，则这一决定可能会是错误的

【答案】D

【解析】从经济利益的角度来看，一个人上大学好还是不上大学好，取决于此人上大学的成本和收益之间的对比。如果收益现值大于成本，则上大学就是值当的，否则就是不值当的，而不能根据主观判断。

【2012年单选题】在市场经济条件下，各国政府在初等教育方面都进行了很大的投资，通常会普及初等义务教育，政府这样做的一个主要原因是(　　)。

A. 初等教育能够带来很高的社会收益

B. 初等教育只能让社会受益，因而只能由政府投资

C. 政府投资于高等教育是不会产生社会收益的

D. 初等教育不能产生私人收益，所以私人不愿意进行投资

【答案】A

【解析】考查教育的社会收益。教育不仅能够产生较高的私人收益率，还能带来较高的社会收益或外部收益。

【2012年单选题】由于高等教育文凭与高生产率之间存在一定的联系，因此，企业利用文化来筛选员工的做法是有道理的，这是(　　)的一个基本观点。

A. 劳动力供给理论

B. 劳动力需求理论

C. 高等教育的信号模型理论

D. 收入分配理论

【答案】C

【解析】根据高等教育的信号模型理论，企业利用大学毕业文凭作为筛选工具可能确实是一种既简单明确而且预测准确率也比较高的方法。

第三节　人力资本投资与在职培训

作为一种人力资本投资方式的在职培训是许多经济学家所强调的除正规教育以外的另一种重要的人力资本投资形式。事实上，劳动者所具有的许多有用的劳动技能都不是在学校里获得的，而是得之于在职培训。对于工人的技能学习来说，在职培训都是最普遍、最主要的方式。在职培训可以分成两大类：一般在职培训(简称一般培训)和特殊在职培训(简称特殊培训)。

 思维导图

该节涉及多个知识点和概念，如图13-4所示。

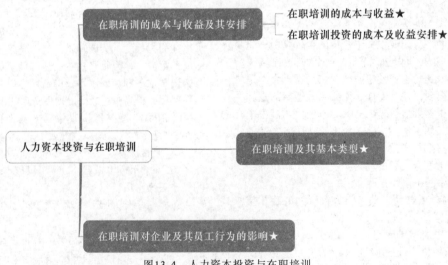

图13-4　人力资本投资与在职培训

知识点测试

【2012年单选题】从理论上来说，如果员工所接受的在职培训为纯粹的一般培训，则这种培训的成本和收益处理方式应当是(   )。

A. 企业承担全部培训成本，同时享受全部培训收益

B. 员工个人承担培训成本，同时享受其收益

C. 员工个人承担培训成本，企业享受其收益

D. 企业和员工个人共同承担培训成本，同时分享培训收益

【答案】B

【解析】由员工自己负担接受一般培训的成本并享有其收益，这种成本和收益安排方式是最有效率的。

【2011年单选题】从投资的成本—收益角度分析，只能在(   )情况下，培训与开发才会提高组织的利润。(其中，B为培训给组织带来的收益，C为培训与开发的支出，S为组织支付给员工的加薪)。

A. $C-S>B$ B. $S-B>C$

C. $B-S>C$ D. $B>C$

【答案】C

【解析】从投资的成本—收益角度分析，只能在$B-S>C$的情况下，培训与开发才会提高组织的收益。

第四节　劳动力流动

劳动力流动一般是指劳动力依据劳动力市场条件变化，在企业间、职业间、产业间以及地区间的移动。影响劳动力流动的有企业因素、劳动者因素、市场周期因素和社会因素等。同时，劳动力流动具有跨地区流动、跨职业流动、跨产业流动及产业间流动的特点。

思维导图

该节涉及多个知识点和概念，如图13-5所示。

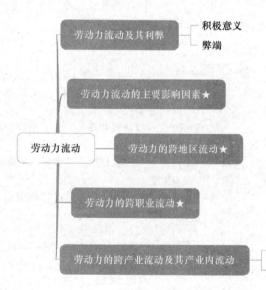

图13-5　劳动力流动

知识点测试

【2011年单选题】在其他条件相同的情况下，劳动者的任职年限越(   )，通常离职的可能性越(   )。

A. 短、低   B. 长、低

C. 长、高   D. 无法确定

【答案】B

【解析】其他条件相同的情况下，劳动者的任职年限越长，通常离职的可能性越低。

【2011年多选题】影响劳动力流动的企业因素有(   )。

A. 企业规模　　　B. 企业所处的地理位置
C. 企业的组织文化　　D. 劳动者的年龄
E. 劳动者的性别

【答案】ABC

【解析】影响劳动力流动的企业因素：企业规模、企业所处的地理位置、企业的组织文化以及领导风格等。选项DE是影响劳动力流动的劳动者因素。正确答案为ABC。

考题预测及强化训练

一、单项选择题

1. 人力资本投资理论打破了劳动经济学中的（　　）假设。
   A. 所有的劳动者都是同质的
   B. 所有的劳动者都是人力资本投资的产物
   C. 劳动者是个人效用最大化追求者
   D. 企业是利润最大化追求者

2. 通过计算能够使人力资本投资有利可图的最高贴现率来考察人力资本投资的合理性，这种方法是（　　）。
   A. 现值法　　　　B. 成本预测法
   C. 社会收益率法　　D. 内部收益率法

3. 不属于人力资本投资的是（　　）。
   A. 在职培训活动所花费的支出
   B. 加强学龄前儿童营养
   C. 管理费用
   D. 劳动力流动也是一种人力资本投资活动

4. 劳动者由于所获得的知识和技能存在差异，从而导致他们之间存在收入差别，这是（　　）的基本内容。
   A. 收入分配理论
   B. 劳动力需求理论
   C. 劳动力供给理论
   D. 人力资本投资理论

5. 关于人力资本投资，表述正确的是（　　）。
   A. 成本在于产生人力资源
   B. 利益发生在现期
   C. 重点在未来的导向性
   D. 不需要初始投资

6. 某人因为上了四年大学而没有就业，所受损失大约为5万元，这笔损失可以被视为此人上大学的（　　）。
   A. 机会成本　　　　B. 非经济成本

C. 外部成本　　　　D. 社会成本

7. 因考试而产生各种压力的成本是上大学的（　　）成本。
   A. 直接　　　　B. 机会
   C. 非货币　　　　D. 以上都不正确

8. 关于高等教育的说法，正确的是（　　）。
   A. 对高等教育投资决策的分析和对一般人力资本投资决策的分析方法是不同的
   B. 接受高等教育的非货币成本对于不同的人来说是不一样的
   C. 接受高等教育的机会成本就是因为上大学而支出的学费等成本
   D. 对任何人来说，接受高等教育都是一种在经济上合理的决策

9. 对于一个国家和社会来说，在物力资本投资和人力资本投资之间进行平衡的最优原则是：在两个方面投资的（　　）达到相等。
   A. 社会收益　　　　B. 社会成本
   C. 投资金额　　　　D. 社会收益率

10. 上大学的成本不包括（　　）。
    A. 住房、伙食等费用
    B. 机会成本
    C. 间接成本
    D. 心理成本

11. 关于人力资本投资，表述错误的是（　　）。
    A. 投资后收入增量流越长，人力资本投资的净现值越可能为正
    B. 投资后收益时间越长，人力资本投资的净现值越可能为正
    C. 人力资本投资越小，越多的人越愿意投资人力资本
    D. 大学毕业生与高中毕业生之间的收入差距与大学投资无关

12. 教育的社会收益不包括（　　）。
    A. 提高社会道德水平和信用水平
    B. 提高社会以及经济中的交易费用
    C. 提高市场效率
    D. 降低失业率

13. 上大学的收益不包括（　　）。
    A. 收入的提升
    B. 声誉和地位的提高
    C. 欣赏能力的提升
    D. 考试压力带来的精神负担

14. 在其他条件相同的情况下，大学毕业生和高中毕业生之间的收入差距越大，愿意投资上大学

的人就越多，这说明(　　)。

 A. 收入增量流的长度不会影响人力资本

 B. 收入差距说明是上大学的成本

 C. 收入差距越大，上大学的成本就越高

 D. 收入增量规模也会影响人力资本投资决策

15. 下列关于货币收益正确的表述是(　　)。

 A. 完成大学教育者在未来的终身工作中所获得的总收入将会比未能完成大学的教育者多

 B. 完成大学教育者在未来的终身工作中所获得的总收入将会与未能完成大学的教育者同样多

 C. 它包括社会地位或声誉的提高，对各种娱乐活动欣赏能力的提高

 D. 上大学这种人力资本投资的心理收益没有被重视

16. (　　)是除正规教育以外的另一种重要的人力资本投资形式。

 A. 职业学校　　　　　　B. 大学

 C. 在职培训　　　　　　D. 技术学校

17. 在职培训的一般培训成本是由(　　)。

 A. 员工来承担

 B. 企业来承担

 C. 员工和企业共同承担

 D. 上面说法全对

18. 在职培训的收益主要表现在(　　)。

 A. 受训者生产率的提高

 B. 受训者私人利益上的提高

 C. 参与培训者常常不能全力工作

 D. 受训者要付一定的成本

19. 对于员工的技能学习来说，最普遍的和最主要的方式是(　　)。

 A. 高等教育

 B. 脱产培训

 C. 初等教育及九年义务教育

 D. 在职培训

20. 内部劳动力市场激励不包括(　　)。

 A. 年薪制

 B. 年功序列工资

 C. 晋升刺激

 D. 退休金激励

二、多项选择题

1. 关于人力资本投资的说法，正确的是(　　)。

 A. 人力资本投资的主体只能是个人及其家庭

 B. 企业对员工进行在职培训也属于人力资本投资的一种形式

 C. 增进健康可以被认为是人力资本投资活动

 D. 义务教育也属于人力资本投资活动

 E. 寻找新的工作不属于人力资本投资活动

2. 货币成本可以划分为(　　)。

 A. 直接货币成本　　　　B. 间接货币成本

 C. 非货币成本　　　　　D. 特殊的杂费

 E. 书本费

3. 上大学的收益表现在(　　)方面。

 A. 货币收益　　　　　　B. 直接成本

 C. 间接成本　　　　　　D. 非货币收益

 E. 特殊的收益

4. 关于在职培训成本，说法正确的是(　　)。

 A. 包括在职培训的一些直接成本开支

 B. 受训者参加培训的机会成本

 C. 利用机器或有经验的职工从事培训活动的机会成本

 D. 生产效率的提高

 E. 以上都正确

5. 大多数雇佣合同都具有不完整和不明确的特点，因此，雇佣合同要想具有自我强制性，就必须解决(　　)的问题。

 A. 人力资本投资

 B. 雇佣合同的完整性和明确性

 C. 对员工个人的激励

 D. 对员工群体的激励

 E. 法律上的强制性

6. 内部劳动力市场的激励方式包括(　　)。

 A. 奖金　　　　　　　　B. 年功序列工资

 C. 福利　　　　　　　　D. 晋升刺激

 E. 退休金计划

7. 晋升竞赛的三个特征包括(　　)。

 A. 谁将得到晋升是不确定的

 B. 以绩效为基础

 C. 报酬将完全集中于获胜者之手

 D. 获胜和失败之间的差距会很大

 E. 领导控制晋升的人选

8. 教育所能够带来的社会收益包括(　　)。

 A. 提高国家和社会的福利水平

 B. 减少执行法律的支出

 C. 提高整个社会的信用水平

 D. 提高政策决策过程的质量和决策效率

 E. 增加个人收入

9. 下列有关"搭便车"现象的描述，正确的是(　　)。

 A. 每一个人所愿意作出的牺牲会受到"搭便车者"问题的限制

B. 搭便车问题越严重，对员工的工作积极性打击就越小

C. 组织中的某些人在不付出额外努力的情况下，分享由组织中的其他人所带来的组织福利

D. 某些员工尽管认识到组织中存在"搭便车"问题，但出于对所在企业的强烈认同感而努力工作

E. 组织中的某些人在付出额外努力的情况下，分享不到由组织中的其他人所带来的组织福利

10. 下列关于年龄大的劳动者对人力资本投资的表述，正确的有( )。

A. 在其他条件相同的情况下，他们从人力资本投资中可得到的净现值会比年轻人要低

B. 在其他条件相同的情况下，他们从人力资本投资中可得到的净现值会比年轻人要高

C. 投资后的未来收益相对较短

D. 投资的机会成本太大

E. 投资的机会成本基本相同

11. 下列有关绩效工资的描述，正确的是( )。

A. 企业向员工支付效率工资可以有效地抵制员工的消极怠工倾向

B. 企业向员工支付效率工资，不会增加企业的劳动力成本

C. 效率工资的效率来源于对实行计时工资的管理成本的节省

D. 企业一旦支付效率工资，便很容易招募到自己所需要的各类员工

E. 效率工资的效率来源于减少雇用人员节约的成本

12. 在职培训可分为( )。

A. 一般培训　　　　B. 正规培训
C. 定期培训　　　　D. 特殊培训
E. 不定期培训

13. 下列属于上大学的直接成本的有( )。

A. 学习用品费　　　B. 伙食费
C. 书本费　　　　　D. 学费
E. 住宿费

14. 下列属于人力资本投资活动的有( )。

A. 工作流动　　　　B. 增进健康
C. 失去工作　　　　D. 正规教育
E. 在职培训

15. 企业常常根据他们认为与生产率之间存在某种联系的、同时又是可以被观察到的标志或特征来进行人员筛选，这些标志或特征包括( )。

A. 忠诚度　　　　　B. 经验

C. 性别　　　　　　D. 年龄
E. 受教育程度

16. 下列有关在职培训对企业及员工行为的影响，描述正确的有( )。

A. 企业会通过各种人力资源管理实践来尽力降低受过特殊培训的员工的流动率或辞职率

B. 特殊培训是使企业将劳动力从可变投入要素变成半固定生产要素的重要原因之一

C. 企业对继续雇用受过专门训练的工人比继续雇用没有受到过专门训练的工人更感兴趣

D. 接受正规学校教育数量越多的人，越有可能接受更多的在职培训

E. 个人的人力资本投资是随着年龄的增加而不断提升的

17. 对一般培训和特殊培训区分的意义有( )。

A. 它有助于解释员工或企业是不是愿意为在职培训付费

B. 一般培训不一定能提高受训者所在企业的劳动生产率

C. 它会使我们更容易理解为什么有些企业特别热衷于留住他们所培训过的一些员工

D. 企业提供的特殊培训可以使受训者在其他企业中的劳动生产率提高

E. 受训者的生产率可以通过工作思路的开阔、思维能力的增强而逐步得到提高

18. 影响员工是否流动的因素主要有( )。

A. 工资水平
B. 经济周期
C. 辞职成本
D. 年龄与工作年限长短
E. 劳动力市场周期

19. 下面有关特殊培训的成本与收益安排的陈述，正确的有( )。

A. 特殊培训的成本全部要由企业来承担

B. 提供特殊培训的企业，其投资不会面临投资无价值回报的风险

C. 培训投资的成本和收益安排是运用先分摊成本然后再分享收益这种双赢安排方式

D. 企业和员工双方以一种共同保险的方式来完成企业的特殊培训投资

E. 特殊培训期间，企业向员工支付一种介于市场工资率和低生产率工资率之间的工资率

20. 大多数接受过特殊培训的员工通常( )。

A. 愿意在本企业工作较长的时间
B. 被企业解雇的可能性比较小

C. 在本企业获得的工资略高于市场工资率

D. 流动的倾向会比较弱

E. 不可能被企业解雇

参考答案及解析

一、单项选择题

1.【答案】A

【解析】劳动经济学家通过对劳动力市场技术和能力上的差别及其所导致的个人间收入差别的研究，总结出了人力资本投资理论。这一理论，打破了劳动经济学中的"所有的劳动者都是同质的"假设。

2.【答案】D

【解析】内部收益率法研究的核心问题是：如果要想使投资有利可图，那么可以承受的最高贴现率是多少？如果最高贴现率大于其他投资的报酬率，则人力资本投资计划是可行的，否则就是不可行的。

3.【答案】C

【解析】人力资本投资可以被定义为，任何就其本身来说是用来提高人的生产能力从而提高人在劳动力市场上的收益能力的初始性投资。这样，不仅各级正规教育和在职培训活动所花费的支出属于人力资本投资，而且增进健康、加强学龄前儿童营养、寻找工作、工作流动等活动也同样属于人力资本投资活动。

4.【答案】D

【解析】人力资本投资理论认为一位劳动者所具有的知识和技能(既能从教育和培训中获得，也能够在实际工作过程中学到)形成了一种特定的生产资本储备。这种通过人力资本投资获得的生产性资本的价值则取决于其内含的知识和技能在劳动力市场上能够得到的报酬数量。

5.【答案】C

【解析】人力资本投资的重点在于它的未来导向性。人力资本投资的利益就如同任何投资一样发生在未来，并且通常情况下，这些投资所产生的利益会在相当一段时期内持续不断地出现，而其成本则产生在目前。

6.【答案】A

【解析】上大学的成本包括货币成本和非货币成本两种，而货币成本又可以划分为直接货币成本和间接货币成本两类。间接成本也称为机会成本，

是指某人因上大学而不得不放弃的收入，在数量上等于此人高中毕业后不上大学而是去劳动力市场谋求就业后所可能赚得的收入。

7.【答案】C

【解析】上大学的成本包括货币成本和非货币成本两种，其中非货币成本也可以称为心理成本，是指在上大学期间因为考试压力等各种原因所造成的精神成本或心理成本。

8.【答案】B

【解析】非货币成本(或心理成本)，是指在上大学期间因为考试压力等各种原因所造成的精神成本或心理成本。显然每个人的心理素质不同，其心理承受能力亦不同。这一成本的衡量比较困难。

9.【答案】D

【解析】对于整个社会而言，它必须在人力资本投资和物力资本投资之间进行平衡，以使人力资本投资的社会收益率与物力资本投资的社会收益率之间达到平衡。

10.【答案】A

【解析】上大学的成本包括货币成本和非货币成本(心理成本)两种，而货币成本又可以划分为直接货币成本和间接货币成本(机会成本)两类。

11.【答案】D

【解析】对于人力资本投资，在其他条件相同的情况下，投资后的收入增量流长(收益时间越长)，则一项人力资本投资的净现值越可能为正；人力资本投资的成本越小，就会有越多的人愿意投资于人力资本；大学毕业生与高中毕业生之间的收入差距越大，愿意投资于大学教育的人就越多。

12.【答案】B

【解析】教育的社会收益包括：教育投资有助于降低失业率，从而减少失业福利支出，教育水平的提高还有助于提高整个社会的道德水平和信用水平，降低社会以及经济中的交易费用，提高市场效率。因此答案选B。

13.【答案】D

【解析】上大学的收益也表现在货币收益和非货币收益两个方面。其中货币收益是指完成大学教育者在未来的终身工作中所获得的总收入将会比未完成大学教育者多，在数量上等于大学毕业生与当初素质相当但是却没有上大学者之间在终身收入上的差别。上大学的非货币收益则包括社会地位或声誉的提高，对各种娱乐

活动欣赏能力的提高，等等。

14.【答案】D

【解析】大学毕业生与高中毕业生的收入差距所反映的正是上大学的收益部分，收入差距越大，则表明上大学的收益越大；在上大学的成本一定的情况下，上大学的收益越大，愿意上大学的人也就必然越多。可见，不仅收入增量流的长度会影响人力资本投资决策，收入增量的规模也会对其产生影响。

15.【答案】A

【解析】货币收益是指完成大学教育者在未来的终身工作中所获得的总收入将会比未完成大学教育者多，在数量上等于大学毕业生与当初素质相当但是却没有上大学者之间在终身收入上的差别。

16.【答案】C

【解析】在职培训是许多经济学家所强调的除正规教育以外的另一种重要的人力资本投资形式。

17.【答案】A

【解析】通常情况下，在职培训的一般培训的成本要由员工来承担，而企业负担特殊培训的成本。

18.【答案】A

【解析】在职培训的收益则主要表现在受训者生产率的提高上面。

19.【答案】D

【解析】在职培训是许多经济学家所强调的除正规教育以外的另一种重要的人力资本投资形式。对于工人的技能学习来说，在职培训是最普遍、最主要的方式。

20.【答案】A

【解析】内部劳动力市场可以使用年功序列工资、晋升刺激、退休金刺激等手段进行员工激励。

二、多项选择题

1.【答案】BCD

【解析】任何人力资本投资就其本身来说都是用来提高人的生产能力从而提高人在劳动力市场上的收益能力的初始性投资。据此，不仅各级正规教育和在职培训活动所花费的支出属于人力资本投资，而且增进健康、加强学龄前儿童营养、寻找工作、工作流动等活动也同样属于人力资本投资活动。义务教育属于正规教育范畴，通常由国家投资，据此可以推断人力资本投资的主体不仅局限于个人和家庭。本题正确答案为BCD。

2.【答案】AB

【解析】从理论上说，货币成本可以划分为直接货币成本和间接货币成本两类。本题正确答案为AB。

3.【答案】AD

【解析】上大学的成本包括货币成本和非货币成本两种。同时，上大学的收益也表现在货币收益和非货币收益两个方面。本题正确答案为AD。

4.【答案】ABC

【解析】在职培训的成本主要包含三个方面：在职培训所需要的一些直接成本开支；受训者参加培训的机会成本；利用机器或有经验的职工从事培训活动的机会成本。

5.【答案】CD

【解析】雇佣合同的不明确性通常表现在它们一般都是一整套非正式的默契，这种默契因为太模糊而无法用法律来强制执行。合同要想在法律上能够被强制执行就要求合同本身必须具备严格的条件，这种要求使得隐含合同只能通过自我强制来保证其自身的执行。而要使一份雇佣工合同具有自我强制性，则必须解决信息不对称问题以及对员工个人和员工群体进行激励的问题。本题正确答案为CD。

6.【答案】BDE

【解析】内部劳动力市场可以使用年功序列工资、晋升刺激、退休金刺激等手段对员工进行激励。本题正确答案为BDE。

7.【答案】ABCD

【解析】在存在内部劳动力市场的情况下，晋升竞赛主要有三个特征：其一，谁将得到晋升是不确定的；其二，获胜者是依据相对工作绩效被挑选出来的；其三，报酬将完全集中于获胜者之手，因此在获胜和失败两种结果之间的差别将会是很大的。本题正确答案为ABCD。

8.【答案】ABCD

【解析】教育的社会收益包括：提高整个国家和社会的福利水平；减少失业福利支出，减少执行法律的支出；提高了政策决策过程的质量和决策效率；父母的受教育水平在很大程度上会影响下一代的健康以及受教育状况；有助于提高整个社会的道德水平和信用水平，降低社会以及经济中的交易费用，提高市场效率。本题正确答案为ABCD。

9.【答案】ACD

【解析】"搭便车"现象是指组织中的某些人在

不付出额外努力的情况下，也能分享由组织中的其他人所带来的组织福利。"搭便车"问题越严重，对员工的工作积极性打击就越大。所以选项BE错误。本题正确答案为ACD。

10.【答案】ACD

【解析】有两个主要原因使得年纪大的人更不愿意投资于人力资本：一是投资后的未来收益流相对较短(年纪大的人从人力资本投资中可得到的净现值会比年轻人要低)；二是投资的机会成本太大。本题正确答案为ACD。

11.【答案】ACD

【解析】企业向员工支付效率工资，会增加企业的劳动力成本。效率工资的效率来源于对实行计时工资的管理成本的节省。

12.【答案】AD

【解析】在职培训可以分为两大类：一般在职培训和特殊在职培训。

13.【答案】ACD

【解析】上大学的直接成本，在形式上表现为上大学所必须支付的学费；一些特殊的杂费；书本费以及其他一些学习用品费等。BE两项对每个人来说都是必要的。

14.【答案】ABDE

【解析】不仅各级正规教育和在职培训活动所花费的支出属于人力资本投资，而且增进健康、加强学龄前儿童营养、寻找工作、工作流动等活动也同样属于人力资本投资活动。本题正确答案为ABDE。

15.【答案】BDE

【解析】企业筛选人员的标志或特征主要包括

年龄、经验、受教育程度。本题正确答案为BDE。

16.【答案】ABCD

【解析】个人的人力资本投资是随着年龄的增加而减少的，所以选项E错误。本题正确答案为ABCD。

17.【答案】AC

【解析】一般培训和特殊培训的区分有两个方面的意义：一是有助于解释员工或企业是不是愿意为在职培训付费；二是更容易理解为什么有些企业特别热衷于留住他们所培训过的一些员工。本题正确答案为AC。

18.【答案】ACDE

【解析】根据工作流动模型，影响员工是否流动的因素主要有工资水平、劳动力市场周期、年龄与工作年限长短、辞职成本。

19.【答案】CDE

【解析】特殊培训的成本不会全部都由企业来承担，因为企业自身的投资也会面临投资无价值回报的风险，AB选项错误。本题正确答案为CDE。

20.【答案】ABCD

【解析】大多数接受过特殊培训的员工可能都比较愿意在本企业中工作较长的时间，其流动倾向会受到削弱。他们在本企业中所获得的工资比他们到其他企业中去工作所可能获得的工资要稍高一些。企业一般不愿雇受过特殊培训的员工，但不代表一定不解雇接受过特殊培训的员工。

第四部分

劳动与社会
保险政策

第十四章　社会保险法律

本章主要介绍了社会保险法律关系的相关知识及其适用范围。从近几年的考试情况来看，保险法律关系、社会保险法律适用、社会保险法的基本内容是考查的重点，而相关法律原则的实际应用是考试比较热门的一个趋势。

本章重要考点分析

本章涉及10个考点，以单项选择题的考查形式为主，如图14-1所示。

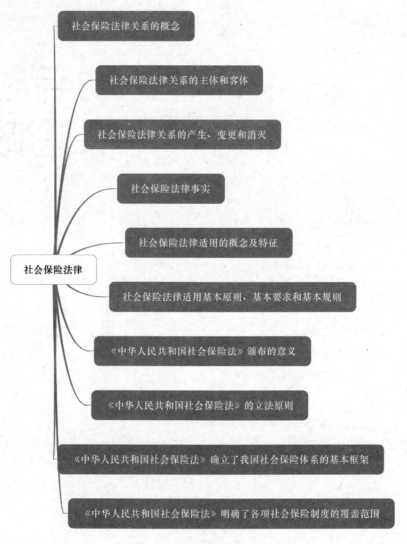

图14-1　社会保险法律考点

本章近三年题型及分值总结

本章内容在近三年的考试中未进行考查。

第一节　社会保险法律关系

社会保险是由国家立法规范，面向劳动者建立的一种强制性社会保障制度，它突出以劳动权利为基础，实行权利义务相结合并由雇主与劳动者缴费形成各项社会保险基金，以解除劳动者在养老、疾病医疗、职业伤害、失业等方面的后顾之忧为目标。

社会保险法律关系，是指社会保险各主体间，如国家与劳动者之间，社会保险经办机构与劳动者之间，社会保险经办机构之间，社会保险经办机构与用人单位之间，用人单位与劳动者之间，就社会保险的权利义务所产生的法律关系(在我国，社会保险方面的法律规范属于社会法)。

思维导图

该节涉及多个知识点和概念，如图14-2所示。

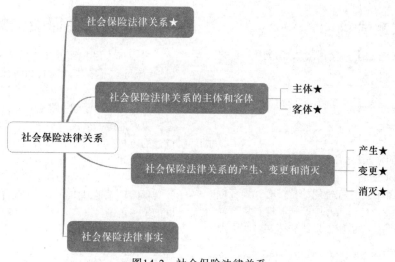

图14-2　社会保险法律关系

知识点测试

【2011年单选题】社会保险经办机构是指依法收取社会保险费，并按照规定支付保险待遇的主体。在我国，社会保险经办机构也称为(　　)。

A. 监督人

B. 投保人

C. 管理人

D. 保险人

【答案】D

【解析】保险人是指依法收取社会保险费，并按照规定支付保险待遇的主体。在我国，保险人被称为社会保险经办机构。

第二节　社会保险法律适用

社会保险法律适用，是指社会保险行政部门和法律授权的组织根据法定职权和法定程序，规范社会保险关系，维护公民参加社会保险和享受社会保险待遇的合法权益，使公民共享国家发展成果，促进社会和谐稳定，用来解决具体问题的专门活动。社会保险法律适用要合法、准确、及时。

思维导图

该节涉及多个知识点和概念，如图14-3所示。

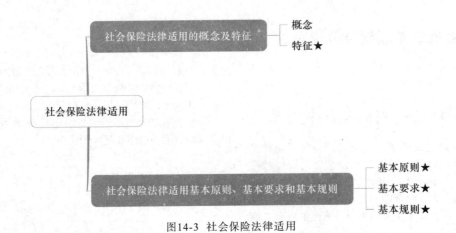

图14-3 社会保险法律适用

 知识点测试

【2011年多选题】社会保险法律适用具有的特征包括( )。

A. 具有专业性

B. 具有国家强制性

C. 具有程序性

D. 具有导向性

E. 必须有表明法律适用结果的法律文书

【答案】ABCE

【解析】社会保险法律适用的特征有：具有特殊的主体、具有专业性、具有国家强制性、具有程序性、必须有表明法律适用结果的法律文书。正确答案为ABCE。

第三节 社会保险法的基本内容

《中华人民共和国社会保险法》自2011年7月1日起施行。《中华人民共和国社会保险法》的颁布实施，是我国人力资源社会保障法制建设中的又一个里程碑，对于建立覆盖城乡居民的社会保障体系，更好地维护公民参加社会保险和享受社会保险待遇的合法权益，使公民共享社会发展成果，促进社会主义和谐社会建设，具有十分重要的意义。

《中华人民共和国社会保险法》所确立的我国社会保险体系的基本框架，明确了各项社会保险制度的覆盖范围。

 思维导图

该节涉及多个知识点和概念，如图14-4所示。

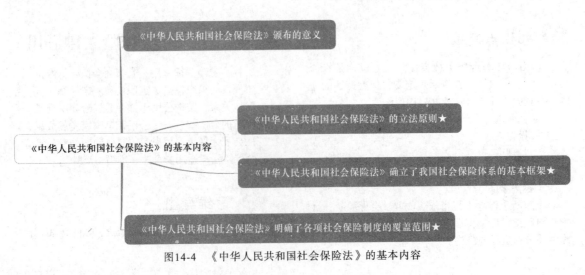

图14-4 《中华人民共和国社会保险法》的基本内容

知识点测试

【2011年单选题】基本养老保险不包括(　　)。

A. 商业人寿保险

B. 职工基本养老保险

C. 城镇居民社会养老保险

D. 新型农村社会养老保险

【答案】A

【解析】基本养老保险包括职工基本养老保险、新型农村社会养老保险和城镇居民社会养老保险。

考题预测及强化训练

一、单项选择题

1. 社会保险经办机构是指依法收取社会保险费,并按照规定支付保险待遇的主体。在我国,社会保险经办机构也称为(　　)。

A. 监督人　　　　　　B. 投保人

C. 管理人　　　　　　D. 保险人

2. (　　)既是社会保险的受益人,同时又要承担相应的缴费义务。

A. 国家税务机关　　　B. 劳动者或其家庭

C. 用人单位　　　　　D. 社会保险经办机构

3. (　　)承担缴纳社会保险费的义务,是社会保险基金的主要缴纳者。

A. 国家　　　　　　　B. 用人单位

C. 劳动者及家庭　　　D. 社会保险经办机构

4. 在社会保险法律关系中,为被保险人的利益投保社会保险的主体是(　　)。

A. 保险人　　　　　　B. 被保险人

C. 受益人　　　　　　D. 投保人

5. 基于被保险人的一定关系而享有一定保险利益的主体是(　　)。

A. 投保人　　　　　　B. 管理人

C. 受益人　　　　　　D. 监督人

6. 下列关于社会保险法律关系的产生表述正确的是(　　)。

A. 主体间依照社会保险规定建立起社会保险法律关系,从而产生一定的权利与义务

B. 能引起社会保险法律关系产生、变更、消灭的客观情况

C. 劳动权利与义务的消灭

D. 主体间已建立的社会保险法律关系,依照法律的规定,变更其内容,从而引起权利义务

内容和范围的变动

7. 社会保险法律适用的基本原则不包括(　　)。

A. 以事实为依据,以法律为准绳

B. 准确、及时的原则

C. 公民在法律面前一律平等

D. 实事求是,有错必纠原则

8. (　　)是社会保险法律关系主体的权利和义务所指向的对象。

A. 社会保险法律关系客体

B. 被保险人

C. 受益人

D. 管理人

9. 在《中华人民共和国社会保险法》的使用中,如果同位法中特别规定与一般规定不一致,应该(　　)。

A. 适用特别规定　　　B. 适用一般规定

C. 适用下位法的规定　D. 适用地方政府规定

10. 社会保险法律关系的消灭是指主体间的社会保险法律关系依法解除或终止,即(　　)。

A. 劳动权利与义务的消灭

B. 工作单位变化

C. 社会保险关系的变化

D. 以上都不对

11. 下列对《中华人民共和国社会保险法》内容的表述不正确的是(　　)。

A. 在中国就业的外国人不需要参加我国的社会保险

B. 基本养老保险制度和基本医疗保险制度覆盖了我国城乡全体居民

C. 被征地农民应按照国务院规定纳入相应的社会保险体系

D. 工伤保险、失业保险和生育保险制度覆盖了所有用人单位及其职工

二、多项选择题

1. 下列有关社会保险法律适用的说法,正确的是(　　)。

A. 社会保险法律适用具有国家强制性

B. 同位法中特别规定与一般规定不一致时,适用一般规定

C. 同位法中新的规定与旧的规定不一致时,适用新的规定

D. 社会保险法律适用必须有表明法律适用结果的法律文书

E. 社会保险法律适用的基本要求是合法、准确、及时

2. 从社会保险责任分，社会保险法律关系的主体有（　　）。
   A. 国家
   B. 监督人
   C. 社会保险的管理和经办机构
   D. 用人单位
   E. 劳动者及家庭

3. 我国征缴社会保险费的法定机构包括（　　）。
   A. 劳动保障行政部门　　B. 社会保险经办机构
   C. 税务机关　　　　　　D. 人民银行
   E. 保险公司

4. 从保险业务来分，社会保险法律关系主体包括（　　）。
   A. 保险人　　　　　　B. 被保险人
   C. 受益人　　　　　　D. 投保人
   E. 国家

5. 社会保险法律适用的主要基本规则有（　　）。
   A. 两审终审制
   B. 同位法中特别规定与一般规定不一致时，适用特别规定
   C. 同位法中新的规定与旧的规定不一致时，适用新的规定
   D. 原则上不溯及既往
   E. 上位法的效力高于下位法

6. 社会保险法律适用的基本要求有（　　）。
   A. 合法　　　　　　B. 严格
   C. 准确　　　　　　D. 及时
   E. 特别规定

7. 关于社会保险的管理和经办机构，说法正确的有（　　）。
   A. 直接承担管理和实施社会保险的责任
   B. 是《中华人民共和国社会保险法》的特殊主体
   C. 依法向用人单位及劳动者征收社会保险费
   D. 向劳动者发放社会保险待遇
   E. 负责社会保险基金的会计核算和日常管理

8. 投保人的主要权利包括（　　）。
   A. 就与本单位有关的社会保险争议按照法律程序请求解决
   B. 监督保险人的社会保险工作
   C. 按照规定领取社会保险待遇
   D. 要求提供社会保险的政策咨询
   E. 向保险人查验本单位的缴费记录

参考答案及解析

一、单项选择题

1.【答案】D
【解析】保险人是指依法收取社会保险费，并按照规定支付保险待遇的主体。在我国，保险人称为社会保险经办机构。

2.【答案】B
【解析】本题考查社会保险法律关系的主体。劳动者及其家庭既是社会保险的受益人，同时又要承担相应的缴费义务。

3.【答案】B
【解析】用人单位承担缴纳社会保险费的义务，是社会保险基金的主要缴纳者。

4.【答案】D
【解析】在社会保险法律关系中，为被保险人的利益投保社会保险的主体是投保人，答案选D。

5.【答案】C
【解析】本题考查受益人的定义。受益人是基于被保险人的一定关系而享有一定保险利益的主体。

6.【答案】A
【解析】本题考查社会保险法律关系的产生。选项B指的是社会保险法律事实，选项C属于社会保险法律关系的消灭，选项D属于社会保险法律关系的变更。

7.【答案】B
【解析】社会保险法律适用的基本原则共有三点，即选项ACD。合法、准确和及时是社会保险法律适用的基本要求。

8.【答案】A
【解析】社会保险法律关系客体是社会保险法律关系主体的权利和义务所指向的对象，可以是资金、物，也可以是服务行为。因此正确答案选A。

9.【答案】A
【解析】本题考查社会保险法律适用的主要基本规则。同位法中特别规定与一般规定不一致时，应该适用特别规定。

10.【答案】A
【解析】社会保险法律关系的消灭是指主体间的社会保险法律关系依法解除或终止，即劳动权利与义务的消灭。

11.【答案】A
【解析】本题考查各项社会保险制度的覆盖范

围。在中国境内就业的外国人，也应当参照规定参加我国的社会保险。

二、多项选择题

1.【答案】ACDE

【解析】同位法中特别规定与一般规定不一致时，适用特别规定。所以选项B错误。

2.【答案】ACDE

【解析】从社会保险责任分，社会保险法律关系的主体有：国家、社会保险的管理和经办机构、用人单位、劳动者及其家庭。

3.【答案】BC

【解析】目前，我国征缴社会保险费的法定机构有两个：一是税务机关；二是劳动保障行政部门按照国务院规定设立的社会保险经办机构。具体征收社会保险费的机构，由省级人民政府确定。本题正确答案为BC。

4.【答案】ABCD

【解析】从保险业务分，社会保险法律关系主体有：保险人、投保人、被保险人、受益人、管理人、监督人。本题正确答案为ABCD。

5.【答案】BCDE

【解析】劳动和社会保险法律适用的主要基本规则包括：上位法的效力高于下位法；同位法中特别规定与一般规定不一致时，适用特别规定；同位法中新的规定与旧的规定不一致的，适用新的规定；原则上不溯及既往。本题正确答案为BCDE。

6.【答案】ACD

【解析】劳动和社会保险法律适用的基本要求有：合法、准确、及时。

7.【答案】ACDE

【解析】社会保险的管理和经办机构直接承担管理和实施社会保险的责任，依法向用人单位及劳动者征收社会保险费，并向劳动者发放社会保险待遇；同时，还负责社会保险基金的会计核算和日常管理。

8.【答案】ABDE

【解析】投保人的主要权利有：向保险人查验本单位的缴费记录；要求提供社会保险的政策咨询；监督保险人的社会保险工作；就与本单位有关的社会保险争议按照法律程序请求解决。本题正确答案为ABDE。

第十五章 劳动关系协调

　　本章考试目的在于测试应试人员是否掌握劳动法律关系和社会保险法律关系的相关知识及其适用范围。

　　从近几年的考试情况来看，劳动关系协调制度、集体合同与集体协商、用人单位劳动规章制度、特殊用工等方面的基本内容是考查的重点。而相关法律原则的实际应用是考试比较热门的一个趋势。

本章重要考点分析

　　本章涉及14个重要考点，出现的题目比较多，以单项选择题和案例分析题的考查形式为主，多项选择题在近年的考试中均出现一道，如图15-1所示。

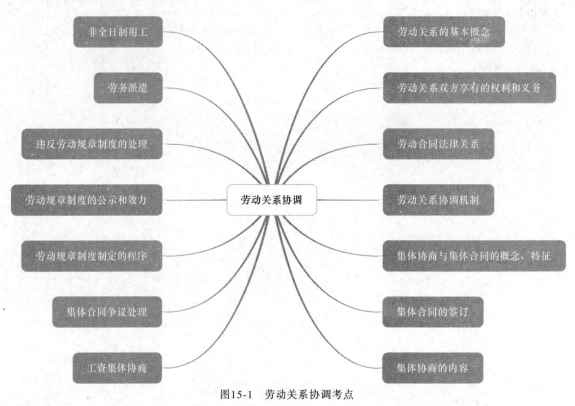

非全日制用工

劳务派遣

违反劳动规章制度的处理

劳动规章制度的公示和效力

劳动规章制度制定的程序

集体合同争议处理

工资集体协商

劳动关系协调

劳动关系的基本概念

劳动关系双方享有的权利和义务

劳动合同法律关系

劳动关系协调机制

集体协商与集体合同的概念、特征

集体合同的签订

集体协商的内容

图15-1　劳动关系协调考点

本章近三年题型及分值总结

　　本章内容在近三年的考试中出现的题型以单项选择题和多项选择题为主，如表15-1所示。

表15-1 劳动关系协调题型及分值

年 份	单项选择题	多项选择题	案例分析题
2014年	2题	1题	3题
2013年	3题	1题	4题
2012年	2题	1题	4题

第一节 劳动关系协调机制

劳动力所有者(劳动者)与劳动力使用者(用人单位)之间，以实现劳动为目的而发生的劳动力与生产资料相结合的社会关系。根据《中华人民共和国劳动法》规定，劳动者和用人单位享有相应的权利，并承担不同义务。

劳动合同法律关系是指基于劳动合同法律事实，由劳动合同法律调整，从而形成的劳动合同权利义务关系。

劳动关系协调机制，是政府、用人单位和劳动者三方代表，在制定法律法规、调整劳动关系、处理劳动争议等方面，履行好各自的职责，发挥好各自的作用，进行协商和对话，消除误解，弱化有争议的问题，增加达成协议的机会，共同协调劳动关系的机制。

在劳动关系三方机制中，首先是劳动者和用人单位双方应坚持平等原则，互惠互利、互谅互让，通过直接协商谈判、缔结契约等方式，建立和调整相互间的关系，解决出现的问题。政府在劳动关系协调机制中起调节和干预作用，以保障劳动者和用人单位双方的合法权益，实现共赢。

 思维导图

该节涉及多个知识点和概念，如图15-2所示。

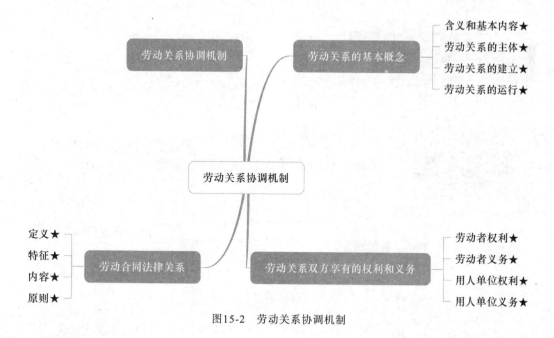

图15-2 劳动关系协调机制

知识点测试

【2011年单选题】劳动关系的主体包括( )。

A. 仲裁机构和国家

B. 人力资源和社会保障部门

C. 劳动者和用人单位

D. 用人单位和行为

【答案】C

【解析】劳动关系的主体包括劳动者和用人单位。

【2012年单选题】按照我国《中华人民共和国劳动法》的规定，提高职业技能属于(　　)。

A. 用人单位的权利

B. 劳动者的权利

C. 用人单位的义务

D. 劳动者的义务

【答案】D

【解析】在《中华人民共和国劳动法》总则中规定，劳动者应当履行的义务有：完成劳动任务；提高职业技能；执行劳动安全卫生规程；遵守劳动纪律和职业道德；履行法律、法规规定的其他义务。

【例题 多选题】属于用人单位权利的是(　　)。

A. 依法保证并合理安排劳动者的休息和休假

B. 劳动用工权

C. 工资奖金分配权

D. 依法解除劳动合同的权利

E. 按时足额支付劳动者工资及各项待遇

【答案】BCD

【解析】用人单位的权利包括劳动用工权，它

包含三层含义：一是招工权；二是用人权，包括依法解除劳动合同的权利；三是工资奖金分配权。本题正确答案为BCD。

第二节　集体合同与集体协商

集体合同，又称集体协议或团体协议，是协调劳动关系的一项重要法律制度。集体协商又称为"集体谈判"，是一种由单个雇主、雇主群体或组织同单个或者若干工人组织之间签订各种协议的过程。

因集体协商和签订、履行集体合同发生的争议就是集体合同争议。因集体协商签订集体合同发生争议，双方当事人不能自行协商解决的，当事人可以向劳动行政部门的劳动争议协调处理机构书面提出协商处理申请；未提出申请的，劳动行政部门认为必要时可视情况进行协调处理。

 思维导图

该节涉及多个知识点和概念，如图15-3所示。

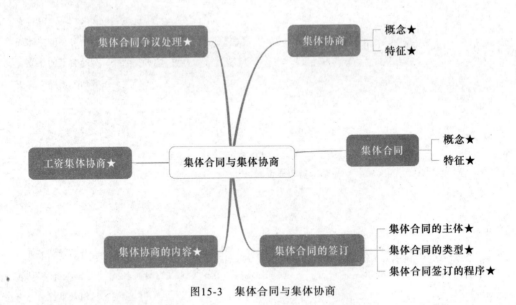

图15-3　集体合同与集体协商

知识点测试

【2010年单选题】因(　　)发生争议，经协商解决不成的，工会可依法申请仲裁。

A. 履行买卖合同　　　B. 履行集体合同

C. 工资协商　　　　　D. 职工福利

【答案】B

【解析】《中华人民共和国劳动合同法》规定：因履行集体合同发生争议，经协商解决不成的，工会可以依法申请仲裁、提起诉讼。

第三节 用人单位劳动规章制度

劳动规章制度是指由用人单位依法制订的规范相关劳动关系的建立、运行的内部规则。用人单位在制订、修改或者决定有关劳动报酬、工作时间、休息休假、劳动安全卫生、保险福利、职工培训、劳动纪律以及劳动定额管理等直接涉及劳动者切身利益的规章制度或者重大事项时，应当经职工代表大会或者全体职工讨论，提出方案和意见，与工会或者职工代表平等协商确定。

 思维导图

该节涉及多个知识点和概念，如图15-4所示。

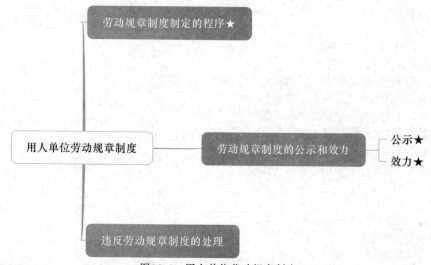

图15-4 用人单位劳动规章制度

第四节 特殊用工

特殊用工主要是指劳务派遣和非全日制用工的情况。劳务派遣是指劳务派遣单位与被派遣劳动者建立劳动关系后，将该劳动者派遣到用工单位从事劳动的一种特殊用工形式。

非全日制用工是指以小时计酬为主，劳动者在同一用人单位一般平均每日工作时间不超过4小时，每周工作时间累计不超过24小时的用工形式。

 思维导图

该节涉及多个知识点和概念，如图15-5所示。

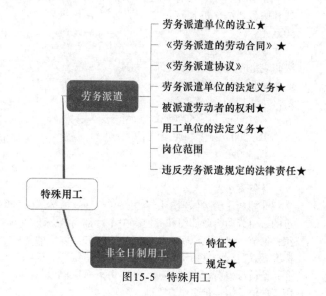

图15-5 特殊用工

知识点测试

【2014年多选题】 关于非全日制用工的说法，错误的是( )。

A. 非全日制用工是我国企业基本用工形式

B. 非全日制用工应当订立书面劳动合同

C. 非全日制用工每周工作时间累计不得超过24小时

D. 非全日制用工双方当事人应当约定试用期

E. 非全日制用工终止时，用人单位无须向劳动者支付经济补偿

【答案】 ABD

【解析】 非全日制用工，是指以小时计酬为主，劳动者在同一用人单位一般平均每日工作时间不超过4小时，每周工作时间累计不超过24小时的用工形式。与全日制用工相比，非全日制用工的特征有两点：一是以小时计酬为主；二是周工作时间累计不能超过24小时。A选项，劳动合同用工是我国企业的基本用工形式；B选项，从事全日制用工劳动者可以与一个或者一个以上用人单位订立劳动合同，而不是应当订立；D选项，非全日制用工双方当事人不得约定试用期。

【2011年单选题】 劳务派遣单位应当依照公司法的规定设立，注册资本不得少于( )万元。

A. 30　　B. 50　　C. 80　　D. 100

【答案】 B

【解析】 劳务派遣单位应当依照《中华人民共和国公司法》的规定设立，注册资本不得少于50万元。

【例题 单选题】 劳务派遣单位或用工单位违反法律规定的，由劳动行政部门和其他有关主管部门责令改正；情节严重的，以每人( )的标准处以罚款，并由工商行政管理部门吊销营业执照。

A. 1000元以上5000元以下

B. 1000元以上3000元以下

C. 500元以上1000元以下

D. 500元以上5000元以下

【答案】 A

【解析】 劳务派遣单位或用工单位违反法律规定的，由劳动行政部门和其他有关主管部门责令改正；情节严重的，以每人1000元以上5000元以下的标准处以罚款，并由工商行政管理部门吊销营业执照；给被派遣劳动者造成损害的，劳务派遣单位与用工单位承担连带赔偿责任。

【例题 单选题】 非全日制用工，是指以小时计酬为主，劳动者在同一用人单位一般平均每日工作时间不超过( )小时，每周工作时间累计不超过( )小时的用工形式。

A. 4，12　　B. 4，24　　C. 6，24　　D. 8，24

【答案】 B

【解析】 非全日制用工，是指以小时计酬为主，劳动者在同一用人单位一般平均每日工作时间不超过4小时，每周工作时间累计不超过24小时的用工形式。

考题预测及强化训练

一、单项选择题

1. 在劳动者依照《中华人民共和国劳动法》享有的基本权利中，不包括( )。

A. 休息、休假　　B. 遵守劳动纪律

C. 参加职工民主管理　　D. 提请处理劳动争议

2. 劳动者应该履行的义务不包括( )。

A. 完成劳动任务

B. 提高职业技能

C. 履行法律、法规规定的其他义务

D. 接受职业技能培训

3. 下列不属于劳动法律关系的内容是( )。

A. 劳动者的权利　　B. 法律

C. 劳动者义务　　D. 用人单位的权利

4. 属于用人单位的义务的是( )。

A. 工资奖金分配义务

B. 为劳动者劳动权利的实现提供保障

C. 完成劳动义务

D. 履行法律、法规规定的其他义务

5. 劳动法律关系的含义是( )。

A. 雇主与雇员之间的雇佣关系

B. 劳动者与用人单位之间通过招聘产生的管理者与被管理者之间的关系

C. 劳动者与用人单位之间在实现劳动过程中依据劳动法律规范而形成的劳动权利与义务关系

D. 劳动者与用人单位之间在实现劳动过程中依据双方平等自愿的原则，双方协商而形成的劳动权利与义务的关系

6. 因( )集体合同发生的争议，应依据《中华人民共和国企业劳动争议处理条例》处理。

A. 履行　　B. 解除　　C. 终止　　D. 签订

7. 集体合同由( )代表职工与企业签订。

A. 法人　　B. 职工　　C. 工会　　D. 政府

8. 参加劳动合同法律关系，享有劳动合同权利和承担劳动合同义务的人指的是劳动合同法律关系中的(　　)。
   A. 主体　　　　　　　　B. 客体
   C. 内容　　　　　　　　D. 以上都不对

9. 协商处理集体争议，应当自受理协调处理申请之日起(　　)日内结束。
   A. 15　　　　　　　　　B. 30
   C. 60　　　　　　　　　D. 90

10. 在我国，一种由单个雇主、雇主群体或组织同单个或若干工人组织之间签订各种协议的过程，被称为(　　)。
    A. 集体协商　　　　　　B. 集体合同
    C. 集体协议　　　　　　D. 团体协议

11. 企业职工一方与用人单位可以订立劳动安全卫生、女职工权益保护、工资调整机制等集体合同，这称为(　　)。
    A. 专项集体合同　　　　B. 行业集体合同
    C. 区域集体合同　　　　D. 单项集体合同

12. 按《中华人民共和国劳动合同法》的规定，劳动行政部门自收到集体合同文本之日起(　　)日内未提出异议的，集体合同即行生效。
    A. 7　　B. 10　　C. 15　　D. 30

13. 《中华人民共和国全民所有制工业企业法》、《全民所有制工业企业职工代表大会条例》等均规定，国有企业制订劳动规章应当经(　　)讨论通过。
    A. 工会　　　　　　　　B. 职代会
    C. 全体职工　　　　　　D. 董事会

14. 劳务派遣单位应当依照《中华人民共和国公司法》的有关规定设立，注册资本不得少于(　　)万元。
    A. 20　　B. 30　　C. 50　　D. 80

15. 非全日制用工劳动报酬结算支付周期最长不得超过(　　)日。
    A. 7　　B. 14　　C. 15　　D. 30

16. 用人单位的权利不包括(　　)。
    A. 劳动用工权
    B. 依法解除劳动合同的权利
    C. 工资奖金分配权
    D. 提请劳动争议处理的权利

17. 按照我国《中华人民共和国劳动法》的规定，依法解除劳动合同的权利属于(　　)。
    A. 用人单位的权利　　　B. 用人单位的义务
    C. 劳动者的权利　　　　D. 劳动者的义务

18. 劳动合同法律关系的主体指的是(　　)。
    A. 劳动义务
    B. 劳动权利
    C. 劳动行为
    D. 自然人、法人和其他组织

19. 在劳动关系协调机制中，(　　)是政府的主要代表，其主要职能是劳动争议仲裁、劳动监察等。
    A. 工会
    B. 职代会
    C. 用人单位组织
    D. 政府人力资源和社会保障部门

20. 劳动者利益的代表是(　　)。
    A. 用人单位组织
    B. 工会组织
    C. 工会组织、职代会
    D. 政府人力资源和社会保障部门

21. 集体合同由工会代表职工一方与企业订立；尚未建立工会的企业，由(　　)指导该企业职工推举的代表与企业订立。
    A. 企业　　　　　　　　B. 人民法院
    C. 劳动行政部门　　　　D. 上级工会

22. 下列针对集体合同的描述，错误的是(　　)。
    A. 集体合同是一种劳动协议
    B. 集体合同是特定当事人之间订立的协议
    C. 劳动行政部门自收到集体合同文本之日起30日内未提出异议的，集体合同即行生效
    D. 必须是书面合同，其生效要经过特定程序

23. 集体合同或专项集体合同签订或变更后，应当自双方首席代表签字之日起(　　)日内，由用人单位一方将文本一式三份报送劳动行政部门审查。
    A. 10　　　　　　　　　B. 15
    C. 20　　　　　　　　　D. 30

24. 下面有关劳动规章制度规定的陈述，错误的是(　　)。
    A. 国有与非国有企业制订劳动规章都应当经职代会讨论通过
    B. 用人单位应将直接涉及劳动者切身利益的规章制度和重大事项决定公示或告知劳动者
    C. 用人单位规章制度违反法律、法规的规定，损害劳动者权益的，劳动者可解除劳动合同
    D. 劳动规章制度要具有法律效力应满足三个条件：内容合法、经过民主程序制订、要向劳动者公示

25. 政府在劳动关系协调机制中起(　　)。
    A. 决定作用　　　　　　B. 主导作用

C. 调节和干预作用　　D. 以上都不对

26. 因劳务派遣单位存在违法行为，给被派遣劳动者造成损害的，(　　)。

A. 劳务派遣单位与用工单位承担连带赔偿责任

B. 由劳动争议仲裁委员会决定由谁承担赔偿责任

C. 用工单位承担赔偿责任

D. 劳务派遣单位承担赔偿责任

27. 劳务派遣单位与劳动者应签订(　　)年以上的固定期限劳动合同，按月支付劳动报酬。

A. 1　　　　　　　　B. 2

C. 3　　　　　　　　D. 5

28. 劳务派遣单位违法解除或者终止被派遣劳动者的劳动合同的，应当依照《中华人民共和国劳动合同法》规定的经济补偿标准的(　　)倍向劳动者支付赔偿金。

A. 1　　　　　　　　B. 1.5

C. 2　　　　　　　　D. 2.5

二、多项选择题

1. 下面选项中属于用人单位义务的是(　　)。

A. 为劳动者劳动权利的实现提供条件保障

B. 建立职业培训制度，有计划地对劳动者进行职业培训

C. 认真履行劳动合同，不擅自或非法解除劳动合同和辞退劳动者；依法解除劳动合同或者辞退劳动者时，应先与工会和劳动者沟通

D. 工资、奖金分配

E. 依法保证并合理安排劳动者的休息和休假，遵守国家规定的工作时间

2. 下面对于非全日制用工的描述正确的是(　　)。

A. 非全日制用工双方当事人必须订立书面协议

B. 非全日制用工双方当事人不得约定试用期

C. 非全日制用工双方当事人任何一方都可以随时通知对方终止用工。终止用工，用人单位不向劳动者支付经济补偿

D. 非全日制用工小时计酬标准不得低于用人单位所在地人民政府规定的最低小时工资标准

E. 非全日制用工劳动报酬结算支付周期最长不得超过15日

3. 下列选项中属于劳动者应当履行的义务的有(　　)。

A. 认真履行劳动合同　　B. 完成劳动任务

C. 提高职业技能　　　　D. 建立培训制度

E. 遵守劳动纪律和职业道德

4. 违反劳务派遣规定的法律责任包括(　　)。

A. 情节严重的，以每人1000元以上5000元以下的标准处以罚款

B. 情节严重的，由工商行政管理部门吊销营业执照

C. 由劳动行政部门和其他有关主管部门责令改正

D. 给被派遣劳动者造成损害的，劳务派遣单位与用工单位承担连带赔偿责任

E. 违反劳务派遣规定的只罚款而不会吊销营业执照

5. 集体合同的特征包括(　　)。

A. 集体合同是特定当事人之间订立的协议

B. 集体合同是一种劳动协议

C. 可以是口头合同

D. 生效要经过特定程序

E. 本质上所反映的是以劳动条件为主要内容的关系

6. 集体合同的类型有(　　)。

A. 一般性的集体合同　　B. 专项集体合同

C. 区域性集体合同　　　D. 行业性集体合同

E. 特殊性集体合同

7. 下面对于劳动合同法律关系的描述中正确的是(　　)。

A. 劳动合同法律关系指基于劳动合同法律事实，由劳动合同法律调整，从而形成的劳动合同权利义务关系

B. 劳动合同法律关系是劳动合同法律规范调整劳动合同关系所形成的一种社会关系

C. 劳动合同法律关系的主体指劳动合同法律关系的主体享有的权利和承担的义务所指向的事物，主要指的是劳动行为

D. 劳动合同法律关系是以劳动合同权利义务为内容的社会关系

E. 劳动合同法律关系的客体指参加劳动合同法律关系，享有劳动合同权利和承担劳动合同义务的人

8. 集体协商中的工作时间协商主要包括(　　)。

A. 工时制度

B. 加班加点办法

C. 劳动定额标准

D. 特殊工种的工作时间

E. 日休息时间

9. 工资集体协商的内容包括(　　)。

A. 工资协议的期限

B. 奖金、津贴、补贴等分配办法

C. 工资支付办法

D. 劳保用品发放标准

E. 职工亲属福利制度

10. 劳动规章制度要具有法律效力应满足的条件有（　　）。

A. 国有企业制订劳动规章制度没有强制必须经职代会讨论通过

B. 非国有企业制订劳动规章制度，法律强制必须经职代会讨论通过

C. 内容合法，不违背有关法律法规及政策

D. 向劳动者公示

E. 经过民主程序制订

11. 违反劳动规章制度的处理方法有（　　）。

A. 允许劳动者以此为由随时提出解除劳动合同并有获得经济补偿的权利

B. 由劳动行政部门责令改正

C. 由工会解决

D. 集体开会研究

E. 以上都不对

12. 劳动者的基本权利不包括（　　）。

A. 完成劳动任务

B. 提高职业技能

C. 休息、休假的权利

D. 接受技能培训的权利

E. 取得劳动报酬的权利

13. 集体合同中可以包括（　　）事项。

A. 劳动报酬

B. 晋升

C. 女职工和未成年人特殊保护

D. 工作时间

E. 休息、休假

14. 根据集体协商的内容，劳动报酬主要包括（　　）。

A. 工资调整办法

B. 工资支付办法

C. 基本福利制度和福利设施

D. 加班加点工资及津贴、补贴标准和奖金分配方法

E. 特殊情况下职工工资(生活费)支付方法

15. 下列选项中属于集体协商特征的有（　　）。

A. 集体协商是劳动者团体与企业或企业团体之间的谈判

B. 集体协商是围绕着改善劳动条件和协调劳动关系的谈判

C. 集体协商的结果体现在所签订的集体合同中

D. 集体协商本身可以产生劳动关系

E. 国家在集体协商中起调解作用

16. 劳务派遣单位的法定义务包括（　　）。

A. 劳务派遣单位应当将劳务派遣协议的内容告知被派遣劳动者

B. 劳务派遣单位不得克扣用工单位按照《劳务派遣协议》支付给被派遣劳动者的劳动报酬

C. 劳务派遣单位不得向被派遣劳动者收取费用

D. 在跨地区派遣劳动者时，劳务派遣单位应当保证被派遣劳动者享有的劳动报酬和劳动条件，符合用工单位所在地规定的标准

E. 支付加班费、绩效奖金，提供与工作岗位相关的福利待遇

参考答案及解析

一、单项选择题

1.【答案】B

【解析】在《中华人民共和国劳动法》总则中，对劳动者依法享有的基本权利作出了明确规定，概括起来主要有：平等就业和选择职业的权利；取得劳动报酬的权利；休息、休假的权利；获得劳动安全卫生保护的权利；接受职业技能培训的权利；享受社会保险和福利权利；提请处理劳动争议的权利；享有法律、法规规定的其他权利，包括组织和参加工会的权利、参加职工民主管理的权利；参加劳动竞赛、提合理化建议的权利；对违反劳动法律、法规行为进行监督的权利等。

2.【答案】D

【解析】按照《中华人民共和国劳动法》的有关规定，劳动者应当履行的义务有：完成劳动任务；提高职业技能；执行劳动安全卫生规程；遵守劳动纪律和职业道德；履行法律、法规规定的其他义务。

3.【答案】B

【解析】劳动法律关系的基本内容包括劳动者的基本权利和义务以及用人单位的权利与义务。

4.【答案】B

【解析】为劳动者劳动权利的实现提供劳动条件保障是用人单位需要履行的一项基本义务。

5.【答案】C

【解析】劳动法律关系是指劳动者与用人单位之间在实现劳动过程中依据劳动法律规范而形成的劳动权利与义务的关系。

6.【答案】A

【解析】因履行集体合同发生的劳动争议，经协商解决不成的，工会可以依法申请仲裁。因履行

集体合同发生的争议，应当依据《中华人民共和国企业劳动争议处理条例》处理。

7.【答案】C
【解析】《劳动合同法》第51条规定：集体合同由工会代表企业职工一方与用人单位订立；尚未建立工会的用人单位，由上级工会指导劳动者推举的代表与用人单位订立。

8.【答案】A
【解析】参加劳动合同法律关系，享有劳动合同权利和承担劳动合同义务的人指的是劳动合同法律关系中的主体。

9.【答案】B
【解析】按照规定，协调处理集体协商争议，应当自受理协调处理申请之日起30日内结束协调处理工作。期满未结束的，可以适当延长协调期限，但延长期限不得超过15日。

10.【答案】A
【解析】集体协商，又称为"集体谈判"，是一种由单个雇主、雇主群体或组织同单个或者若干工人组织之间签订各种协议的过程。

11.【答案】A
【解析】专项集体合同是指企业职工一方与用人单位之间订立的劳动安全卫生、女职工权益保护、工资调整机制等专项集体合同。

12.【答案】C
【解析】按照《劳动合同法》的规定，劳动行政部门自收到集体合同文本之日起15日内未提出异议的，集体合同即行生效。

13.【答案】B
【解析】《中华人民共和国全民所有制工业企业法》、《全民所有制工业企业职工代表大会条例》等均规定，国有企业制订劳动规章应当经职代会讨论通过。

14.【答案】C
【解析】劳务派遣单位应当依照《中华人民共和国公司法》的有关规定设立，注册资本不得少于50万元。

15.【答案】C
【解析】非全日制用工劳动报酬结算支付周期最长不得超过15日。

16.【答案】D
【解析】选项D属于劳动者的基本权利。

17.【答案】A
【解析】按照我国《劳动法》的规定，依法解除劳动合同的权利属于用人单位的权利。

18.【答案】D
【解析】本题考查劳动合同法律关系的主体。选项AB属于劳动合同法律关系的内容，选项C属于劳动合同法律关系的客体。

19.【答案】D
【解析】政府人力资源和社会保障部门是政府的主要代表，其主要职能是劳动争议仲裁、劳动监察等。

20.【答案】C
【解析】本题考查劳动者利益的代表——工会组织、职代会。

21.【答案】D
【解析】集体合同由工会代表职工一方与企业订立；尚未建立工会的企业，由上级工会指导该企业职工推举的代表与企业订立。

22.【答案】C
【解析】本题考查集体合同的相关内容。劳动行政部门自收到集体合同文本之日起15日内未提出异议的，集体合同即行生效。

23.【答案】A
【解析】集体合同或专项集体合同签订或变更后，应当自双方首席代表签字之日起10日内，由用人单位一方将文本一式三份报送劳动行政部门审查。答案选A。

24.【答案】A
【解析】本题考查劳动规章制度制订的相关内容。《中华人民共和国全民所有制工业企业法》、《全民所有制工业企业职工代表大会条例》等均规定，国有企业制订劳动规章应当经职代会讨论通过。而非国有企业制订劳动规章制度，法律没有强制必须经职代会讨论通过。因此选A。

25.【答案】C
【解析】政府在劳动关系协调机制中起调节和干预作用，因此正确答案选C。

26.【答案】A
【解析】本题考查劳务派遣单位的法定义务。因劳务派遣单位存在违法行为，给被派遣劳动者造成损害的，劳务派遣单位与用工单位承担连带赔偿责任。

27.【答案】B
【解析】劳务派遣单位与劳动者应签订2年以上的固定期限劳动合同，并按月支付劳动报酬。

28.【答案】C
【解析】劳务派遣单位违法解除或者终止被派

遣劳动者的劳动合同的，应当依照《中华人民共和国劳动合同法》规定的经济补偿标准的2倍向劳动者支付赔偿金。

二、多项选择题

1.【答案】ABCE

【解析】选项D属于用人单位的权利，答案选ABCE。

2.【答案】BCDE

【解析】选项BCDE的描述都正确，但是非全日制用工双方当事人可以订立口头协议，因此选项A描述错误，排除不选，正确答案选BCDE。

3.【答案】BCE

【解析】本题考查劳动者应当履行的义务。选项AD属于用人单位的义务。

4.【答案】ABCD

【解析】选项ABCD的描述都正确。当情节严重时，由工商行政管理部门吊销营业执照，排除E选项不选，因此正确答案选ABCD。

5.【答案】ABDE

【解析】集体合同必须是书面合同，所以选项C错误。

6.【答案】ABCD

【解析】集体合同的类型有一般性的集体合同、专项集体合同、区域性集体合同和行业性集体合同。答案选ABCD。

7.【答案】ABD

【解析】选项ABD是对劳动合同法律关系的正确描述，选项C是对劳动合同法律关系的客体的描述，而选项E是对劳动合同法律关系的主体的描述，因此排除这两个选项，答案选ABD。

8.【答案】ABCD

【解析】选项E属于休息休假的协商内容。

9.【答案】ABC

【解析】选项D属于劳动安全与卫生的协商内容，选项E属于补充保险和福利的协商内容。

10.【答案】CDE

【解析】劳动规章制度要具有法律效力应满足的条件有3个，即选项CDE。

11.【答案】AB

【解析】违反劳动规章制度的处理方法有：允许劳动者以此为由随时提出解除劳动合同并有获得经济补偿的权利；由劳动行政部门责令改正，答案选AB。

12.【答案】AB

【解析】《中华人民共和国劳动法》总则中对劳动者的基本权利作出了明确规定，劳动者享有的基本权利有：平等就业和选择职业的权利；取得劳动报酬的权利；休息、休假的权利；获得劳动安全卫生保护的权利；接受职业技能培训的权利；享受社会保险和福利的权利；提请劳动争议处理的权利；享有法律、法规规定的其他权利。本题正确答案为AB。

13.【答案】ACDE

【解析】《中华人民共和国劳动合同法》第51条规定："企业职工一方与用人单位通过平等协商，可以就劳动报酬、工作时间、休息、休假、劳动安全卫生、保险福利等事项订立集体合同"。

14.【答案】ABDE

【解析】根据集体合同规定，劳动报酬主要包括：(1)用人单位工资水平、工资分配制度、工资标准和工资分配形式；(2)工资支付办法；(3)加班加点工资及津贴、补贴标准和奖金分配办法；(4)工资调整办法；(5)试用期及病、事假等期间的工资待遇；(6)特殊情况下职工工资(生活费)支付办法；(7)其他劳动报酬分配办法。本题正确答案为ABDE。

15.【答案】ABCE

【解析】集体协商的特征包括：集体协商是劳动者团体与企业或企业团体之间的谈判；集体协商是围绕着改善劳动条件和协调劳动关系的谈判；集体协商的结果体现在所签订的集体合同中；集体协商本身并不产生劳动关系；国家在集体协商中起调解作用。本题正确答案为ABCE。

16.【答案】ABCD

【解析】劳务派遣单位的法定义务有：(1)劳务派遣单位应当将劳务派遣协议的内容告知被派遣劳动者；(2)劳务派遣单位不得克扣用工单位按照《劳务派遣协议》支付给被派遣劳动者的劳动报酬；(3)劳务派遣单位不得向被派遣劳动者收取费用；(4)在跨地区派遣劳动者时，劳务派遣单位应当保证被派遣劳动者享有的劳动报酬和劳动条件，符合用工单位所在地规定的标准；(5)因劳务派遣单位存在违法行为，给被派遣劳动者造成损害的，劳务派遣单位与用工单位承担连带赔偿责任；(6)劳务派遣单位不得以非全日制用工形式招用被派遣劳动者。

第十六章　劳动争议调解仲裁

　　本章考试目的在于测试应试人员是否掌握劳动争议调解仲裁法律制度及其基本内容、劳动争议处理的法律程序、劳动争议诉讼等，并能够处理劳动争议。

　　从近几年的考试情况来看，劳动争议调解仲裁法律制度及其基本内容、劳动争议处理的法律程序、劳动争议诉讼等是比较热门的考点。而对于处理劳动争议能力的考查也是考试的一个趋势。

本章重要考点分析

　　本章涉及13个重要考点，出现的题目不多，平均每年出现2～3道单项选择题和1道多项选择题，如图16-1所示。

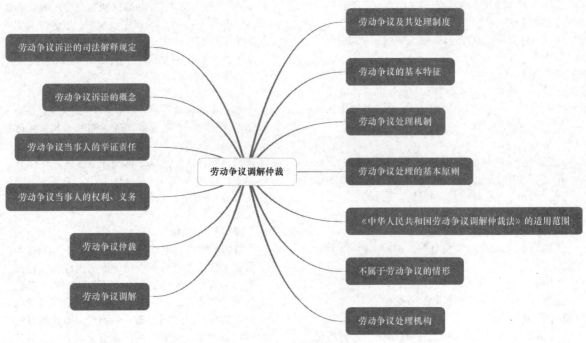

图16-1　劳动争议调解仲裁考点

本章近三年题型及分值总结

本章内容在近三年的考试中出现的题型以单项选择题和多项选择题为主，如表16-1所示。

表16-1　劳动争议调解仲裁题型及分值

年　份	单项选择题	多项选择题	案例分析题
2014年	2题	1题	0题
2013年	0题	1题	0题
2012年	3题	1题	0题

第一节　劳动争议

　　劳动争议又称劳动纠纷，是指劳动关系当事人之间因劳动权利和义务产生分歧而引起的争议。用人单位之间、劳动者之间、用人单位与没有与之建立劳动关系的劳动者、国家机关与公务员之间产生的争议，都不属于劳动争议。

 思维导图

　　该节涉及多个知识点和概念，如图16-2所示。

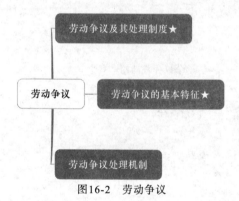

图16-2　劳动争议

 知识点测试

　　【2011年单选题】在劳动争议中，如果一方当事人是国家机关，那么另一方必然是（　　）。

　　A.与之建立劳动关系的劳动者　　B.公务员

　　C.用人单位　　　　　　　　　　D.企业

　　【答案】A

　　【解析】国家机关和与之建立劳动关系的劳动者因劳动权利义务产生分歧而引起的争议属于劳动争议。

第二节　劳动争议处理的原则和范围

　　劳动争议处理遵循合法的原则、公正的原则、及时的原则、着重调解的原则。《中华人民共和国劳动争议调解仲裁法》规定了劳动争议处理的适用范围。

思维导图

　　该节涉及多个知识点和概念，如图16-3所示。

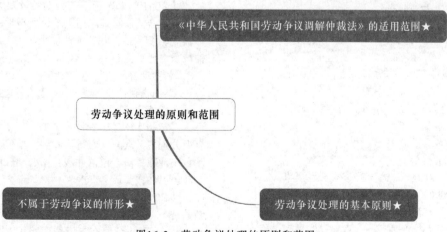

图16-3　劳动争议处理的原则和范围

第三节 劳动争议处理的基本程序

劳动争议的处理机构主要包括企业劳动争议调解委员会和其他调解组织、劳动争议仲裁委员会和人民法院。劳动争议调解是指劳动争议调解组织对企业一方与劳动者一方发生的劳动争议，以国家的劳动法律、法规为依据，以民主协商的方式，使双方当事人达成协议，消除劳动纠纷。劳动争议仲裁指劳动争议仲裁委员会对用人单位与劳动者之间发生的争议，依法做出裁决的活动。

 思维导图

该节涉及多个知识点和概念，如图16-4所示。

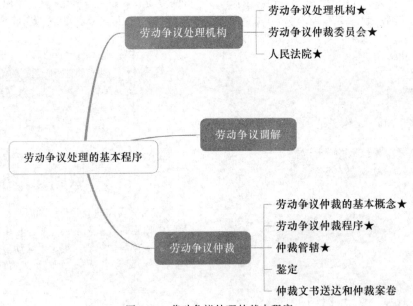

图16-4 劳动争议处理的基本程序

 知识点测试

【2012年多选题】仲裁庭裁决争议案件时，若仲裁员( )，则应当回避。

A. 与案件有利害关系

B. 接受代理人请客送礼

C. 促使争议双方当事人达成调解协议

D. 私自会见当事人

E. 是仲裁委员会主任

【答案】ABD

【解析】仲裁员是本案当事人或者当事人、代理人的近亲属的；与本案有利害关系的；与本案当事人、代理人有其他关系，可能影响公正裁决的；私自会见当事人、代理人，或者接受当事人、代理人请客送礼的，要回避。本题正确答案为ABD。

【2012年单选题】若劳动争议双方当事人分别向劳动合同履行地和用人单位所在地的劳动争议仲裁委员会申请仲裁，依法应由( )的劳动争议仲裁委员会管辖。

A. 劳动合同履行地 B. 用人单位所在地

C. 先收到仲裁申请 D. 劳动者选择

【答案】A

【解析】本题考查仲裁管辖。劳动争议双方当事人分别向劳动合同履行地和用人单位所在地的劳动争议仲裁委员会申请仲裁，由劳动合同履行地的劳动争议仲裁委员会管辖。

【2010年单选题】以下情形属于仲裁时效中断的是( )。

A. 当事人证明在申请仲裁期间内因不可抗力无法申请仲裁

B. 当事人证明在申请仲裁期间内因客观原因无法申请仲裁

C. 向对方当事人主张权利

D. 以上答案均不对

【答案】C

【解析】当事人能够证明在申请仲裁期间内具有下列情形之一的，人民法院应当认定申请仲裁期间中断：(1)向对方当事人主张权利；(2)向有关部门请求权利救济；(3)对方当事人同意履行义务。C选项正确。

【例题 单选题】按照规定，劳动争议发生后，当事人申请劳动争议调解(　　)。

A. 只可以书面申请

B. 可以书面申请，也可以口头申请

C. 只可以口头申请

D. 既要口头申请，也要书面申请

【答案】B

【解析】按照规定，劳动争议发生后，当事人申请劳动争议调解可以书面申请，也可以口头申请。

第四节　劳动争议当事人和举证责任

劳动争议当事人拥有相应的权利、义务。一般情况下，劳动争议双方当事人都对自己的请求事项和主张事由负有提供证据的责任。

 思维导图

该节涉及多个知识点和概念，如图16-5所示。

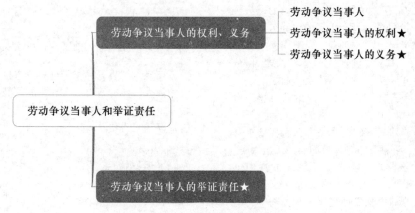

图16-5　劳动争议当事人和举证责任

 知识点测试

【2014年单选题】劳动争议仲裁时效期间从(　　)起计算。

A. 劳动关系终止之日

B. 劳动者主张权利之日

C. 当事人知道或者应当知道其权利被侵害之日

D. 劳动争议仲裁委员会受理仲裁申请之日

【答案】C

【解析】劳动争议仲裁，是指劳动争议仲裁委员会对用人单位与劳动者之间发生的争议，依法做出裁决的活动。劳动争议仲裁程序中，《劳动争议调解仲裁法》规定：劳动争议申请仲裁的时效期间为1年，仲裁时效期间从当事人知道或者应当知道其权利被侵害之日起计算。C选项正确。

【2014年多选题】下列情形中，属于劳动争议仲裁时效中断的是(　　)。

A. 当事人能够证明因不可抗力等客观原因无法申请仲裁

B. 一方当事人向对方当事人主张权利

C. 一方当事人向有关部门请求权利救济

D. 对方当事人同意履行义务

E. 限制民事行为能力劳动者的法定代表人尚未确定

【答案】BCD

【解析】仲裁时效中断：(1)一方当事人通过

协商、申请调解等方式向对方当事人主张权利的；(2)一方当事人通过向有关部门投诉，向仲裁委员会申请仲裁，向人民法院起诉或者申请支付令等方式请求权利救济的；(3)对方当事人同意履行义务的。

【2012年单选题】关于劳动争议仲裁案件当事人的说法，符合法律规定的是(　　)。

A. 用人单位与其他单位合并前发生的劳动争议，由合并后的单位为当事人

B. 用人单位与其他单位合并后发生的劳动争议，由合并后的单位为当事人

C. 用人单位和仲裁员为劳动争议仲裁案件的双方当事人

D. 用人单位分立为若干单位的，其分立前发生的劳动争议，由分立前的实际用人单位为当事人

【答案】A

【解析】用人单位与其他单位合并前发生的劳动争议，由合并后的单位为当事人，选项B说法错误。发生劳动争议的劳动者和用人单位为劳动争议仲裁案件的双方当事人，选项C错误。用人单位分立为若干单位的，其分立前发生的劳动争议，由分立后的实际用人单位为当事人，选项D说法错误。

【2011年单选题】下列不属于劳动争议当事人权利的是(　　)。

A. 在调解、仲裁、诉讼程序中，有权要求有关调解、仲裁和审判人员回避

B. 当劳动争议仲裁委员会不受理仲裁申请时，有权要求其作出说明

C. 有权在劳动争议处理过程中与另一方自行和解

D. 应在法定时效期内及时申请调解、仲裁和提起诉讼

【答案】D

【解析】选项D属于劳动争议当事人的义务，而不是权利。

【2012年多选题】下列关于劳动争议当事人举证责任的陈述，正确的有(　　)。

A. 在仲裁活动中，与争议事项有关的证据属于用人单位掌握管理的，用人单位应当提供

B. 在仲裁活动中，劳动者无法提供由用人单位掌握管理的与仲裁请求有关的证据，仲裁庭可以要求用人单位在指定期限内提供

C. 在诉讼活动中，因用人单位作出的减少劳动报酬、计算劳动者工作年限决定而发生的劳动争议，由劳动者本人负举证责任

D. 在诉讼活动中，因用人单位作出的开除、除名、辞退、解除劳动合同决定而发生的劳动争议，由用人单位负举证责任

E. 在劳动争议仲裁或诉讼活动中，既主张"谁主张，谁举证"的举证责任原则，也实行"谁作决定，谁举证"的举证责任原则

【答案】ABDE

【解析】本题考查劳动争议当事人的举证责任。在诉讼活动中，依据《最高人民法院关于审理劳动争议案件适用法律若干问题的解释》的规定，因用人单位作出的开除、除名、辞退、解除劳动合同、减少劳动报酬、计算劳动者工作年限等决定而发生的劳动争议，用人单位负举证责任，所以选项C不选。正确答案为ABDE。

第五节　劳动争议诉讼

劳动争议诉讼是指劳动争议当事人不服劳动争议仲裁委员会的裁决，在规定的时间内向人民法院起诉，人民法院依法受理后，依法对劳动争议案件进行审理的活动。

 思维导图

该节涉及多个知识点和概念，如图16-6所示。

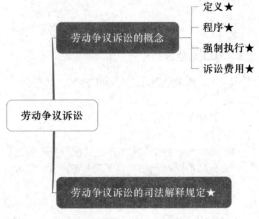

图16-6　劳动争议诉讼

知识点测试

【2012年单选题】根据《诉讼费用交纳办法》的规定，劳动争议案件每件交纳案件受理费( )元。

A. 3 B. 5

C. 10 D. 12

【答案】C

【解析】根据《诉讼费用交纳办法》的规定，劳动争议案件每件交纳案件受理费10元。

考题预测及强化训练

一、单项选择题

1. 下列不属于劳动争议的是( )。

A. 用人单位之间、劳动者之间产生的争议

B. 境内企业和与之建立劳动关系的劳动者因劳动权利义务产生分歧而引起的争议

C. 国家机关和与之建立劳动关系的劳动者因劳动权利义务产生分歧而引起的争议

D. 事业组织和与之建立劳动关系的劳动者

2. 发生争议的劳动者一方在10人以上，并有共同请求的，劳动者可以推举( )名代表人参加仲裁活动。

A. 1~3 B. 3~5

C. 2~4 D. 2~6

3. 在处理劳动争议案件时，调解部门要在规定的时间内完成，人民法院也要及时审判，这反映的是( )。

A. 合法的原则 B. 公正的原则

C. 及时的原则 D. 着重调解的原则

4. 要求在处理劳动争议时，查明事实真相，准确适用法律、公正合法处理劳动争议，这反映的是( )。

A. 合法的原则 B. 公正的原则

C. 及时的原则 D. 着重调解的原则

5. 下列不属于劳动争议的是( )。

A. 因确认劳动关系发生的争议

B. 因除名、辞退和辞职、离职发生的争议

C. 因订立、履行、变更、解除和终止劳动合同发生的争议

D. 劳动者对劳动能力鉴定委员会伤残等级鉴定结论不服

6. 根据《最高人民法院关于审理劳动争议案件适用法律若干问题的解释(二)》的规定，因( )产生的纠纷不属于劳动争议。

A. 劳动合同解除后办理社会保险关系转移手续

B. 劳动者对劳动能力鉴定委员会伤残等级鉴定结论不服

C. 劳动关系解除后劳动者请求用人单位返还抵押物

D. 劳动者因患职业病要求用人单位依法给予工伤保险待遇

7. 下列属于劳动争议范围的是( )。

A. 家庭或者个人与家政服务人员之间的纠纷

B. 劳动者与用人单位因住房制度改革产生的公有住房转让纠纷

C. 劳动者与用人单位解除或者终止劳动关系后，请求用人单位返还其收取的劳动合同定金而产生的争议

D. 劳动者请求社会保险经办机构发放社会保险金的纠纷

8. 下列不属于劳动争议处理机构的是( )。

A. 社会团体

B. 人民法院

C. 企业劳动争议调解委员会

D. 劳动争议仲裁委员会

9. 劳动关系当事人之间因劳动权利和义务产生分歧而引起的争议指的是( )。

A. 劳动争议 B. 劳资关系

C. 劳动关系 D. 以上都不是

10. 劳动争议仲裁委员会成员不包括( )。

A. 劳动行政部门代表

B. 工会代表

C. 企业方面代表

D. 人民法院

11. 劳动争议仲裁委员会组成人员应当是( )。

A. 双数 B. 单数

C. 5人以上 D. 没有规定

12. 《中华人民共和国劳动争议调解仲裁法》规定：劳动争议申请仲裁的时效期间为( )，仲裁时效期间从当事人知道或者应当知道其权利被侵害之日起计算。

A. 6个月 B. 1年

C. 2年 D. 3年

13. 在劳动争议申请仲裁的时效期间内，一方当事人通过协商、申请调解等方式向对方当事人主张权利的，仲裁时效( )。

A. 终止 B. 中止

C. 中断　　　　　　　　D. 消灭

14. 因不可抗力或者有其他正当理由，当事人不能在法定1年的仲裁时效期间内申请仲裁的，仲裁时效（　　）。
    A. 终止　　　　　　　B. 中断
    C. 中止　　　　　　　D. 连续计算

15. 劳动争议仲裁委员会自收到仲裁申请之日起（　　）日内，认为符合受理条件的，应予以受理。
    A. 5　　　　　　　　　B. 10
    C. 15　　　　　　　　D. 30

16. 被申请人收到副本后应当在（　　）日内向劳动争议仲裁委员会提交答辩书。
    A. 10　　　　　　　　B. 15
    C. 20　　　　　　　　D. 30

17. 在劳动争议仲裁中，当事人有正当理由的，可以在开庭前（　　）日请求延期开庭。
    A. 2　　　　　　　　　B. 3
    C. 5　　　　　　　　　D. 10

18. 仲裁庭裁决劳动争议案件时，应当自劳动争议仲裁委员会受理仲裁申请之日起（　　）天内结束。
    A. 20　　　　　　　　B. 30
    C. 45　　　　　　　　D. 60

19. 劳动争议案件案情复杂申请延期的，劳动仲裁延长期限不得超过（　　）天。
    A. 20　　　　　　　　B. 45
    C. 10　　　　　　　　D. 15

20. 劳动争议通过仲裁裁决结案的案卷，保存期不少于（　　）年。
    A. 3　　　　　　　　　B. 5
    C. 10　　　　　　　　D. 15

21. 以下对于劳动争议的描述正确的是（　　）。
    A. 用人单位之间产生的争议属于劳动争议
    B. 劳动者之间产生的争议属于劳动争议
    C. 国家机关与公务员之间产生的争议属于劳动争议
    D. 劳动关系当事人之间因劳动权利和义务产生的争议属于劳动争议

22. 用人单位招用尚未解除劳动合同的劳动者，原用人单位与劳动者发生的劳动争议，可以（　　）。
    A. 列新的用人单位为第三人
    B. 列新的用人单位和劳动者为共同被告
    C. 列劳动者为第三人
    D. 以上都不对

23. 自劳动争议调解组织收到调解申请之日起（　　）日内未达成调解协议的，当事人可以依法申请仲裁。
    A. 10　　　　　　　　B. 15
    C. 25　　　　　　　　D. 30

24. 仲裁员应当具有法律知识、从事人力资源管理或者工会等专业工作满（　　）年。
    A. 2　　　　　　　　　B. 3
    C. 4　　　　　　　　　D. 5

25. 对于劳动争议处理的基本原则，描述正确的是（　　）。
    A. 必须查明事实真相，准确适用法律、公正合法处理劳动争议
    B. 必须客观、公平、合理地处理劳动争议，但应该以维护劳动者一方的权利为主
    C. 在劳动争议案件处理中，当事人要及时申请调解或仲裁，但超过法定期限仍然可以受理
    D. 以上都不对

26. 以下选项，不属于劳动争议第三人须具备的条件的为（　　）。
    A. 须在仲裁或诉讼活动已经开始、尚未终结时参加仲裁或诉讼
    B. 须与劳动争议案件的处理结果具有法律上的利害关系
    C. 须以维护自己的合法权益为目的参加仲裁或诉讼活动
    D. 以上选项均不是

27. 原用人单位以新的用人单位侵权为由向人民法院起诉的，可以列（　　）为第三人。
    A. 原用人单位　　　　B. 新用人单位
    C. 劳动者　　　　　　D. 都不是

28. 劳动者依据《中华人民共和国调解仲裁法》第47条第（一）项规定："追索劳动报酬、工伤医疗费、经济补偿或者赔偿金，如果仲裁裁决涉及数项，每项确定的数额均不超过当地月最低工资标准（　　）个月金额的，应当按照终局裁决处理"。
    A. 6　　　　　　　　　B. 10
    C. 12　　　　　　　　D. 14

二、多项选择题

1. 劳动争议处理的法律依据有（　　）。
   A. 《中华人民共和国刑法》
   B. 《中华人民共和国劳动法》
   C. 《中华人民共和国劳动合同法》
   D. 《中华人民共和国劳动争议调解仲裁法》
   E. 《中华人民共和国民事诉讼法》

2. 下列属于劳动争议基本特征的有（　　）。
   A. 劳动争议的当事人是特定的

B. 劳动争议主体之间必须存在劳动关系

C. 劳动争议主体之间不一定存在劳动关系

D. 劳动争议的内容不一定与劳动权利义务有关

E. 劳动争议的内容必须是与劳动权利义务有关

3. 法律规定的劳动争议当事人解决劳动争议的基本方法是(　　)。

A. 申请调解　　　　　B. 申请仲裁

C. 提起诉讼　　　　　D. 协商解决

E. 强制执行

4. 劳动争议处理的一般程序有(　　)。

A. 仲裁　　　　　　　B. 协商

C. 调解　　　　　　　D. 复议

E. 诉讼

5. 劳动争议处理基本原则包括(　　)。

A. 合法的原则　　　　B. 公正的原则

C. 及时的原则　　　　D. 经济的原则

E. 着重调解的原则

6. 下列(　　)纠纷不属于劳动争议。

A. 因工作时间、休息休假、社会保险发生的争议

B. 劳动者请求社会保险经办机构发放社会保险金的纠纷

C. 劳动者与用人单位因住房制度改革产生的公有住房转让纠纷

D. 劳动者对职业病诊断鉴定委员会的职业病诊断鉴定结论存在异议的纠纷

E. 农村承包经营户与受雇人之间的纠纷

7. 劳动争议调解遵循的原则是(　　)。

A. 自愿原则　　　　　B. 及时原则

C. 合法原则　　　　　D. 公正原则

E. 民主说服原则

8. 劳动争议调解的调解程序包括(　　)。

A. 调解准备　　　　　B. 调解开始

C. 实施调解　　　　　D. 调解反馈

E. 调解终止

9. 下面有关劳动报酬争议的仲裁时效描述正确的是(　　)。

A. 劳动关系存续期间因拖欠劳动报酬发生争议的，劳动者申请仲裁不受1年仲裁时效期间的限制

B. 因拖欠劳动报酬发生争议的，应当自劳动关系终止之日起1年内提出

C. 劳动关系存续期间因拖欠劳动报酬发生争议的，劳动者申请仲裁时效为1年

D. 因拖欠劳动报酬发生争议的，应当自劳动关系终止之日起1月内提出

E. 以上都不对

10. 下列属于劳动争议当事人权利的是(　　)。

A. 在调解、仲裁、诉讼程序中，有权要求有关调解、仲裁和审判人员回避

B. 当劳动争议仲裁委员会不受理仲裁申请时，有权要求其作出说明

C. 有权在劳动争议处理过程中与另一方自行和解

D. 应在法定时效期内及时申请调解、仲裁和提起诉讼

E. 在劳动争议仲裁程序中有权按自己的意愿决定是否同意调解，达成调解协议后、调解书送达之前有权反悔

11. 在劳动争议诉讼活动中，依据《最高人民法院关于审理劳动争议案件适用法律若干问题的解释》的规定，因用人单位作出的开除、除名、辞退、解除劳动合同和(　　)等决定而发生的劳动争议，用人单位负举证责任。

A. 公有住房转让　　　B. 住房公积金

C. 减少劳动报酬　　　D. 计算劳动者工作年限

E. 仲裁时效中止

12. 劳动争议仲裁委员会的职责是(　　)。

A. 对拒不履行仲裁结果的一方予以强制执行

B. 聘任、解聘兼职仲裁员

C. 受理劳动争议案件

D. 讨论重大或者疑难的劳动争议案件

E. 对仲裁活动进行监督

13. 存在以下(　　)情形的，用人单位可以自收到仲裁裁决书之日起30日内向劳动争议仲裁委员会所在地的中级人民法院申请撤销裁决。

A. 对仲裁裁决不服的

B. 适用法律、法规确有错误的

C. 劳动争议仲裁委员会无管辖权的

D. 裁决所根据的证据是伪造的

E. 违反法定程序的

14. 关于仲裁案卷，以下说法正确的是(　　)。

A. 仲裁案卷分正卷和副卷装订

B. 对不需要保密的内容，也不允许当事人及其代理人查阅、复印

C. 仲裁调解和其他方式结案的案卷，保存期不少于5年

D. 仲裁裁决结案的案卷，保存期不少于15年，国家另有规定的从其规定

E. 保存期满后的案卷，应按照国家有关档案管理的规定处理

15. 劳动争议仲裁裁决书、调解书被证明有(　　)情形的，并经审查核实的，人民法院可根据《中华人民共和国民事诉讼法》第2条的规定，裁定不

予执行。

　　A. 裁决的事项不属于劳动争议仲裁范围，或者劳动争议仲裁机构无权仲裁的

　　B. 适用法律确有错误的

　　C. 仲裁员仲裁该案时，有徇私舞弊、枉法裁决行为的

　　D. 人民法院认定执行该劳动争议仲裁裁决违背社会公共利益的

　　E. 劳动争议仲裁裁决违背申请人利益的

参考答案及解析

一、单项选择题

1.【答案】A

　　【解析】本题考查劳动争议的范围，选项BCD属于劳动争议。

2.【答案】B

　　【解析】发生争议的劳动者一方在10人以上，并有共同请求的，劳动者可以推举3～5名代表人参加仲裁活动。

3.【答案】C

　　【解析】在处理劳动争议案件时，调解部门要在规定的时间内完成，人民法院也要及时审判，这反映的是及时的原则。

4.【答案】A

　　【解析】要求在处理劳动争议时，要查明事实真相，准确适用法律、公正合法处理劳动争议，这反映的是合法的原则。

5.【答案】D

　　【解析】本题考查劳动争议的范围，选项D不属于劳动争议。

6.【答案】B

　　【解析】本题考查不属于劳动争议的纠纷，选项ACD都属于劳动争议。

7.【答案】C

　　【解析】本题考查劳动争议的范围，选项ABD都不属于劳动争议的范围。

8.【答案】A

　　【解析】本题考查劳动争议处理机构——企业劳动争议调解委员会、劳动争议仲裁委员会和人民法院。

9.【答案】A

　　【解析】题干描述的是劳动争议的概念，答案选A。

10.【答案】D

　　【解析】劳动争议仲裁委员会成员不包括人民法院，答案选D。

11.【答案】B

　　【解析】本题考查劳动争议仲裁委员会组成人员的人数。劳动争议仲裁委员会组成人员应当是单数。

12.【答案】B

　　【解析】本题考查劳动争议的仲裁时效。《中华人民共和国劳动争议调解仲裁法》规定：劳动争议申请仲裁的时效期间为1年，仲裁时效期间从当事人知道或者应当知道其权利被侵害之日起计算。

13.【答案】C

　　【解析】本题考查仲裁时效中断的情形。在劳动争议申请仲裁的时效期间内，一方当事人通过协商、申请调解等方式向对方当事人主张权利的，仲裁时效中断。

14.【答案】C

　　【解析】因不可抗力或者有其他正当理由，当事人不能在法定1年的仲裁时效期间内申请仲裁的，仲裁时效中止。

15.【答案】A

　　【解析】本题考查受理劳动仲裁的时间。劳动争议仲裁委员会自收到仲裁之日起5日内，认为符合受理条件的，应予以受理。

16.【答案】A

　　【解析】本题考查被申请人提交答辩书的时限。被申请人收到副本后应当在10日内向劳动争议仲裁委员会提交答辩书。

17.【答案】B

　　【解析】在劳动争议仲裁中，当事人有正当理由的，可以在开庭前3日内请求延期开庭。

18.【答案】C

　　【解析】仲裁庭裁决劳动争议案件时，应当自劳动争议仲裁委员会受理仲裁申请之日起45天内结束。

19.【答案】D

　　【解析】本题考查劳动仲裁延长期限。劳动仲裁延长期限不得超过15天。

20.【答案】C

　　【解析】劳动争议通过仲裁裁决结案的案卷，保存期不少于10年。

21.【答案】D

　　【解析】劳动争议又称劳动纠纷，是指劳动关系当事人之间因劳动权利和义务产生分歧而

引起的争议。用人单位之间、劳动者之间、用人单位与没有与之建立劳动关系的劳动者、国家机关与公务员之间产生的争议，都不属于劳动争议。因此答案选D。

22.【答案】A
【解析】用人单位招用尚未解除劳动合同的劳动者，原用人单位与劳动者发生的劳动争议，可以列新的用人单位为第三人。

23.【答案】B
【解析】自劳动争议调解组织收到调解申请之日起15日内未达成调解协议的，当事人可以依法申请仲裁。

24.【答案】D
【解析】仲裁员应当公道正派并符合下列条件之一：(1)曾任审判员的；(2)从事法律研究、教学工作并具有中级以上职称的；(3)具有法律知识、从事人力资源管理或者工会等专业工作满5年的；(4)律师执业满3年的。

25.【答案】A
【解析】对于劳动争议处理的基本原则，必须查明事实真相，准确适用法律、公正合法处理劳动争议，因此选项A正确；必须客观、公平、合理地处理劳动争议，不能偏袒任何一方，更不能徇私舞弊，因此选项B错误；在劳动争议案件处理中，当事人要及时申请调解或仲裁，超过法定期限将不予受理，因此选项C错误。

26.【答案】D
【解析】劳动争议第三人须应同时具备三个条件：一是须在仲裁或诉讼活动已经开始、尚未终结时参加仲裁或诉讼；二是须与劳动争议案件的处理结果具有法律上的利害关系；三是须以维护自己的合法权益为目的参加仲裁或诉讼活动。

27.【答案】C
【解析】原用人单位以新的用人单位侵权为由向人民法院起诉的，可以列劳动者为第三人。

28.【答案】C
【解析】劳动者依据《中华人民共和国劳动争议调解仲裁法》第47条第(一)项规定，追索劳动报酬、工伤医疗费、经济补偿或者赔偿金，如果仲裁裁决涉及数项，每项确定的数额均不超过当地月最低工资标准12个月金额的，应当按照终局裁决处理。

二、多项选择题

1.【答案】BCDE
【解析】本题考查劳动争议处理的法律依据，其

中不包括选项A。

2.【答案】ABE
【解析】本题考查劳动争议的基本特征，主要有三点，即选项ABE。

3.【答案】ABCD
【解析】法律规定的劳动争议当事人解决劳动争议的基本方法是：申请调解、仲裁和提起诉讼，双方当事人也可以自行协商解决。

4.【答案】ABCE
【解析】本题考查劳动争议处理的一般程序——协商、调解、仲裁和诉讼。

5.【答案】ABCE
【解析】本题考查劳动争议处理的基本原则——合法、公正、及时、着重调解的原则。

6.【答案】BCDE
【解析】本题考查劳动争议的范围，选项A属于劳动争议范围。

7.【答案】AE
【解析】本题考查劳动争议调解遵循的原则——自愿原则和民主说服原则。

8.【答案】ABCE
【解析】本题考查劳动争议调解的调解程序——调解准备、调解开始、实施调解、调解终止。

9.【答案】AB
【解析】有关劳动报酬争议的仲裁时效，劳动关系存续期间因拖欠劳动报酬发生争议的，劳动者申请仲裁不受1年仲裁时效期间的限制；但是，劳动关系终止的，应当自劳动关系终止之日起1年内提出。因此正确答案选AB。

10.【答案】ABCE
【解析】本题考查劳动争议当事人的权利。D选项属于劳动争议当事人的义务，而不是权利。

11.【答案】CD
【解析】本题考查劳动争议当事人的举证责任。在诉讼活动中，依据《最高人民法院关于审理劳动争议案件适用法律若干问题的解释》的规定，因用人单位作出的开除、除名、辞退、解除劳动合同、减少劳动报酬、计算劳动者工作年限等决定而发生的劳动争议，用人单位负举证责任。因此答案选CD。

12.【答案】BCDE
【解析】劳动争议仲裁委员会的职责是：(1)聘任、解聘专职或者兼职仲裁员；(2)受理劳动争议案件；(3)讨论重大或者疑难的劳动争议案件；(4)对仲裁活动进行监督。本题正确答案为

BCDE。

13.【答案】BCDE

【解析】用人单位有证据证明以上仲裁裁决有下列情形之一的，可以自收到仲裁裁决书之日起30日内向劳动争议仲裁委员会所在地的中级人民法院申请撤销裁决，适用法律、法规确有错误的；劳动争议仲裁委员会无管辖权的；违反法定程序的；裁决所根据的证据是伪造的；对方当事人隐瞒了足以影响公正裁决的证据的；仲裁员在仲裁该案时有索贿受贿、徇私舞弊、枉法裁决行为的。本题正确答案为BCDE。

14.【答案】ACE

【解析】案件处理终结后，仲裁委员会应当将处理过程中形成的全部材料立卷归档。仲裁案卷分正卷和副卷装订。仲裁委员会应当建立案卷查阅制度。对不需要保密的内容，应当允许当事人及其代理人查阅、复印。以仲裁调解和其他方式结案的案卷，保存期不少于5年，仲裁裁决结案的案卷，保存期不少于10年，国家另有规定的从其规定。保存期满后的案卷，应按照国家有关档案管理的规定处理。本题正确答案为ACE。

15.【答案】ABCD

【解析】当事人申请人民法院执行劳动争议仲裁委员会作出的发生法律效力的裁决书、调解书，被申请人提出证据证明劳动争议仲裁裁决书、调解书有下列情形之一，并经审查核实的，人民法院可根据《中华人民共和国民事诉讼法》第2条的规定，裁定不予执行的事项如下：(1)裁决的事项不属于劳动争议仲裁范围，或者劳动争议仲裁机构无权仲裁的；(2)适用法律确有错误的；(3)仲裁员仲裁该案时，有徇私舞弊、枉法裁决行为的；(4)人民法院认定执行该劳动争议仲裁裁决违背社会公共利益的；(5)劳动人事争议仲裁委员会作出终局裁决，劳动者向人民法院申请执行，用人单位向劳动人事争议仲裁委员会所在地的中级人民法院申请撤销的，人民法院应当裁定中止执行。本题正确答案为ABCD。

第十七章　社会保险

　　本章考试目的是测查应试人员是否掌握社会保险的概念和相关的法律、政策规定的内容。

　　从近几年考题情况来看，社会保险的概念和相关的法律、政策规定的内容是比较热门的考点，参加社会保险、缴纳社会保险费、基本养老保险、基本医疗保险、工伤保险、失业保险、生育保险等方面的法律、政策规定的内容也是考试频繁出现的知识点。

本章重要考点分析

　　本章涉及20个重要考点，如图17-1所示。

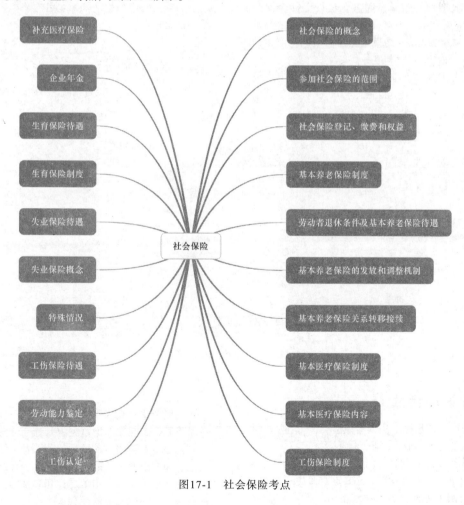

图17-1　社会保险考点

本章近三年题型及分值总结

本章内容在近三年的考试中出现的题型以单项选择题、多项选择题为主，如表17-1所示。

表17-1　社会保险题型及分值

年　份	单项选择题	多项选择题	案例分析题
2014年	2题	2题	0题
2013年	1题	1题	0题
2012年	4题	2题	0题

第一节　社会保险制度

社会保险，是指国家通过立法设立社会保险基金，并在一定范围内对社会保险基金实行统筹调剂，对遭遇劳动风险的劳动者给予必要的物质帮助和补偿的一种社会保障制度。

我国实行社会保险制度的原则是：坚持广覆盖、保基本、多层次、可持续的方针，社会保险水平应当与经济社会发展水平相适应。保障性是实施社会保险的根本目的，就是保障劳动者在其失去劳动能力或暂时中断生活来源之后的基本生活，从而维护社会稳定。

 思维导图

该节涉及多个知识点和概念，如图17-2所示。

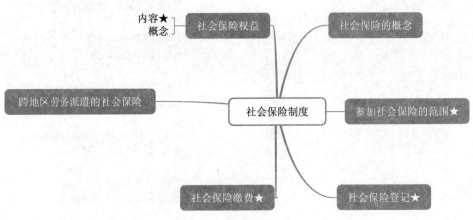

图17-2　社会保险制度

 知识点测试

【2014年单选题】用人单位应当(　　)为其职工向社会保险经办机构申请社会保险登记。

A. 自用工之日起15日内

B. 自书面劳动合同订立之日起15日内

C. 自用工之日起30日内

D. 自书面劳动合同订立之日起30日内

【答案】 C

【解析】 社会保险，是指国家通过立法设立社会保险基金，并在一定范围内对社会保险基金实行统筹调剂，对遭遇劳动风险的劳动者给予必要的物质帮助和补偿的一种社会保障制度。社会保险登记中，用人单位应当自用工之日起30日内为其职工向社会保险经办机构申请社会保险登记。根据题目信息，C选项正确。

【例题 单选题】《中华人民共和国社会保险法》于( )施行。

A. 2010年7月1日

B. 2011年7月1日

C. 2011年1月1日

D. 2011年10月1日

【答案】B

【解析】《中华人民共和国社会保险法》于2011年7月1日施行。

第二节 基本养老保险

基本养老保险是国家通过立法，保障劳动者在达到法定退休年龄后，从基本养老保险基金中获得一定的经济补偿、物质帮助和服务，以保证其晚年基本生活的一项社会保险制度。我国基本养老保险实行社会统筹与个人账户相结合的模式。基本养老保险基金由用人单位和个人缴费以及政府补贴等组成。

基本养老保险费的缴纳情况及缴纳比例不同；对劳动者退休条件及基本养老保险待遇有详细的规定；基本养老保险的发放和调整有相应的具体要求；《中华人民共和国社会保险法》规定，个人跨统筹地区就业的，其基本养老保险关系随本人转移，缴费年限累计计算。个人达到法定退休年龄时，基本养老金分段计算、统一支付。

思维导图

该节涉及多个知识点和概念，如图17-3所示。

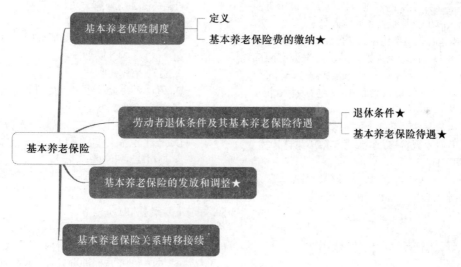

图17-3 基本养老保险

 知识点测试

【2011年单选题】基本养老保险基金的组成不包括( )。

A. 用人单位缴费

B. 政府补贴

C. 个人缴费

D. 社会捐款

【答案】D

【解析】基本养老保险基金由用人单位和个人缴费以及政府补贴等组成。

第三节 基本医疗保险

基本医疗保险制度是为了抗御疾病风险而建立的一种社会保险，被保险人患病就诊发生医疗费用后，由医疗保险机构对其给予一定的经济补偿。基本医疗保险还包括覆盖范围、保险费缴纳、保险基金的支付和保险关系的转移等内容。

 思维导图

该节涉及多个知识点和概念，如图17-4所示。

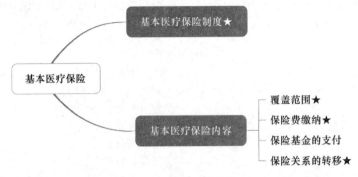

图17-4　基本医疗保险

 知识点测试

【2011年单选题】下列关于基本医疗保险的表述错误的是(　　)。

A. 基本医疗保险的实施范围包括城镇所有的用人单位及其职工和退休人员

B. 基本医疗保险费用用人单位和个人共同缴纳

C. 基本医疗保险个人账户的资金来源有两部分:个人缴纳本人工资的2%全部计入个人账户,单位缴费的30%左右划入个人账户

D. 个人跨统筹地区就业的,其基本医疗保险关系随本人转移,但缴费年限不累计计算

【答案】D

【解析】个人跨统筹地区就业的,其基本医疗保险关系随本人转移,缴费年限累计计算。

第四节　工伤保险

工伤保险又称职业伤害保险,是指职工在工作过程中因工作原因受到事故伤害或者患职业病,由社会保险经办机构对其本人或供养亲属给予物质帮助和经济补偿的一项社会保险制度。工伤保险原则遵循无过失责任原则,损害补偿原则,预防、补偿和康复相结合的原则。《工伤保险条例》规定,我国境内的各类企业、有雇工的个体工商户应当参加工伤保险,为本单位全部职工或者雇工缴纳工伤保险费。职工个人不缴纳工伤保险费。

职工应当参加工伤保险,由用人单位缴纳工伤保险费,职工不缴纳工伤保险费。工伤保险基金由用人单位缴纳的工伤保险费、工伤保险基金的利息和依法纳入工伤保险基金的其他资金构成。

 思维导图

该节涉及多个知识点和概念,如图17-5所示。

 知识点测试

【2014年多选题】下列情形中,应当认定工伤的是(　　)。

A. 劳动者患职业病

B. 劳动者在上班途中,受到非本人主要责任的交通事故伤害

C. 劳动者在下班途中,受到暴力伤害

D. 劳动者在工作时间和工作场所内,因工作原因受到事故伤害

E. 劳动者在工作时间和工作场所内,因酗酒发生事故受到伤害

【答案】ABD

【解析】有下列情形之一的,应当认定为工伤:(1)在工作时间和工作场所内,因工作原因受到事故伤害的;(2)工作时间前后在工作场所内,从事与工作有关的预备性或者收尾性工作受到事故伤害的;(3)在工作时间和工作场所内,因履行工作职责受到暴力等意外伤害的;(4)患职业病的;(5)因公外出期间,由于工作原因受到伤害或者发生事故下落不明的;(6)在上下班途中,受到非本人主要责任的交通事故或者城市轨道交通、客运轮渡、火车事故伤害的;(7)其他情形。

【2012年单选题】在下列社会保险险种中,企业职工个人不缴费的是(　　)。

A. 养老保险　　　　B. 医疗保险

C. 失业保险　　　　D. 工伤保险

【答案】D

【解析】职工个人不缴纳工伤保险费。

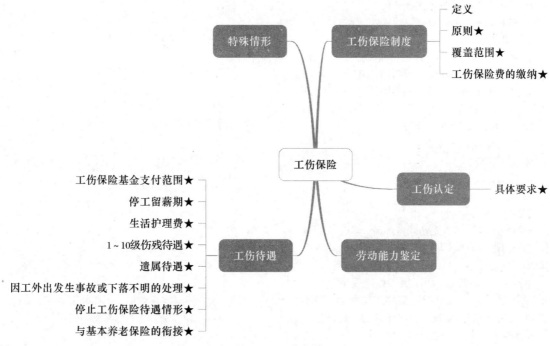

图17-5 工伤保险

【2011年多选题】下列关于工伤认定申请的陈述，正确的有( )。

A. 职工或其直系亲属认为是工伤，用人单位不认为是工伤的，由职工本人承担举证责任

B. 职工发生事故伤害，所在单位应当自事故伤害发生之日起30日内，向统筹地区劳动保障行政部门提出工伤认定申请

C. 提出工伤认定申请应提交下列材料：工伤认定申请表；与用人单位存在劳动关系的证明材料；医疗诊断证明或职业病诊断证明书

D. 用人单位未按规定提出工伤认定申请的，工伤职工或其直系亲属、工会组织在事故伤害发生之日或被诊断、鉴定为职业病之日起90日内，可以直接向用人单位所在地统筹地区劳动保障行政部门提出工伤认定申请

E. 社会保险行政部门应当自受理工伤认定申请之日起60日内作出工伤认定的决定

【答案】BCE

【解析】职工或其直系亲属认为是工伤，用人单位不认为是工伤的，由用人单位承担举证责任，所以选项A错误。用人单位未按规定提出工伤认定申请的，工伤职工或其直系亲属、工会组织在事故伤害发生之日或被诊断、鉴定为职业病之日起1年内，可以直接向用人单位所在地统筹地区劳动保障行政部门提出工伤认定申请，所以选项D错误。正确答案为BCE选项。

【2010年单选题】工伤职工自己提出工伤认定申请的时效是( )。

A. 3个月内　　　　B. 6个月内

C. 1年内　　　　　D. 2年内

【答案】C

【解析】用人单位未按规定提出工伤认定申请的，工伤职工在事故伤害发生之日或者被诊断、鉴定为职业病之日起1年内，可以直接向用人单位所在地统筹地区劳动行政部门提出工伤认定申请，C选项正确。

【2012年多选题】按照《工伤保险条例》的规定，职工( )，应视同工伤。

A. 在工作时间和工作岗位突发疾病48小时内经抢救无效死亡的

B. 在抢险救灾等维护国家利益、公共利益活动中受到伤害的

C. 职工在原单位非因工负伤、到新用人单位后旧伤复发的

D. 在休假期间受到事故伤害的

E. 在上下班途中受到暴力等意外伤害的

【答案】AB

【解析】本题考查工伤认定的情况。选项CDE都不属于工伤范围，本题正确答案为AB。

【2012年单选题】职工受到事故伤害后，用人单位不认为是工伤，而职工或者其直系亲属认为是工伤的，由( )承担举证责任。

A. 职工或者其直系亲属

B. 用人单位

C. 劳动行政部门

D. 工会组织

【答案】B

【解析】本题考查工伤认定申请。职工受到事故伤害后，用人单位不认为是工伤，而职工或者其直系亲属认为是工伤的，由用人单位承担举证责任。

【2012年单选题】职工因工作遭受事故伤害需要暂停工作接受工伤医疗，其停工留薪期一般不超过12个月，伤情严重或者情况特殊的，经设区的市场劳动能力鉴定委员会确认，可以适当延长，但延长时间不得超过( )个月。

A. 3　　　　　　　　B. 6

C. 9　　　　　　　　D. 12

【答案】D

【解析】停工留薪期一般不超过12个月，伤情严重或者情况特殊时，经设区的市场劳动能力鉴定委员会确认，可以适当延长，但延长期限不得超过12个月。

【例题 单选题】劳动者被诊断患有职业病，但用人单位没有依法参加工伤保险的，其医疗和生活保障由( )承担。

A. 用人单位　　　　B. 劳动者

C. 工伤保险基金　　D. 保险公司

【答案】A

【解析】《中华人民共和国职业病防治法》规定，劳动者被诊断患有职业病，但用人单位没有依法参加工伤保险的，其医疗和生活保障由该用人单位承担。

第五节　失业保险

失业保险是指国家通过立法强制实行，由社会集中建立基金，对非因本人意愿中断就业而失去工资的劳动者提供一定时期的物质帮助和就业服务的制度。

 思维导图

该节涉及多个知识点和概念，如图17-6所示。

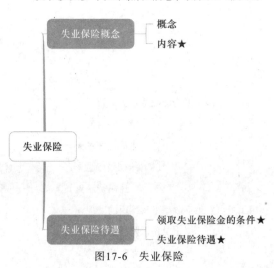

图17-6　失业保险

知识点测试

【2011年单选题】失业人员失业前用人单位和本人累计缴费满5年不足10年的，领取失业保险金的最长期限为( )个月。

A. 10　　　　　　　　B. 12

C. 18　　　　　　　　D. 20

【答案】C

【解析】失业保险待遇：累计缴费满5年不足10年的，领取失业保险金的期限最长为18个月。

第六节　生育保险

生育保险制度是指国家通过社会保险立法，对女职工因生育子女而导致暂时丧失劳动能力和正常收入时，由国家或社会提供物质等方面帮助的一项社会保险制度。

目前，生育保险费按照不超过职工工资总额的1%由用人单位缴纳。

 思维导图

该节涉及多个知识点和概念，如图17-7所示。

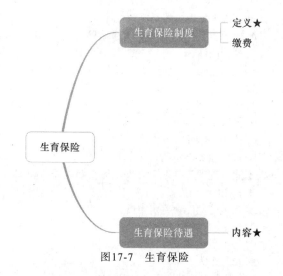

图17-7　生育保险

知识点测试

【2014年单选题】关于生育保险的说法，错误的是(　　)。

A.生育保险待遇包括生育医疗费用和生育津贴

B.已经参加生育保险的职工，其未就业的配偶可以享受生育津贴待遇

C.生育保险费由用人单位缴纳

D.生育津贴按照职工所在用人单位上年度职工月平均工资支付

【答案】B

【解析】生育保险制度是指国家通过社会保险立法，对女职工因生育子女而导致暂时丧失劳动能力和正常收入时，由国家或社会提供物质等方面帮助的一项社会保险制度。职工未就业的配偶生育子女，可以按照国家规定享受生育医疗费用待遇，所需资金从生育保险基金中支付。但是，未就业职工配偶不享受生育津贴待遇，B选项错误。

【2011年单选题】生育保险制度是对女职工因生育子女而导致暂时丧失劳动能力和正常收入的，由(　　)提供物质等方面帮助的一项社会保险制度。

A.用人单位　　　　　B.所在社区

C.社会保险经办机构　　D.国家或社会

【答案】D

【解析】生育保险制度是指国家通过社会保险立法，对女职工因生育子女而导致暂时丧失劳动能力和正常收入的，由国家或社会提供物质等方面帮助的一项社会保险制度。

第七节　企业补充保险

企业年金是指企业及其职工在依法参加基本养老保险的基础上，在国家规定的税收优惠等政策和条件下，自愿建立的补充养老保险制度，一般又称企业补充养老保险，是多层次养老保险制度的重要组成部分，是一种辅助性的养老保险形式。

补充医疗保险主要包括职工大额医疗费用补助、企业补充医疗保险、社会医疗救助和商业医疗保险。

企业补充医疗保险是企业在参加基本医疗保险的基础上，国家给予政策鼓励，由企业自主举办或参加的一种补充性医疗保险形式。参加企业补充医疗保险的条件是参加了基本医疗保险，足额发放职工工资和缴纳社会保险费用后，有能力时可主办或参加企业补充医疗保险。

思维导图

该节涉及多个知识点和概念，如图17-8所示。

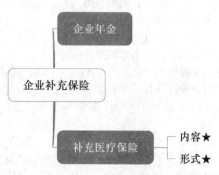

图17-8　企业补充保险

考题预测及强化训练

一、单项选择题

1. 生育保险费按照不超过职工工资总额的(　　)由用人单位缴纳。

A.1%　　　　　　　B.2%

C.5%　　　　　　　D.10%

2. 在工作时间和工作岗位上，突发急病在(　　)小时之内抢救无效死亡的视同工伤。

A.48　　　　　　　B.24

C.12　　　　　　　D.8

3. 职工发生事故伤害或者被诊断、鉴定为职业病的，所在单位应在自事故伤害发生之日或者

诊断、鉴定为职业病( )日内,提出工伤认定申请。
A. 15　　　　　　　B. 30
C. 60　　　　　　　D. 90

4. 只要不是受害者本人故意行为所致,就应该按照规定标准进行伤害赔偿的是( )。
A. 无过失责任原则
B. 损害补偿原则
C. 预防、补偿和康复相结合的原则
D. 以上都不对

5. 企业年金由( )交纳。
A. 企业　　　　　　B. 职工
C. 政府　　　　　　D. 企业和职工

6. 工伤保险又称( )。
A. 企业补充保险　　B. 职业危害保险
C. 职业伤害保险　　D. 工业伤害保险

7. 职工因工作遭受事故伤害或者患职业病需要暂停工作接受工伤医疗的,在停工留薪期内,( )由所在单位按月支付。
A. 原工资与福利待遇均不变
B. 原工资不变,但福利待遇减半
C. 原工资与福利待遇均减半
D. 原工资停发,但福利待遇不变

8. 用人单位应当自用工之日起( )日内为其职工向社会保险经办机构申请办理社会保险登记。
A. 30　　　　　　　B. 45
C. 60　　　　　　　D. 90

9. 自劳动能力鉴定结论作出之日起( )年后,工伤职工或其直系亲属、所在单位或经办机构认为伤残情况发生变化的,可以申请劳动能力复查鉴定。
A. 0.5　　　　　　　B. 1
C. 2　　　　　　　　D. 3

10. 企业年金理事会由企业和职工代表组成,也可聘用企业以外的专业人员参加,其中职工代表应不少于( )。
A. 1/4　　　　　　　B. 1/3
C. 3/4　　　　　　　D. 2/3

11. 《企业年金试行办法》规定:企业缴费每年不超过本企业上年度职工工资总额的( )、企业和职工个人缴费合计一般不超过本企业上年度职工工资总额的( )。
A. 1/12;1/6　　　　B. 1/6;1/12
C. 1/10;1/6　　　　D. 1/6;1/10

12. 下列选项中,女职工的生育保险费用不是以财

务直接供款为主的是( )。
A. 国家机关　　　　B. 事业单位
C. 社会团体　　　　D. 国有企业

13. 因履行企业年金合同发生争议的,当事人可以( )。
A. 依法提请仲裁
B. 依法提起诉讼
C. 依法提请仲裁或诉讼
D. 请求相关部门调解

14. 不能自理的工伤职工在停工留薪期内需要护理的,由( )负责。
A. 当地劳动能力鉴定委员会
B. 员工所在街道居委会
C. 员工所在单位
D. 员工个人

15. 基本养老保险基金不包括( )。
A. 用人单位缴费　　B. 社会捐款
C. 个人缴费　　　　D. 政府补贴

16. 按照现行规定,缴费年限(含视同缴费年限,下同)累计满( )年的人员,退休后按月发给基本养老金。
A. 10　　　　　　　B. 11
C. 12　　　　　　　D. 15

17. 退休时的基础养老金月标准以当地上年度在岗职工月平均工资和本人指数化月平均缴费工资的平均值为基数,缴费每满1年发给( )。
A. 1%　　　　　　　B. 2%
C. 5%　　　　　　　D. 8%

18. 目前执行的相关法律对职工退休年龄分不同情况作出了规定:从事井下、高空、高温、特别繁重体力劳动或其他有害身体健康工作达到一定年限的,退休年龄为男工人年满( )周岁,女工人年满( )周岁。
A. 60,50　　　　　B. 60,55
C. 55,45　　　　　D. 50,45

19. 因病或非因工致残,由医院证明并经劳动鉴定委员会确认完全丧失劳动能力的,退休年龄男年满( )周岁,女年满( )周岁。
A. 60,50　　　　　B. 60,55
C. 55,45　　　　　D. 50,45

20. 职工应当参加职工基本医疗保险,由( )按照国家规定缴纳基本医疗保险费。
A. 用人单位　　　　B. 职工
C. 单位和政府　　　D. 用人单位和个人

21. 基本医疗保险基金个人账户的资金来源于两部

分：一是个人缴纳本人工资的( )全部计入个人账户；另一部分是单位缴费的( )左右划入个人账户。

A. 2%，30%　　　　　B. 3%，30%

C. 2%，20%　　　　　D. 1%，20%

22. 基本医疗保险中统筹基金支付起付标准，大致在当地职工年平均工资的( )左右，如患者住院，个人首先要用个人账户或自付费用。

A. 5%　　　　　B. 10%

C. 15%　　　　D. 20%

23. 基本医疗保险中统筹基金在一个年度内支付一个患者的医疗费用到一定数额以后就要封顶，一般控制在当地职工年平均工资的( )倍左右。

A. 3　　　　　B. 5

C. 2　　　　　D. 4

24. 工伤保险的原则不包括( )。

A. 损害补偿原则

B. 无过失责任原则

C. 强制原则

D. 预防、补偿和康复相结合的原则

25. 关于工伤保险费的缴纳，下列表述有误的是( )。

A. 工伤保险费根据以支定收、收支平衡的原则，确定费率

B. 用人单位缴纳工伤保险费的数额为本单位职工工资总额乘以单位缴费费率之积

C. 职工不缴纳工伤保险费

D. 《中华人民共和国社会保险法》规定，职工应当参加工伤保险，由用人单位和职工共同缴纳工伤保险费

26. 社会保险行政部门应当自受理工伤认定申请之日起( )日内作出对工伤认定的决定，并书面通知申请工伤认定的职工或者其近亲属和该职工所在单位。

A. 20　　　　　B. 30

C. 40　　　　　D. 60

27. 劳动功能障碍分为( )个伤残等级，生活自理障碍分为( )个等级。

A. 8，2　　　　　B. 10，3

C. 9，3　　　　　D. 10，2

28. 职工因工外出期间发生事故或者在抢险救灾中下落不明的，从事故发生当月起( )个月内照发工资，从第( )个月起停发工资。

A. 3，4　　　　　B. 4，5

C. 5，6　　　　　D. 6，7

29. 由于第三人的原因造成工伤的，第三人不支付医疗工伤费用或者无法确定第三人的，由( )先行支付。

A. 职工本人　　　　　B. 用人单位

C. 医院　　　　　D. 工伤保险基金

30. 职工原在军队服役，因战、因公负伤致残，已取得革命伤残军人证，到用人单位后旧伤复发的应该( )。

A. 认定工伤　　　　　B. 视同工伤

C. 非工伤　　　　　D. 工伤认定申请

31. 在工作时间和工作场所内醉酒导致伤亡的属于( )。

A. 认定工伤　　　　　B. 视同工伤

C. 非工伤　　　　　D. 工伤认定申请

32. 停止工伤保险待遇的情形有( )。

A. 拒不接受劳动能力鉴定的

B. 停工留薪的

C. 仍有劳动能力的

D. 以上都不是

33. 企业年金由国家宏观指导、企业内部决策执行，费用由企业和职工个人缴纳，企业缴费在工资总额( )以内的部分，可从成本中列支。

A. 2%　　　　　B. 3%

C. 4%　　　　　D. 5%

34. 职工在达到国家规定的退休年龄时，可以从本人企业年金个人账户( )领取企业年金。

A. 一次　　　　　B. 定期

C. 一次或定期　　　　　D. 不定期

二、多项选择题

1. 工伤保险的原则包括( )。

A. 无过失免责原则　　　B. 无过失责任原则

C. 损害补偿原则　　　　D. 效率原则

E. 预防、补偿和康复相结合原则

2. ( )属于不得认定为工伤或者视同工伤。

A. 犯罪伤亡的

B. 违反治安管理条例伤亡的

C. 醉酒导致伤亡的

D. 自残

E. 以上都不是

3. 失业保险费的征缴范围包括( )。

A. 国有企业

B. 城镇集体企业

C. 外商投资企业

D. 社会团体及其专职人员

E.以上都不对

4.我国实行社会保险制度的原则是(　　)。

A.坚持广覆盖、保基本、多层次、可持续的方针

B.社会保险水平应当与经济社会发展水平相适应

C.用人单位应当自行申报、按时足额缴纳社会保险费，非因不可抗力等法定事由不得缓缴、减免

D.用人单位应当自行申报、按时足额缴纳社会保险费

E.以上都不对

5.按照《工伤保险条例》的规定，职工有(　　)情形的，应当认定为工伤。

A.在工作时间和工作场所内，因工作原因受到事故伤害的

B.在工作时间和工作场所内，因履行工作职责受到暴力等意外伤害的

C.患职业病的

D.因工外出期间，由于工作原因受到伤害或者发生事故下落不明的

E.在抢险救灾等维护国家利益、公共利益活动中受到伤害的

6.按照《工伤保险条例》的规定，职工有(　　)情形的，视同工伤。

A.在工作时间和工作岗位，突发疾病死亡或者在48小时之内经抢救无效死亡的

B.因工外出期间，由于工作原因受到伤害或者发生事故下落不明的

C.在抢险救灾等维护国家利益、公共利益活动中受到伤害的

D.职工原在军队服役，因战负伤致残，已取得革命伤残军人证，到用人单位旧伤复发的

E.在上下班途中，受到机动车事故伤害的

7.工伤职工有下列(　　)情形的，停止享受工伤保险待遇。

A.丧失享受待遇条件的

B.拒不接受劳动能力鉴定的

C.拒绝治疗的

D.单位解除劳动合同的

E.被判刑正在收监执行的

8.按照国家规定，生育保险待遇包括(　　)。

A.产假　　　　　　B.哺乳假

C.婚假　　　　　　D.生育津贴

E.生育医疗服务

9.对于基本养老保险费的缴纳，描述正确的是(　　)。

A.用人单位应当按照国家规定的本单位职工工资总额的比例缴纳基本养老保险费，记入基本养老保险统筹基金

B.职工应当按照国家规定的本人工资的比例缴纳基本养老保险费，记入个人账户

C.无雇工的个体工商户、未在用人单位参加基本养老保险的非全日制从业人员以及其他灵活就业人员参加基本养老保险的，应当按照国家规定缴纳基本养老保险费，分别记入基本养老保险统筹基金和个人账户

D.企业缴费比例一般不得超过企业职工工资总额的10%

E.以上都不对

10.建立企业年金的原则有(　　)。

A.由国家宏观指导

B.企业内部决策执行

C.费用由企业单独缴纳

D.企业缴费在工资总额8%以内的部分

E.企业缴费可从成本中列支

11.关于企业年金的建立程序，说法正确的是(　　)。

A.由企业与工会或职工代表通过集体协商确定

B.应当制订企业年金方案

C.企业年金方案应报送所在地区县以上劳动行政部门

D.中央所属大型企业应报送国务院劳动行政主管部门

E.劳动行政部门自收到方案之日起30日内未提出异议的，该方案即行生效。

12.规范我国社会保险制度的法律、行政法规包括(　　)。

A.《工伤保险条例》

B.《中华人民共和国社会保险法》

C.《失业保险条例》

D.《社会保险费征缴暂行条例》

E.《医疗保险条例》

13.(　　)是用人单位按国家规定缴纳的，职工不需要缴纳的。

A.失业保险费　　　　B.工伤保险费

C.生育保险费　　　　D.基本养老保险费

E.基本医疗保险费

14.享受按月领取基本养老待遇的必备条件有(　　)。

A.累计缴纳基本养老保险费满10年

B.达到法定退休年龄

C.退休2年后才可以享有

D.累计缴纳基本养老保险费满15年

E. 年满60周岁

15. 养老金社会化发放的内容主要包括(　　)。
    A. 通过邮局寄发
    B. 委托银行发放
    C. 由退休前所在单位发放
    D. 依托社区发放
    E. 社会保险机构直接发放

16. 下列医疗费用不纳入基本医疗保险基金支付范围的有(　　)。
    A. 在境外就医的
    B. 由社会保险经办机构支付的
    C. 应当由第三人负担的
    D. 应当由公共卫生负担的
    E. 应当从工伤保险基金中支付的

17. 根据《工伤保险条例》规定，下列情形应当认定为工伤的有(　　)。
    A. 在工作时间和工作场所内，因工作原因受到事故伤害的
    B. 在岗期间，假期出外旅游受到事故伤害的
    C. 在工作时间和工作场所内，因履行工作职责受到暴力等意外伤害的
    D. 上下班途中，由于个人疏忽或犯错受到交通事故伤害的
    E. 工作时间前后在工作场所内，从事与工作有关的预备性或者收尾性工作受到事故伤害的

18. 根据《工伤保险条例》规定，职工符合认定或视同工伤条件，但是出现下列(　　)情形时，不得认定为工伤或者视同工伤。
    A. 患职业病的　　　　B. 故意犯罪的
    C. 醉酒或者吸毒的　　D. 自残或者自杀的
    E. 因工外出，由于工作原因发生事故下落不明的

19. 目前我国企业的补充保险主要有(　　)。
    A. 补充医疗保险　　B. 生育保险
    C. 失业保险　　　　D. 工伤保险
    E. 企业年金

20. 补充医疗保险主要包括(　　)。
    A. 职工大额医疗费用补助
    B. 职工补充医疗保险
    C. "一老一小"保险
    D. 社会医疗救助
    E. 商业医疗保险

21. 下列属于我国商业医疗保险险种的有(　　)。
    A. 职工大额医疗费用补助
    B. 伤残保险
    C. 基础医疗保险

D. 工伤保险
E. 与基本医疗保险衔接的大病保险

参考答案及解析

一、单项选择题

1.【答案】A
【解析】生育保险费按照不超过职工工资总额的1%由用人单位缴纳。

2.【答案】A
【解析】按照《工伤保险条例》的规定，在工作时间和工作岗位，突发疾病死亡或者在48小时之内经抢救无效死亡的视同工伤。

3.【答案】B
【解析】按照相关规定，职工发生事故伤害或者按照职业病防治法规定被诊断、鉴定为职业病时，所在单位应当自事故伤害发生之日或者被诊断、鉴定为职业病之日起30日内，向统筹地区劳动保障行政部门提出工伤认定申请。

4.【答案】A
【解析】所谓无过失责任是指劳动者在各种伤害事故中只要不是受害者本人故意行为所致，就应该按照规定标准对其进行伤害赔偿。

5.【答案】D
【解析】企业年金由国家宏观指导、企业内部决策执行，费用由企业和职工个人缴纳，企业缴费在工资总额4%以内的部分，可从成本中列支。

6.【答案】C
【解析】工伤保险又称职业伤害保险。

7.【答案】A
【解析】职工因工作遭受事故伤害或者患职业病进行治疗，享受工伤医疗待遇。职工因工作遭受事故伤害或者患职业病需要暂停工作接受工伤医疗的，在停工留薪期内，原工资福利待遇不变，由所在单位按月支付。

8.【答案】A
【解析】用人单位应当自用工之日起30日内为其职工向社会保险经办机构申请办理社会保险登记。答案选A。

9.【答案】B
【解析】按照有关规定，自劳动能力鉴定结论作出之日起1年后，工伤职工或者其直系亲属、所在单位或者经办机构认为伤残情况发生变化的，可以申请劳动能力复查鉴定。

10.【答案】B

【解析】企业年金理事会由企业和职工代表组成，也可聘请企业以外的专业人员参加，其中职工代表应不少于1/3。

11.【答案】A

【解析】根据《企业年金试行办法》规定：企业缴费每年不超过本企业上年度职工工资总额的1/12，企业和职工个人缴费合计一般不超过本企业上年度职工工资总额的1/6。

12.【答案】D

【解析】国家机关、事业单位和社会团体的女职工，她们的生育保险费用是以财政直接供款为主。城镇企业及其女职工，即国有企业、股份制企业、城镇集体企业、私营企业、外商投资企业的女职工，她们的生育保险基金是以社会统筹的方式向企业征缴的。

13.【答案】C

【解析】因履行企业年金合同发生争议，当事人可以依法提请仲裁或者诉讼。

14.【答案】C

【解析】按照相关规定，不能自理的工伤职工在停工留薪期内需要护理的，由所在单位负责。

15.【答案】B

【解析】本题考查基本养老保险制度的相关内容。基本养老保险基金由用人单位和个人缴费以及政府补贴等组成。

16.【答案】D

【解析】本题考查劳动者退休条件及基本养老保险待遇。按照现行规定，《国务院关于建立统一的企业职工基本养老保险制度的决定》实施后参加工作、缴费年限（含视同缴费年限，下同）累计满15年的人员，退休后按月发给基本养老金。

17.【答案】A

【解析】本题考查基本养老保险待遇。退休时的基础养老金月标准以当地上年度在岗职工月平均工资和本人指数化月平均缴费工资的平均值为基数，缴费每满1年发给1%。

18.【答案】C

【解析】本题考查享受基本养老保险待遇的条件。目前执行的相关法律对职工退休年龄分不同情况作出了规定：从事井下、高空、高温、特别繁重体力劳动或其他有害身体健康工作达到一定年限的，退休年龄为男工人满55周岁，女工人年满45周岁。

19.【答案】D

【解析】本题考查享受基本养老保险待遇的条件。因病或非因工致残，由医院证明并经劳动鉴定委员会确认完全丧失劳动能力的，退休年龄男年满50周岁，女年满45周岁。

20.【答案】D

【解析】本题考查基本医疗保险制度。职工应当参加职工基本医疗保险，由用人单位和职工个人按照国家规定共同缴纳基本医疗保险费。

21.【答案】A

【解析】本题考查基本医疗保险费的缴纳。基本医疗保险基金个人账户的资金来源有两部分：一是个人缴纳本人工资的2%全部计入个人账户；另一部分是单位缴费的30%左右划入个人账户。

22.【答案】B

【解析】本题考查基本医疗保险基金的支付。统筹基金支付起付标准，大致在当地职工年平均工资的10%左右，如患者住院，个人首先要用个人账户或自付费用。

23.【答案】D

【解析】本题考查基本医疗保险基金的支付。统筹基金在一个年度内支付一个患者的医疗费用到一定数额以后就要封顶，也就是最高支付限额，一般控制在当地职工年平均工资的4倍左右。

24.【答案】C

【解析】本题考查工伤保险的原则。工伤保险的原则不包括强制的原则。答案选C。

25.【答案】D

【解析】本题考查工伤保险费的缴纳。职工不缴纳工伤保险错误，答案选D。

26.【答案】D

【解析】本题考查工伤认定申请的相关内容。社会保险行政部门应当自受理工伤认定申请之日起60日内作出工伤认定的决定，并书面通知申请工伤认定的职工或者其近亲属和该职工所在单位。

27.【答案】B

【解析】本题考查劳动能力鉴定。劳动功能障碍分为10个伤残等级，最重的为一级，最轻的为十级。生活自理障碍分为3个等级：生活完全不能自理、生活大部分不能自理和生活部分不能自理。

28.【答案】A

【解析】本题考查对因工外出发生事故或下落

不明的处理。职工因工外出期间发生事故或者在抢险救灾中下落不明的，从事故发生当月起3个月内照发工资，从第4个月起停发工资，由工伤保险基金向其供养家属按月支付供养家属抚恤金。

29.【答案】D

【解析】本题考查工伤保险待遇的特殊情形。由于第三人的原因造成工伤的，第三人不支付医疗工伤费用或者无法确定第三人的，由工伤保险基金先行支付。工伤保险基金先行支付后，有权向第三人追偿。

30.【答案】B

【解析】职工原在军队服役，因战、因公负伤致残，已取得革命伤残军人证，到用人单位后旧伤复发的应该视同工伤，答案选B。

31.【答案】C

【解析】在工作时间和工作场所内醉酒导致伤亡的属于非工伤。

32.【答案】A

【解析】停止工伤保险待遇的情形有：拒不接受劳动能力鉴定的，拒绝治疗的，丧失享受待遇条件的，答案选A。

33.【答案】C

【解析】企业年金由国家宏观指导、企业内部决策执行，费用由企业和职工个人缴纳，企业缴费在工资总额4%以内的部分，可从成本中列支。

34.【答案】C

【解析】本题考查企业年金的发放。职工在达到国家规定的退休年龄时，可以从本人企业年金个人账户一次或定期领取企业年金。

二、多项选择题

1.【答案】BCE

【解析】工伤保险的原则有：无过失责任原则、损害补偿原则和预防、补偿、康复相结合的原则。本题正确答案为BCE。

2.【答案】ABCD

【解析】《工伤保险条例》规定，职工有下列情形之一的，不得认定为工伤或者视同工伤：因犯罪或者违反治安管理伤亡的；醉酒导致伤亡的；自残或者自杀的。本题正确答案为ABCD。

3.【答案】ABC

【解析】社会团体及其专职人员不属于失业保险费的征缴范围，排除D选项。ABC三个选项都属于失业保险费的征缴范围。因此正确答案选ABC。

ABC。

4.【答案】AB

【解析】我国实行社会保险制度的原则是：坚持广覆盖、保基本、多层次、可持续的方针，社会保险水平应当与经济社会发展水平相适应，答案选AB。

5.【答案】ABCD

【解析】按照《工伤保险条例》的规定，职工有下列情形之一的，应当认定为工伤：(1)在工作时间和工作场所内，因工作原因受到事故伤害的；(2)工作时间前后在工作场所内，从事与工作有关的预备性或者收尾性工作时受到事故伤害的；(3)在工作时间和工作场所内，因履行工作职责受到暴力等意外伤害的；(4)患职业病的；(5)因工外出期间，由于工作原因受到伤害或者发生事故下落不明的；(6)在上下班途中，受到机动车辆事故伤害的；(7)法律、行政法规规定应当认定为工伤的其他情形。本题正确答案为ABCD。

6.【答案】ACD

【解析】职工有下列情形之一的，视同工伤：(1)在工作时间和工作岗位，突发疾病死亡或者在48小时之内经抢救无效死亡的；(2)在抢险救灾等维护国家利益、公共利益活动中受到伤害的；(3)职工原在军队服役，因战、因公负伤致残，已取得革命伤残军人证，到用人单位后旧伤复发的。职工有第(1)项、第(2)项情形的，按照本条例的有关规定享受工伤保险待遇；职工有第(3)项情形的，按照本条例的有关规定享受除一次性伤残补助金以外的工伤保险待遇。

7.【答案】ABCE

【解析】工伤职工有下列情形之一的，停止享受工伤保险待遇：(1)丧失享受待遇条件的；(2)拒不接受劳动能力鉴定的；(3)拒绝治疗的；(4)被判刑正在收监执行的。本题正确答案为ABCE。

8.【答案】ADE

【解析】生育保险待遇包括：产假、生育津贴和生育医疗服务。本题正确答案为ADE。

9.【答案】ABC

【解析】选项ABC是对基本养老保险费的缴纳情况的正确描述，选项D错误，企业缴费比例一般不得超过企业职工工资总额的20%，排除，因此答案选ABC。

10.【答案】ABE

【解析】企业年金由国家宏观指导、企业内部决策执行，费用由企业和职工个人缴纳，企业缴费在工资总额4%以内的部分，可从成本中列支。

11. 【答案】ABCD

【解析】建立企业年金，应当由企业与工会或职工代表通过集体协商确定，并制订企业年金方案。国有及国有控股企业的企业年金方案草案应当提交职工大会或职工代表大会讨论通过。各类企业的企业年金方案应报送所在地区县以上劳动行政部门；中央所属大型企业应报送国务院劳动行政主管部门。劳动行政部门自收到方案之日起15日内未提出异议的，该方案即行生效。本题正确答案为ABCD。

12. 【答案】ABCD

【解析】规范我国社会保险制度的法律、行政法规包括《工伤保险条例》、《中华人民共和国社会保险法》、《失业保险条例》、《社会保险费征缴暂行条例》。答案选ABCD。

13. 【答案】BC

【解析】本题考查参加社会保险的范围。答案选项中工伤保险费和生育保险费是由用人单位按国家规定缴纳的，职工不需要缴纳。答案选BC。

14. 【答案】BD

【解析】本题考查享受基本养老保险待遇的条件。享受按月领取基本养老金待遇的必须具备两个条件：一是要达到法定退休年龄；二是累计缴纳基本养老保险费满15年。

15. 【答案】ABDE

【解析】本题考查基本养老金的发放。养老金社会化发放的内容主要包括：一是委托银行发放；二是通过邮局寄发；三是社会保险机构直接发放；四是依托社区发放；五是设立派发机构发放。

16. 【答案】ACDE

【解析】本题考查基本医疗保险基金的支付。医疗费用不纳入基本医疗保险基金支付范围的有：(1)应当从工伤保险基金中支付的；(2)应当由第三人负担的；(3)应当由公共卫生负担的；(4)在境外就医的。

17. 【答案】ACE

【解析】本题考查工伤认定的范围。根据《工伤保险条例》规定，在工作时间和工作场所内，因工作原因受到事故伤害的；在工作时间和工作场所内，因履行工作职责受到暴力等意外伤害的；工作时间前后在工作场所内，从事与工作有关的预备性或者收尾性工作受到事故伤害的属于工伤范围。而在岗期间，假期出外旅游受到事故伤害的；上下班途中，由于个人疏忽或犯错受到交通事故伤害的不属于工伤范围。答案选ACE。

18. 【答案】BCD

【解析】本题考查不被认定为工伤的范围。根据《工伤保险条例》规定，职工符合认定或视同符合工伤条件的，但是有下列情形之一的，不得认定为工伤或者视同工伤：(1)故意犯罪的；(2)醉酒或者吸毒的；(3)自残或者自杀的。AE属于工伤认定范围。

19. 【答案】AE

【解析】目前我国企业的补充保险主要有企业年金(又称为补充养老保险)和补充医疗保险。

20. 【答案】ABDE

【解析】本题考查补充医疗保险。补充医疗保险主要包括：职工大额医疗费用补助、职工补充医疗保险、社会医疗救助、商业医疗保险。答案选ABDE。

21. 【答案】BCE

【解析】本题考查商业医疗保险的险种。目前我国商业医疗保险的险种主要有：基础医疗保险、大病保险、伤残保险和与基本医疗保险相衔接的大病保险。

第十八章　法律责任与执法

　　本章主要考查劳动法律责任，社会保险法律责任，劳动监察的内容、形式和程序、处罚方式、社会保险行政争议处理、行政复议、行政诉讼等内容。

　　从近几年考试情况来看，劳动法律责任、社会保险法律责任、劳动监察的内容和处罚方式是比较热门的考点，社会保险行政争议处理、行政复议、行政诉讼等内容也是考试中频繁出现的知识点。

本章重要考点分析

　　本章涉及20个重要考点，考查的知识比较集中，如违反劳动法律的责任、劳动监察的相关内容与社会保险行政争议，以及行政复议的相关内容，如图18-1所示。

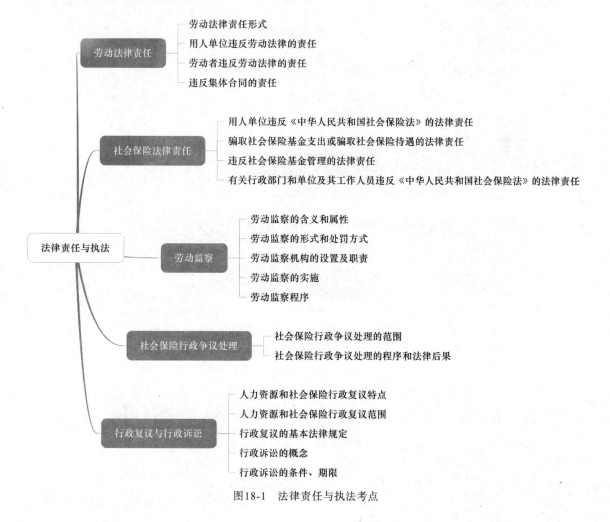

图18-1　法律责任与执法考点

本章近三年题型及分值总结

本章近三年出现的题型以单项选择题和多项选择题为主，见表18-1。

表18-1 法律责任与执法题型及分值

年 份	单项选择题	多项选择题
2014年	2题	0题
2013年	3题	0题
2012年	0题	0题

第一节 劳动法律责任

劳动法律责任，即违反劳动法律、法规的责任，是指由于用人单位、劳动者、劳动行政部门和其他有关部门及其工作人员违反劳动法律、法规的规定而应承担的法律后果。

另外，本书还介绍了劳动法律责任形式、用人单位违反劳动法律的责任、劳动者违反劳动法律的责任、违反集体合同的责任等。

 思维导图

该节涉及多个知识点和概念，如图18-2所示。

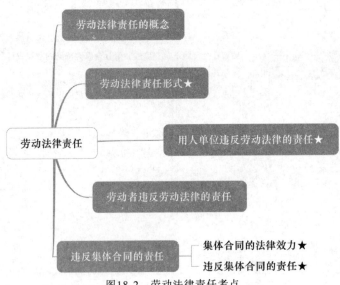

图18-2 劳动法律责任考点

 知识点测试

【2011年单选题】用人单位违反《中华人民共和国劳动合同法》规定不与劳动者订立(　　)的，自应当订立之日起向劳动者每月支付2倍的工资。

A. 非全日制用工劳动合同
B. 无固定期限劳动合同
C. 保密协议
D. 集体合同

【答案】B

【解析】本题考查未依法订立无固定期限劳动

合同的法律责任。

【2011年单选题】因劳动者存在违法情形，致使劳动合同被依法确认部分无效，由此(　　)的，劳动者应当承担赔偿责任。

A.使劳动者解除劳动合同

B.使劳动合同部分条款无法履行

C.使用人单位解除劳动合同

D.给用人单位造成损害

【答案】D

【解析】因劳动者存在违法情形，致使劳动合同被依法确认无效，给用人单位造成损害的，劳动者应当承担赔偿责任。

第二节　社会保险法律责任

社会保险法律责任主要包括：用人单位违反《中华人民共和国社会保险法》的法律责任、骗取社会保险基金支出或骗取社会保险待遇的法律责任、违反社会保险基金管理的法律责任、有关行政部门和单位及其工作人员违反《中华人民共和国社会保险法》的法律责任。

 思维导图

该节涉及多个知识点和概念，如图18-3所示。

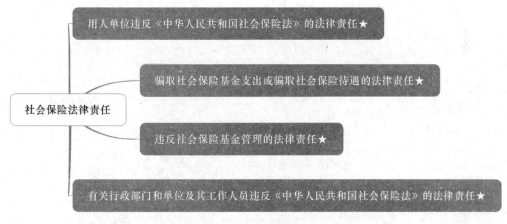

用人单位违反《中华人民共和国社会保险法》的法律责任★

骗取社会保险基金支出或骗取社会保险待遇的法律责任★

社会保险法律责任

违反社会保险基金管理的法律责任★

有关行政部门和单位及其工作人员违反《中华人民共和国社会保险法》的法律责任★

图18-3　社会保险法律责任

第三节　劳动监察

劳动监察又称劳动保障监察，是劳动行政机关依法对用人单位遵守劳动和社会保险法律法规的情况进行监督检查，发现和纠正违法行为，并对违法行为依法进行行政处理或行政处罚的行政执法活动。

劳动监察具有法定性、行政性、专门性和强制性等相关属性，另外本节的内容还包括劳动监察的形式和处罚方式，劳动监察机构的设置及职责等。

劳动监察的实施过程有权采取相应的调查、检查措施，劳动监察程序包括立案、调查、处理、告知等，如果违反劳动和社会保障法律、法规或者规章的行为在2年内未被劳动行政部门发现，也未被举报、投诉的，劳动行政部门不再查处。

 思维导图

该节涉及多个知识点和概念，如图18-4所示。

知识点测试

【2010年单选题】如果违反劳动和社会保障法律、法规或者规章的行为在2年内未被劳动行政部门发现，也未被举报、投诉的，劳动行政部门不再查处。这里所称的期限，是指自违反劳动和社会保障法律、法规或者规章的行为发生之日起计算；如违反劳动保障法律、法规或者规章的行为有连续或者继续状态的，应自(　　)。

A.行为发生之日起计算

B.行为终了之日起计算

C.行为中止之日起计算

D.行为发生之日起2年内计算

【答案】B

【解析】如果违反劳动和社会保障法律、法规或者规章的行为在2年内未被劳动行政部门发现，也未被举报、投诉的，劳动行政部门不再查处。这里所称的期限，是指自违反劳动和社会保障法律、

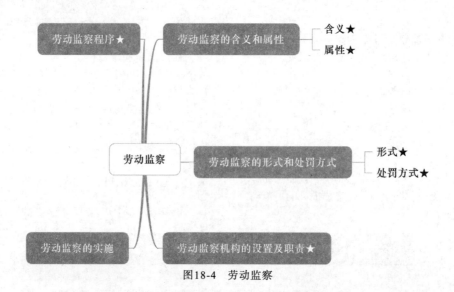

图18-4　劳动监察

法规或者规章的行为发生之日起计算；如违反劳动保障法律、法规或者规章的行为有连续或者继续状态的，应自行为终了之日起计算。B选项正确。

【2012年单选题】用人单位违反劳动保障法律、法规或者规章的行为在2年内未被劳动保障行政部门发现，也未被举报、投诉的，劳动保障行政部门(　　)。

A. 应立案受理　　　　B. 不再查处
C. 应主动查处　　　　D. 不再监督

【答案】B

【解析】本题考查劳动保障监察程序。用人单位违反劳动保障法律、法规或者规章的行为在2年内未被劳动保障行政部门发现，也未被举报、投诉的，劳动保障行政部门不再查处。

第四节　社会保险行政争议处理

经办机构和劳动行政部门分别采用复查和行政复议的方式处理社会保险行政争议。公民、法人或者其他组织按照《社会保险行政争议处理办法》的相关规定，可以直接向劳动行政部门申请行政复议，也可以先向作出该具体行政行为的经办机构申请复查，对复查决定不服时，再向劳动行政部门申请行政复议。申请人与经办机构之间发生的属于人民法院受案范围的行政案件，申请人也可以依法直接向人民法院提起行政诉讼。

 思维导图

该节涉及多个知识点和概念，如图18-5所示。

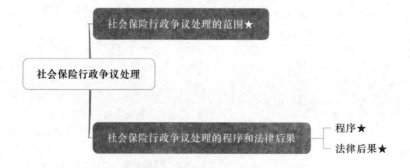

图18-5　社会保险行政争议处理

第五节 行政复议与行政诉讼

人力资源和社会保险行政争议是指人力资源社会保障行政部门及社会保险经办机构与行政管理相对人之间，因实现劳动和社会保险权利、履行劳动和社会保险义务产生分歧而引起的争议。

人力资源和社会保险行政争议具有以下特点：当事人的多样性；人力资源和社会保险行政争议发生在劳动关系存续期间或劳动关系终止之后，以及人力资源和社会保险事务管理关系之中；人力资源和社会保险行政争议的内容与当事人的法定劳动和社会保险权利、义务相关。

 思维导图

该节涉及多个知识点和概念，如图18-6所示。

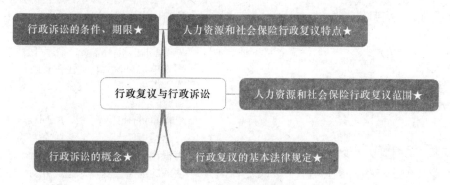

图18-6 行政复议与行政诉讼

 知识点测试

【2011年单选题】行政复议申请人不服人力资源社会保障行政部门作出的复议决定的，可以在收到复议决定书之日起( )日内向人民法院提起诉讼。

A. 10　　　　　　　　B. 15
C. 20　　　　　　　　D. 30

【答案】B

【解析】行政复议申请人不服人力资源社会保障行政部门作出的复议决定的，可以在收到复议决定书之日起15日内向人民法院提起行政诉讼。

考题预测及强化训练

一、单项选择题

1. 用人单位安排女职工在怀孕期间从事国家规定的第三级体力劳动强度的劳动的，劳动保障行政部门应责令改正，并按照受侵害的劳动者每人( )的标准计算，处以罚款。
   A. 500元以上1000元以下
   B. 1000元以上3000元以下
   C. 1000元以上5000元以下
   D. 3000元以上5000元以下

2. 申请人向作出该具体行政行为的经办机构申请复查的，该经办机构应指定其内部专门机构负责处理，并应当自接到复查申请之日起( )日内作出维持或者改变该具体行政行为的复查决定。
   A. 15　　　　　　　　B. 20
   C. 30　　　　　　　　D. 45

3. 用人单位违反规定未与劳动者依法订立无固定期限劳动合同的，自应当订立无固定期限劳动合同之日起向劳动者每月支付( )倍的工资。
   A. 1　　　　　　　　B. 2
   C. 3　　　　　　　　D. 4

4. 用人单位违反劳动保障法律、法规或规章，由劳动行政部门给予警告，责令限期改正，并可以按照受害的劳动者每人( )的标准计算，处以罚款。
   A. 50元以上500元以下
   B. 100元以上200元以下
   C. 100元以上300元以下
   D. 100元以上500元以下

5. 用人单位未按时足额缴纳社会保险费的，由社会保险费征收机构责令限期缴纳或者补足，并自欠缴之日起，按日加收( )的滞纳金。
   A. 万分之五　　　　　　B. 万分之四
   C. 万分之三　　　　　　D. 万分之二

6. 用人单位不办理社会保险登记的，社会保险行政部门责令其限期改正；逾期不改正的，对其直接负责的主管人员和其他直接责任人员处(　　)的罚款。
   A. 500元以上1000元以下
   B. 500元以上3000元以下
   C. 1000元以上3000元以下
   D. 500元以上20 000元以下

7. 申请人申请行政复议的形式有(　　)。
   A. 书面方式和口头方式
   B. 临时通知方式
   C. 上级行政机关传达方式
   D. 以上都不对

8. 社会保险法律责任从责任主题分，不包括(　　)。
   A. 用人单位责任
   B. 工会组织责任
   C. 劳动者责任
   D. 社会保险经办机构责任

9. 社会保险有关单位及其工作人员或者个人以欺诈、伪造证明材料或者其他手段骗取社会保险基金支出或者骗取社会保险待遇的，应当退回骗取的金额，并处骗取金额(　　)的罚款。
   A. 1倍以上3倍以下
   B. 2倍以上5倍以下
   C. 2倍以上4倍以下
   D. 1倍以上5倍以下

10. 社会保险经办机构和劳动保障行政部门分别采取(　　)和行政复议的方式处理社会保险行政争议。
    A. 行政诉讼　　　　　　B. 初审
    C. 复查　　　　　　　　D. 处罚

11. 从现行法律规定来看，解决劳动和社会保险行政争议的方式主要是(　　)。
    A. 行政仲裁、行政复议和行政诉讼
    B. 待遇复查、行政复议和行政诉讼
    C. 复查、仲裁和行政诉讼
    D. 调解、仲裁和行政诉讼

12. 从争议的性质来看，劳动争议属于(　　)。
    A. 行政争议　　　　　　B. 民事争议
    C. 法律争议　　　　　　D. 劳动权利争议

13. 行政复议机关对受理的复议案件审查后，应在受理行政复议申请之日起(　　)日内，或经行政复议机关负责人批准后延长(　　)日内，依法分别作出决定维持、决定履行、决定撤销、决定变更、确认违法的复议决定。

14. 行政复议机关对案件事实清楚、证据充分，适用依据正确，程序合法，但内容明显不当的具体行政行为，可以作出(　　)的复议决定。
    A. 终止　　　　　　　　B. 撤销
    C. 变更　　　　　　　　D. 履行

15. 劳动监察的主体必须严格依据法律进行监察活动，被监察的主体不得以任何方式规避监察执法活动指的是劳动监察的(　　)。
    A. 法定性　　　　　　　B. 强制性
    C. 行政性　　　　　　　D. 专门性

16. 用人单位强令劳动者违章冒险作业，发生重大伤亡事故，造成严重后果的，对责任人员依法追究(　　)。
    A. 民事责任　　　　　　B. 刑事责任
    C. 赔偿责任　　　　　　D. 领导责任

17. 根据我国《中华人民共和国劳动法》等法律、法规的规定，受理对违反劳动保障法律、法规或者规章行为举报、投诉的是(　　)。
    A. 劳动争议仲裁委员会
    B. 人民法院
    C. 工会
    D. 劳动监察机构

18. 用人单位给予女职工生育产假少于(　　)天的，由劳动保障行政部门责令改正，并处以罚款。
    A. 30　　　　　　　　　B. 60
    C. 90　　　　　　　　　D. 180

19. 用人单位违反劳动保障法律、法规或者规章，延长劳动者工作时间的，由劳动保障行政部门责令改正，并可处以(　　)。
    A. 警告　　　　　　　　B. 罚款
    C. 吊销营业执照　　　　D. 停业整顿

20. 用人单位制订的劳动规章制度违反法律、法规规定的，由(　　)责令改正。
    A. 工会组织　　　　　　B. 人民法院
    C. 劳动保障行政部门　　D. 公安机关

21. 根据我国劳动法律规定，用人单位违反劳动法律对女职工和未成年工的保护规定，侵害其合法权益的，由(　　)责令改正，并处以罚款。
    A. 卫生行政部门
    B. 人民法院
    C. 劳动争议仲裁委员会
    D. 劳动保障行政部门

22. 用人单位逾期不支付工资的，责令用人单位按

A. 30，20　　　　　　　B. 30，30
C. 45，25　　　　　　　D. 60，30

照应付金额50%以上( )倍以下的标准向劳动者加付赔偿金。

A. 0.5　　　　　　　　B. 1

C. 1.5　　　　　　　　D. 2

23. 劳动法律责任形式不包括( )。

A. 行政责任　　　　　　B. 民事责任

C. 刑事责任　　　　　　D. 监管责任

24. 对怀孕( )个月以上的女职工,不得安排延长工作时间和夜班劳动。

A. 7　　　　　　　　　B. 8

C. 9　　　　　　　　　D. 10

25. 根据《劳动保障监察条例》规定,如果违反劳动保障法律、法规或者规章的行为在( )年内未被劳动保障行政部门发现,也未被举报、投诉的,劳动保障行政部门不再查处。

A. 5　　　　　　　　　B. 2

C. 1　　　　　　　　　D. 5

26. 根据我国《中华人民共和国劳动法》等规定,劳动保障监察的内容不包括( )。

A. 用人单位与劳动者订立劳动合同的情况

B. 社会保险经办机构遵守国家有关社会保险经办规定的情况

C. 职业介绍机构遵守国家有关职业介绍规定的情况

D. 用人单位参加各项社会保障和缴纳社会保险费的情况

27. 劳动保障行政部门对违反劳动保障法律、法规或者违章行为的调查,应当自立案起( )个工作日内完成。

A. 30　　　　　　　　B. 50

C. 60　　　　　　　　D. 70

28. 劳动保障复议机关在收到申请人的复议申请后,经审查不符合法定受理条件的,应在( )个工作日内作出不予受理决定。

A. 5　　　　　　　　　B. 7

C. 10　　　　　　　　D. 15

29. 劳动保障监察执法必须以事实为依据,以法律为准绳,是劳动保障监察的( )原则。

A. 公正　　　　　　　　B. 高效、便民

C. 合法　　　　　　　　D. 重在保护劳动者

30. 劳动监察权代表国家强制力,被监察主体不能拒绝体现了劳动监察的( )。

A. 法定性　　　　　　　B. 强制性

C. 行政性　　　　　　　D. 专门性

31. 如果申请人对行政复议决定不服,可以依法提起行政诉讼,但诉讼期间应( )行政复议决定的执行。

A. 不停止　　　　　　　B. 停止

C. 缓期执行　　　　　　D. 取消

32. 用人单位无故不缴纳社会保险费,劳动保障行政部门应责令其限期缴纳;逾期不缴的,除责令其补缴所欠款额外,可以按每日加收所欠款额( )的滞纳金。

A. 1‰　　　　　　　　B. 2‰

C. 3‰　　　　　　　　D. 5‰

33. 对劳动保障行政部门作出的具体行政行为不服的,应当在知道侵害其合法权益的具体行政行为之日起( )日内,向上一级劳动保障行政部门申请复议,也可以向同级人民政府申请复议。

A. 15　　　　　　　　B. 30

C. 60　　　　　　　　D. 90

34. 最严厉的一种劳动法律责任形式是( )。

A. 行政责任　　　　　　B. 民事责任

C. 经济责任　　　　　　D. 刑事责任

35. 下列行为中,不能申请劳动保障行政复议的是( )。

A. 向人民法院提起行政诉讼,人民法院已经依法受理的

B. 认为劳动保障行政部门违法收费或者违法要求履行义务的

C. 对劳动保障行政部门作出的警告、罚款等行政处罚决定不服的

D. 认为劳动保障行政部门作出的其他具体行政行为侵犯其合法权益的

二、多项选择题

1. ( )属于劳动保障监察的原则。

A. 公正原则　　　　　　B. 公开原则

C. 及时原则　　　　　　D. 处罚原则

E. 教育原则

2. 劳动法律责任形式中,民事责任指的是( )。

A. 违反劳动合同及有关劳动合同的法律规定所应承担的民事责任

B. 损害劳动者或用人单位权利的民事责任

C. 由劳动行政部门、公安行政部门和工商行政部门等国家行政管理部门依法对有关单位及其责任人员、劳动者实施的行为制裁

D. 由行政管理机关对其公务人员或用人单位给予其职工的惩戒

E. 以上都不对

3. 公民、法人和其他组织对( )不服,不能申请

劳动保障行政复议。

A.劳动鉴定委员会作出的伤残等级鉴定结论

B.劳动争议仲裁委员会作出的仲裁裁决

C.劳动保障行政部门作出的警告等行政处罚决定

D.用人单位制订的规章制度

E.社会保障经办机构未按规定审核社会保险缴费基数

4.非法招用未满16周岁未成年人的法律责任有（　）。

A.用人单位非法招用未满16周岁的未成年人的，由劳动行政部门责令改正，处以罚款

B.情节严重的，由工商行政管理部门吊销营业执照

C.非与未满16周岁未成年人签订劳动合同的应责令停业

D.未依法订立无固定期限劳动合同的应吊销营业执照

E.以上都不对

5.提起行政诉讼应具备的条件有（　）。

A.起诉人合法

B.有明确的被告

C.有具体的诉讼请求和事实依据

D.有明确的理由

E.属于人民法院受案范围和受诉人民法院管辖

6.劳动监察的处罚方式有（　）。

A.责令用人单位改正　　B.罚款

C.警告　　　　　　　　D.没收违法所得

E.以上都不对

7.工会的基层组织不履行集体合同的义务时，应对上级工会和工会会员负道义上的和政治上的责任，由上级工会给予（　）。

A.批评　　　　　　　B.教育

C.经济处分　　　　　D.法律处分

E.纪律处分

8.劳动监察的形式包括（　）。

A.主动到用人单位及其工作场所进行检查的日常巡视检查

B.通过任何组织和个人举报、投诉某用人单位可能存在的违法行为进行的专案查处

C.针对一定时期问题比较集中或重要的事项开展的专项大检查

D.审查用人单位按照要求报送的遵守劳动保障法律、法规的书面材料

E.责令用人单位改正

9.决定维持具体行政行为必须符合的条件有（　）。

A.适用依据齐全　　　　B.内容适当

C.适用依据正确　　　　D.程序合法

E.事实清楚、证据充分

10.下列属于劳动保障监察内容的有（　）。

A.监督检查用人单位遵守劳动标准

B.监督检查职业中介行为

C.监督检查就业服务机构依法办事

D.监督检查用人单位招用劳动者

E.监督检查用人单位的后勤服务

11.劳动保障监察的形式主要有（　）。

A.主动到用人单位及其工作场所进行检查的日常巡视检查

B.通过组织举报（个人不可以）对用人单位的违法行为进行专案查处

C.通过任何组织和个人举报、投诉对用人单位可能存在的违法行为进行的专案查处

D.针对一定时期内问题比较集中或重要的事项开展的专项大检查

E.审查用人单位按照要求报送的遵守劳动保障法律、法规的书面材料

12.劳动保障行政争议具有的特点有（　）。

A.当事人的多样性

B.以国家机关为被告

C.属于民事争议范畴

D.劳动保障行政争议的内容与当事人的法定劳动保障权利和义务相关

E.劳动保障行政争议发生在劳动关系存续期间或劳动关系终止之后，以及劳动和社会保险事务管理关系之中

13.下面哪些情况属于社会保险行政争议处理范围（　）。

A.认为经办机构未依法为其办理社会保险登记、变更或者注销手续的

B.认为经办机构未按规定审核社会保险缴费基数的

C.认为经办机构未按规定记录社会保险费缴费情况或者拒绝其查询缴费记录的

D.认为经办机构违法收取费用或者违法要求履行义务的

E.认为经办机构未予以缴纳社会保险费用的

14.下面有关劳动监察实施的描述正确的是（　）。

A.劳动监察的实施过程中可以进入用人单位的劳动场所进行检查

B.劳动监察的实施过程中可以就调查、检查事项询问有关人员

C. 劳动监察的实施过程中可以要求用人单位提供与调查、检查事项相关的文件资料，并作出解释和说明，必要时可以发出调查询问书

D. 劳动监察的实施过程中不可以采取记录、录音、录像、照相或者复制等方式收集有关情况和资料

E. 劳动监察的实施过程中可以直接由监察人员对用人单位工资支付、缴纳社会保险费的情况进行审计

15. 人力资源和社会保险行政争议的特点有(　　)。

A. 当事人的多样性，既有人力资源社会保障行政部门，又有社会保险经办机构；既有用人单位和劳动者，又有医疗服务机构

B. 人力资源和社会保险行政争议发生在劳动关系存续期间或劳动关系终止之后，以及人力资源和社会保险事务管理关系之中

C. 人力资源和社会保险行政争议的内容与当事人的法定劳动和社会保险权利、义务相关

D. 人力资源和社会保险行政争议发生在劳动关系存续期间，而不包括劳动关系终止之后

E. 以上都不对

16. 根据实际情况，决定撤销具体行政行为或撤销部分具体行政行为的情形有(　　)。

A. 主要事实不清，证据不足

B. 适用依据错误或不当

C. 滥用法律

D. 违反法定程序

E. 超越或滥用职权

17. 可以直接向劳动行政部门申请行政复议的情况有(　　)。

A. 认为经办机构未依法为其办理社会保险登记、变更或者注销手续的

B. 认为经办机构未按规定审核社会保险缴费基数的

C. 认为经办机构未按规定记录社会保险费缴费情况或者拒绝其查询缴费记录的

D. 认为经办机构违法收取费用或者违法要求履行义务的

E. 认为经办机构未依法为其调整社会保险待遇的

18. 根据法律规定，监督检查用人单位招用劳动者，包括(　　)具体行为。

A. 检查用人单位是否存在非法使用童工

B. 是否按照国家标准缴纳社会保险

C. 招用无合法证件的人员

D. 向求职者收取招聘费用

E. 扣押被录用人员的身份证等证件

19. 关于违反集体合同的责任，说法正确的是(　　)。

A. 认真履行集体合同只是企业的责任

B. 企业违反集体合同，应承担一定的法律责任

C. 职工行为违反了集体合同中的规定也应承担相应的违约责任

D. 工会的基层组织不履行集体合同的义务，应对上级工会和工会会员负道义上的和政治上的责任

E. 工会的基层组织不履行集体合同的义务时，应由政府监督部门给予纪律处分

20. 劳动监察的事项包括(　　)。

A. 用人单位制订内部劳动规章制度的情况

B. 用人单位遵守工作时间和休息、休假规定的情况

C. 用人单位支付劳动者工资和执行最低工资标准的情况

D. 用人单位是否按照国家要求的比例招聘女职工

E. 用人单位遵守女职工和未成年工特殊劳动保护规定的情况

21. 下列属于劳动法律责任形式中行政处罚的有(　　)。

A. 记过　　　　　　　　B. 行政拘留

C. 吊销营业执照　　　　D. 责令停止

E. 查封

22. 用人单位有下列(　　)情形之一的，由劳动保障行政部门责令改正，按照受侵害的劳动者每人1000元以上5000元以下的标准计算，处以罚款。

A. 安排怀孕7个月以上的女职工延长工作时间的

B. 安排未成年工从事矿山井下劳动的

C. 未对未成年工定期进行健康检查的

D. 安排未成年工从事有毒害劳动的

E. 女职工生育享受产假少于100天的

23. 劳动法律责任的特点有(　　)。

A. 以违法行为存在为前提

B. 以调解、劝服为主要手段

C. 以法律制裁为必然后果

D. 由国家强制力保证实施

E. 由国家特别授权的机关来执行

24. 劳动监察的属性包括(　　)。

A. 法定性　　　　　　　B. 自愿性

C. 协商性　　　　　　　D. 行政性

E. 专门性

25. 劳动保障监察机构的职责主要有(　　)。

A. 受理对违反劳动保障法律、法规或者规章的行为的举报、投诉

B. 宣传劳动保障法律法规，督促用人单位贯彻执行

C. 监督检查用人单位遵守劳动保障法律法规的情况

D. 检查用人单位制订的劳动规章制度是否违反法律法规规定

E. 依法纠正和查处违反劳动保障法律、法规或者规章的行为

26. 劳动监察机构在进行劳动监察时，可以采取的行政处罚主要有(　　)。

　　A. 警告　　　　　　　B. 罚款
　　C. 没收违法所得　　　D. 吊销许可证
　　E. 行政拘留

27. 下列属于劳动监察内容的有(　　)。

　　A. 用人单位与劳动者订立和解除劳动合同的情况

　　B. 劳务派遣单位和用工单位遵守劳务派遣有关规定的情况

　　C. 用人单位参加各项社会保险和缴纳社会保险费的情况

　　D. 用人单位执行最低工资标准的情况

　　E. 劳动者个人的工作完成情况

28. 劳动保障监察机构查处用人单位或劳动者的违法行为的程序有(　　)。

　　A. 立案　　　　　　　B. 告知
　　C. 处理　　　　　　　D. 归档
　　E. 调查

29. 根据国家有关处理社会保险行政争议的规定，公民、法人或其他组织认为社会保险经办机构(　　)，可以先向作出该具体行政行为的经办机构申请复查，对复查决定不服，再依法申请行政复议。

　　A. 未依法为其办理社会保险登记、变更或者注销手续的

　　B. 未按规定审核社会保险缴费基数的

　　C. 未依法调整其社会保险待遇的

　　D. 未依法为其办理社会保险关系转移或者接续手续的

　　E. 拒绝其查询社会保险缴费记录的

30. 有下列情形之一的，公民、法人或者其他组织可以依法申请行政复议(　　)。

　　A. 对人力资源社会保障部门作出的行政处理决定不服的

　　B. 对人力资源社会保障部门作出的行政确认不服的

C. 认为人力资源社会保障部门不履行法定职责的

D. 认为人力资源社会保障部门违法收费或者违法要求履行义务的

E. 人力资源社会保障部门作出的行政处分或其他人事处理决定

31. 下列事项，不能申请行政复议的有(　　)。

　　A. 向人民法院提起行政诉讼，人民法院已经依法受理的

　　B. 认为人力资源社会保障部门不履行法定职责的

　　C. 劳动人事争议仲裁委员会的仲裁、调解等行为

　　D. 劳动者与用人单位之间发生的劳动人事争议

　　E. 认为人力资源社会保障部门作出的其他具体行政行为侵犯其合法权益的

32. 行政复议申请书应包括的内容有(　　)。

　　A. 申请人的情况　　　B. 被申请人的情况
　　C. 具体的行政复议请求　D. 事实和理由
　　E. 被申请人签名

参考答案及解析

一、单项选择题

1.【答案】C

【解析】用人单位安排女职工在怀孕期间从事国家规定的第三级体力劳动强度的劳动的，劳动保障行政部门可以责令其改正，并按照受侵害的劳动者每人1000元以上5000元以下的标准计算，处以罚款。

2.【答案】B

【解析】申请人向作出该具体行政行为的经办机构申请复查的，该经办机构应指定其内部专门机构负责处理，并应当自接到复查申请之日起20内作出维持或者改变该具体行政行为的复查决定。因此本题正确答案选B。

3.【答案】B

【解析】未依法订立无固定期限劳动合同的法律责任：自应当订立无固定期限劳动合同之日起向劳动者每月支付2倍的工资。

4.【答案】D

【解析】本题考查用人单位违反劳动法律的责任。用人单位违反劳动保障法律、法规或规章，由劳动行政部门给予警告，责令限期改正，并可以按

照受害的劳动者每人100元以上500元以下的标准计算，处以罚款。

5.【答案】A

【解析】用人单位未按时足额缴纳社会保险费的，由社会保险费征收机构责令限期缴纳或者补足，并自欠缴之日起，按日加收万分之五的滞纳金，答案选A。

6.【答案】B

【解析】不办理社会保险登记的，社会保险行政部门责令其限期改正；逾期不改正的，处应缴社会保险费数额1倍以上3倍以下的罚款，对其直接负责的主管人员和其他直接责任人员处500元以上3 000元以下的罚款。

7.【答案】A

【解析】申请人申请行政复议的形式有书面方式和口头方式。因此正确答案选A。

8.【答案】B

【解析】社会保险法律责任从责任主题分，不包括工会组织责任。

9.【答案】B

【解析】社会保险有关单位及其工作人员或者个人以欺诈、伪造证明材料或者其他手段骗取社会保险基金支出或者骗取社会保险待遇的，应当退回骗取的金额，并处骗取金额2倍以上5倍以下的罚款。

10.【答案】C

【解析】社会保险经办机构和劳动保障行政部门分别采取复查和行政复议的方式处理社会保险行政争议。

11.【答案】B

【解析】本题考查劳动和社会保险行政争议的解决方式。从现行法律规定来看，解决劳动和社会保险行政争议的方式主要是待遇复查、行政复议和行政诉讼。

12.【答案】B

【解析】从争议的性质来看，劳动争议属于民事争议范畴。

13.【答案】D

【解析】本题考查行政复议的基本法律规定。行政复议机关对受理的复议案件审查后，应在受理行政复议申请之日起60日内，或经行政复议机关负责人批准后延长30日内，依法分别作出决定维持、决定履行、决定撤销、决定变更、确认违法的复议决定。

14.【答案】C

【解析】行政复议机关对案件事实清楚、证据充分，适用依据正确，程序合法，但内容明显不当的具体行政行为，可以作出变更的复议决定。

15.【答案】A

【解析】劳动监察的主体必须严格依据法律进行监察活动，被监察的主体不得以任何方式规避监察执法活动指的是劳动监察的法定性。

16.【答案】B

【解析】用人单位强令劳动者违章冒险作业，发生重大伤亡事故，造成严重后果的，对责任人员比照《中华人民共和国刑法》第187条的规定追究刑事责任。

17.【答案】D

【解析】根据《中华人民共和国劳动法》和《劳动保障监察条例》等有关规定，劳动监察机构职责主要是：宣传劳动保障法律法规，督促用人单位贯彻执行；监督检查用人单位遵守劳动保障法律、法规的情况；受理对违反劳动保障法律、法规或者规章的行为的举报、投诉；依法纠正和查处违反劳动保障法律、法规或者规章的行为。

18.【答案】C

【解析】用人单位违反女职工和未成年工的保护规定，侵害其合法权益；安排怀孕7个月以上的女职工参加夜班劳动或者延长其工作时间的；女职工生育享受产假少于90天的，由劳动保障行政部门责令改正，按照受侵害的劳动者每人1000元以上5000元以下的标准计算，对其处以罚款。

19.【答案】B

【解析】用人单位违反劳动保障法律、法规或者规章，延长劳动者工作时间的，由劳动行政部门给予警告，责令限期改正，并可以按照受侵害的劳动者每人100元以上500元以下标准计算，处以罚款。

20.【答案】C

【解析】用人单位制订的劳动规章制度违反法律、法规规定的，由劳动行政部门给予警告，责令改正；逾期不改的，应给予通报批评。对劳动者造成损害的，应当承担赔偿责任。

21.【答案】D

【解析】用人单位违反女职工和未成年工的保护规定，侵害其合法权益的，由劳动保障行政部门责令改正，按照受侵害的劳动者每人1000元以上5000元以下的标准计算，处以罚款。

22.【答案】B

【解析】对不支付劳动者的工资报酬、劳动者工资低于当地最低工资标准的差额或者解除劳动合同的经济补偿逾期不支付的，责令用人单位按照应付金额50%以上1倍以下的标准计算，向劳动者加付赔偿金。

23.【答案】D

【解析】劳动法律责任形式主要有三种，即行政责任、民事责任和刑事责任。

24.【答案】A

【解析】按照相关法律的规定，不得安排怀孕7个月以上的女职工参加夜班劳动或者延长其工作时间。

25.【答案】B

【解析】按照《劳动保障监察条例》的规定，如果违反劳动和社会保障法律、法规或者规章的行为在2年内未被劳动行政部门发现，也未被举报、投诉的，劳动行政部门不再查处。

26.【答案】B

【解析】劳动监察的主要内容包括：监督检查用人单位招用劳动者；监督检查职业中介行为；监督检查用人单位遵守劳动合同制度；监督检查就业服务机构依法办事；监督检查用人单位遵守劳动标准；监督检查用人单位参加社会保险。

27.【答案】C

【解析】劳动行政部门对违反劳动和社会保险法律、法规或者规章行为的调查，应当自立案之日起60个工作日内完成；对情况复杂的，经劳动行政部门负责人批准，可以延长30个工作日。

28.【答案】A

【解析】劳动行政部门的保险争议处理机构接到行政复议申请后，应当注明收到日期，并在5个工作日内进行审查，对符合法定受理条件，但不属于本行政机关受理范围的，应当告知申请人向有关机关提出；对不符合法定受理条件的，应当作出不予受理决定，并制作行政复议不予受理决定书，送达申请人。

29.【答案】A

【解析】劳动监察的公正原则主要体现在劳动监察执法必须以事实为依据，以法律为准绳。在履行监察职责时，应当平等地对待所有行政相对人，不能因地域、性质不同而对行政相对人采取不同的标准。

30.【答案】B

【解析】劳动监察强制性指的是劳动监察权代表国家强制力，被监察主体不能拒绝。

31.【答案】A

【解析】根据《劳动和社会保障行政复议办法》，作出行政复议决定并送达申请人后，就是发生法律效力的法律文书，申请人应当执行。如果申请人对行政复议决定不服，可以依法提起行政诉讼，但诉讼期间不停止行政复议决定的执行。

32.【答案】B

【解析】用人单位无故不缴纳社会保险费的，应责令其限期缴纳；逾期不缴的，除责令其补交所欠款额外，可以按每日加收所欠款额2‰的滞纳金。滞纳金收入并入社会保险基金。

33.【答案】C

【解析】公民、法人或其他组织对劳动行政部门作出的具体行政行为不服，应当在知道侵害其合法权益的具体行政行为之日起60日内，向上一级劳动行政部门申请复议，也可以向同级人民政府申请复议。

34.【答案】D

【解析】刑事责任是最严厉的一种劳动法律责任，具有强制性。

35.【答案】A

【解析】不能申请劳动行政复议的情况包括：劳动者与用人单位之间在执行劳动和社会保障法律、法规或规章及其他规范性文件中发生的劳动争议；对劳动鉴定委员会作出的伤残等级鉴定结论不服的；对劳动争议仲裁委员会作出的仲裁决定或仲裁裁决不服的；向人民法院提起行政诉讼，人民法院已经依法受理的。

二、多项选择题

1.【答案】AB

【解析】劳动保障监察的原则有：重在保护劳动者权益的原则，合法原则，公开原则，公正原则，高效、便民原则，教育与处罚相结合原则和监察执法与社会监督相结合的原则。本题正确答案为AB。

2.【答案】AB

【解析】劳动法律责任形式中，民事责任一方面是违反劳动合同及有关劳动合同的法律规定所应承担的民事责任；另一方面是损害劳动者或用人单位权利的民事责任。因此正确答案选AB。

3. 【答案】ABD

【解析】《劳动和社会保障行政复议办法》规定，公民、法人和其他组织对以下四项行为不服，不能申请劳动行政复议：一是劳动者与用人单位之间在执行劳动和社会保障法律、法规、规章及其他规范性文件中发生的劳动争议；二是对劳动鉴定委员会作出的伤残等级鉴定结论不服的；三是对劳动争议仲裁委员会作出的仲裁决定或仲裁裁决不服的；四是向人民法院提起行政诉讼，人民法院已经依法受理的。本题正确答案为ABD。

4. 【答案】AB

【解析】非法招用未满16周岁未成年人的法律责任有：用人单位非法招用未满16周岁的未成年人的，由劳动行政部门责令改正，处以罚款；情节严重的，由工商行政管理部门吊销营业执照，答案选AB。

5. 【答案】ABCE

【解析】行政诉讼的提起应具备的条件包括：起诉人合法、有明确的被告、有具体的诉讼请求和事实根据、属于人民法院受案范围和受诉人民法院管辖。本题正确答案为ABCE。

6. 【答案】ABCD

【解析】劳动监察的处罚方式有：责令用人单位改正、罚款、警告、没收违法所得、吊销许可证，答案选ABCD

7. 【答案】ABE

【解析】工会的基层组织不履行集体合同的义务时，应对上级工会和工会会员负道义上的和政治上的责任，由上级工会给予批评、教育或纪律处分。

8. 【答案】ABCD

【解析】选项ABCD都是劳动监察的形式内容，而责令用人单位改正是劳动监察的处罚形式，因此排除选项E。正确答案选ABCD。

9. 【答案】BCDE

【解析】决定维持具体行政行为必须符合四个条件：一是事实清楚、证据充分；二是适用依据正确；三是程序合法；四是内容适当。本题正确答案为BCDE。

10. 【答案】ABCD

【解析】劳动监察内容包括：监督检查用人单位招用劳动者；监督检查职业中介行为；监督检查用人单位遵守劳动合同制度；监督检查就业服务机构依法办事；监督检查用人单位遵守劳动标准。本题正确答案为ABCD。

11. 【答案】ACDE

【解析】劳动监察的形式主要有四种：主动到用人单位及其工作场所进行检查的日常巡视检查；通过任何组织和个人举报、投诉对用人单位可能存在的违法行为进行的专案查处；针对一定时期内问题比较集中或重要的事项开展的专项大检查；审查用人单位按照要求报送的遵守劳动保障法律、法规的书面材料。

12. 【答案】ADE

【解析】劳动和社会保险行政争议的特点包括：当事人的多样性，既有劳动行政部门，又有社会保险经办机构，既有用人单位和劳动者，又有医疗服务机构；劳动和社会保险行政争议发生在劳动关系存续期间或劳动关系终止之后，以及劳动和社会保险事务管理关系之中；劳动和社会保险行政争议的内容与当事人的法定劳动和社会保险权利、义务相关。本题正确答案为ADE。

13. 【答案】ABCD

【解析】选项ABCD都属于社会保险行政争议处理的范围，另外还有几种情况，包括：对经办机构核定其社会保险待遇标准有异议的；认为经办机构不依法支付其社会保险待遇或者对经办机构停止其享受社会保险待遇有异议的；认为经办机构未依法为其调整社会保险待遇的；认为经办机构未依法为其办理社会保险关系转移或者接续手续的；认为经办机构的其他具体行政行为侵犯其合法权益的。缴纳社会保险费用不属于经办机构的职责，因此排除选项E，正确答案选ABCD。

14. 【答案】ABC

【解析】劳动监察的实施过程中可以：进入用人单位的劳动场所进行检查；就调查、检查事项询问有关人员；要求用人单位提供与调查、检查事项相关的文件资料，并作出解释和说明，必要时可以发出调查询问书；采取记录、录音、录像、照相或者复制等方式收集有关情况和资料；委托会计师事务所对用人单位工资支付、缴纳社会保险费的情况进行审计；法律、法规规定可以由劳动行政部门采取的其他调查、检查措施。因此选项DE错误，答案选ABC。

15. 【答案】ABC

【解析】人力资源和社会保险行政争议具有以下特点：当事人的多样性，既有人力资源社会保障行政部门，又有社会保险经办机构，既有用人单位和劳动者，又有医疗服务机构；人力资源和社会保险行政争议发生在劳动关系存续期间或劳动关系终止之后，以及人力资源和社会保险事务管理关系之中；人力资源和社会保险行政争议的内容与当事人的法定劳动和社会保险权利、义务相关。因此选项D描述错误，答案选ABC。

16.【答案】ABDE

【解析】决定撤销具体行政行为或撤销部分具体行政行为的情况包括：主要事实不清，证据不足；适用依据错误或不当；违反法定程序；超越或滥用职权；具体行政行为明显不当，显失公平。本题正确答案为ABDE选项。

17.【答案】BE

【解析】可以直接向劳动行政部门申请行政复议的情况包括：认为经办机构未按规定审核社会保险缴费基数的；对经办机构核定其社会保险待遇标准有异议的；认为经办机构不依法支付其社会保险待遇或者对经办机构停止其享受社会保险待遇有异议的；认为经办机构未依法为其调整社会保险待遇的。本题正确答案为BE选项。

18.【答案】ACDE

【解析】监督检查用人单位招用劳动者情况，主要检查用人单位是否存在非法使用童工；违反规定招用未取得相应职业资格证书的劳动者从事技术工种工作；违反农村劳动力流动就业管理规定招用无流动就业证的外省农村劳动力；招用无合法证件的人员；向求职者收取招聘费用；向被录用人员收取保证金和抵押金；扣押被录用人员的身份证等证件；以招用人员为名牟取不正当利益或进行其他违法活动；招用人员后未办理备案手续等违法行为。

19.【答案】BCD

【解析】认真履行集体合同是企业与工会组织及职工的共同责任，因此选项A描述错误。企业违反集体合同，应承担一定的法律责任，因此选项B正确。工会的基层组织不履行集体合同的义务，应对上级工会和工会会员负道义上的和政治上的责任，由上级工会给予批评、教育或纪律处分，因此选项CD正确。职工不履行集体合同规定的义务，其行为违反了集体合同中的规定时，也应承担相应的违约责任，但不一定是政府监督部门予以的纪律处分，因此选项E描述不准确。本题正确答案为BCD。

20.【答案】ABCE

【解析】劳动监察的事项包括：用人单位制订内部劳动规章制度的情况；用人单位与劳动者订立劳动合同的情况；用人单位遵守禁止使用童工规定的情况；用人单位遵守女职工和未成年工特殊劳动保护规定的情况；用人单位遵守工作时间和休息、休假规定的情况；用人单位支付劳动者工资和执行最低工资标准的情况；用人单位参加各项社会保险和缴纳社会保险费的情况；职业介绍机构、职业技能培训机构和职业技能考核鉴定机构遵守国家有关职业介绍、职业技能培训和职业技能考核鉴定的规定的情况；法律、法规规定的其他劳动监察事项。本题正确答案为ABCE。

21.【答案】BCDE

【解析】本题考查劳动法律责任的形式。选项A属于劳动法律责任形式中行政处分的具体形式。本题正确答案为BCDE。

22.【答案】ABCD

【解析】本题考查用人单位侵害女职工及未成年工权益的法律责任。选项E正确的表述应该是"女职工生育享受产假少于90天的"。

23.【答案】ACDE

【解析】劳动法律责任的特点有：以违法行为存在为前提、以法律制裁为必然后果、由国家强制力保证实施、由国家特别授权的机关来执行。

24.【答案】ADE

【解析】劳动监察的属性包括：法定性、行政性、专门性、强制性。

25.【答案】ABCE

【解析】本题考查劳动保障监察机构的职责，共有四项，即选项ABCE。选项D属于劳动保障监察的内容。

26.【答案】ABCD

【解析】劳动监察机构在进行劳动监察时，可以采取的行政处罚主要有警告、罚款、没收违法所得、吊销许可证。

27.【答案】ABCD

【解析】用人单位与劳动者订立和解除劳动合同的情况；劳务派遣单位和用工单位遵守劳务派遣有关规定的情况；用人单位参加各项社会保险和缴纳社会保险费的情况；用人单位执行最低工资标准的情况属于劳动监察内容。

28.【答案】ABCE

【解析】根据《劳动保障监察条例》的规定，劳动保障监察机构查处用人单位或者劳动者违法行为的程序为：立案、调查、处理、告知。

29.【答案】BC

【解析】本题考查社会保险行政争议处理的适用范围。选项ABCDE都属于可以申请行政复议的范围，但只有选项BC符合题干要求。此外符合题干要求的还有：对经办机构核定其社会保险待遇标准有异议的；认为经办机构不依法支付其社会保险待遇或者对经办机构停止其享受社会保险待遇有异议的。

30.【答案】ABCD

【解析】针对选项E，公民、法人或者其他组织不能申请行政复议。

31.【答案】ACD

【解析】针对选项BE可以申请行政复议。

32.【答案】ABCD

【解析】行政复议申请书包括的内容有：申请人的情况；被申请人的情况；具体行政复议请求；事实和理由；申请人签名和申请日期。